CINQ MOIS

DE

L'HISTOIRE DE PARIS

EN MIL HUIT CENT TRENTE.

Ouvrages du même Auteur.

Maître Étienne, ou les Fermiers et les Châtelains. 4 vol.
Le Monastère des Frères noirs, ou l'Étendard de
  la Mort. 4 vol.
Monsieur le Préfet. 4 vol.
La Vampire. 3 vol.
La Province a Paris, ou les Caquets d'une grande
  Ville. 4 vol.
L'Espion de Police. 4 vol.
La Cour d'un Prince régnant. 4 vol.
Le Ventru, ou Comme ils étaient naguère. 4 vol.
Le Chancelier et les Censeurs. 5 vol.
Le grand Seigneur et la pauvre Fille. 4 vol.
Le Fournisseur et la Provençale. 4 vol.
Le Duc et le Page. 4 vol.

Pour paraître dans le cours de l'année.

La Famille du Voleur. 4 vol.
Le Diable a Paris. 4 vol.

chez le même libraire.

Mémoires de madame la Comtesse Dubarry, 2ᵉ édition,
  6 vol. in-8. 45 fr.
Mémoires d'un Pair de France, 4 vol. in-8. *Les tomes 5
  et 6 paraîtront bientôt.*
Mémoires d'un émigré, 2 vol. in-8. *La suite dans le courant de l'année.*
Mémoires d'une Femme de qualité. 10 vol. in-8.
Voyage a Paris, par le marquis Louis Rainies Sanfranchi, 1 vol. in-8. *La suite paraîtra incessamment.*

PARIS. — IMPRIMERIE DE FELIX LOCQUIN,
RUE NOTRE-DAME-DES-VICTOIRES, N° 16.

CINQ MOIS

DE L'HISTOIRE

DE PARIS

EN

MIL HUIT CENT TRENTE;

PAR

E.-L.-B. DE LAMOTHE-LANGON,

AUTEUR D'UNE SEMAINE DE L'HISTOIRE DE PARIS,
DE L'HISTOIRE DE L'INQUISITION EN FRANCE, ETC., ETC.

> Minimum decet libere, cui multum licet.
> (SÉNÈQUE.)
> Quelque liberté qu'on ait, il ne faut point
> en abuser.

PARIS.

LE GOUBEY, LIBRAIRE,
RUE DU CARROUSEL, N° 2;

LERIVEREND, MÊME RUE, N° 12.
LE POULETON, RUE CHILPÉRIC, N° 4.
LE ROSEY, PALAIS-ROYAL, GALERIE D'ORLÉANS, N° 215.

1831.

DÉDICACE

A

LA GARDE NATIONALE

PARISIENNE.

Mes Camarades,

Les événemens que je raconte dans cet ouvrage forment une partie de votre histoire, et certainement la plus glorieuse. Vous vous êtes mis à la tête de la civilisation européenne par votre conduite héroïque pendant le cours de ces mois d'effervescence, de convulsions et de fatigues. Vous avez vaincu l'anarchie et triomphé de vous-mêmes en faisant respecter un jugement que vous n'approuviez pas dans votre universalité.

Immolant votre opinion au bon ordre, repoussant des instigations perfides, veillant avec constance et courage au repos de la grande cité, vous avez soutenu par votre union ce que vous veniez de conquérir par votre valeur.

Le trône constitutionnel, édifié de vos fortes mains, vous doit la continuité de son existence. Le Roi que vous choisîtes librement sait ce que vous valez, ce que vous pouvez. Le bonheur public naîtra de cette union réciproque; les vertus du Prince l'assurent pour l'avenir, et votre ferme volonté d'y coopérer le rendra stable.

La France reconnaît que vous méritez de lui donner l'exemple qu'elle imite si noblement; ses vœux sont les vôtres : LIBERTÉ, ORDRE PUBLIC. Cette concordance doit nous rendre invincibles; les perturbateurs étrangers l'apprendront à leurs dépens.

Parmi ceux qui prétendent à l'honneur d'avoir sauvé la patrie, votre droit est sans doute le meilleur; eux ont parlé, vous avez agi. Il est bien de faire de l'héroïsme à couvert; le vôtre a été fait dans la rue, et c'est le plus profitable dans les temps de révolution. Les discours n'évitent rien, les actes de vigueur décident des choses : que la patrie reconnaissante vous tienne compte des vôtres; la famille auguste appelée à nous gouverner s'en souviendra toujours.

E.-L.-B. de Lamotte-Langon.

CINQ MOIS

DE

L'HISTOIRE DE PARIS

EN MIL HUIT CENT TRENTE.

CHAPITRE I.

C'était le 29 juillet 1830, à trois heures de l'après-midi ; le combat venait de cesser dans la rue Saint-Honoré par la prise du canon qui foudroyait les masses armées pour le triomphe de la liberté.

La garde royale, en fuite, abandonnait la capitale.

Le drapeau tricolore flottait sur le faîte du château des Tuileries ; et à la place de la monarchie ensanglantée des Bourbons, l'anarchie sage et légale commençait son règne.

Ce fut un beau moment!

Le despotisme disparaissait sans retour : l'avenir se présentait rempli d'espérance; mais, pour qu'il se réalisât ainsi, il fallait que l'énergie remplaçât la faiblesse; et l'égalité de droits, la tyrannnie des nains du château.

Chaque opinion se montrait sans crainte d'être comprimée : il y avait là de jeunes partisans de la vieille république; des vétérans de Marengo qui demandaient la couronne pour l'héritier du vainqueur d'Austerlitz; d'autres qui portaient le vertueux Lafayette au fauteuil de la présidence d'une fédération de provinces; quelques-uns qui, à demi cachés et d'une voix basse, prétendaient que les fautes de Charles X et du Dauphin ne devaient pas être imputées à un enfant de dix ans; le duc de Bordeaux avait encore des amis : enfin, tous ceux qui aimaient sincèrement la patrie, et qui préféraient son bonheur à leur intérêt privé, faisaient retentir l'air du nom respectable et cher de Louis-Philippe d'Orléans.

Cependant, la besogne faite, la ville conquise, le trône renversé; le peuple vainqueur se reposait de ses fatigues, et montrait l'héroïsme de la raison, après avoir étalé tout celui du courage le plus sublime; pacifique après la victoire, il laissait les vaincus circuler autour de lui, respectait la demeure de ses oppresseurs, se rendant l'objet de l'admiration du monde par sa douceur et sa mansuétude; le peuple, tant calomnié, ne demandait pas du sang, quoique le sien coulât encore. Il faisait lui-même la police de la grande cité; et, l'on est forcé de le dire, les malfaiteurs eux-mêmes eurent leurs journées de vertu.

Tandis que dans les rues, sur les quais, les places, les boulevards, on enlevait les cadavres et les blessés, que la population entière construisait de nouvelles barricades qu'une armée de Titans n'aurait pu emporter, un gouvernement provisoire s'établissait à l'Hôtel-de-Ville, composé de MM. de Lafayette, comte Gérard, et de quelques autres; et une commission municipale y siégeait également : là on voyait Jacques Laffitte, Casimir Perrier, le comte de Lobau, de Schonen, Audry-de-Puyraveau et Mauguin.

Un seul homme était oublié : le brave général Dubourg, qui seul, parmi les généraux, avait pris les armes lorsque le succès était incertain encore, et qu'on ne tarderait pas de punir de cet acte de dévouement positif, en lui opposant des griefs dont la puérilité indiquerait la cause.

Le premier acte de cette administration citoyenne fut de repousser les propositions de l'ex-roi qu'apportèrent le comte d'Argoult, aujourd'hui ministre de la marine, et le duc de Mortemart, nommé, à Saint-Cloud, quelques heures auparavant, président d'un conseil de ministres qui n'a pas eu lieu. Charles X offrait le pardon du passé, le retrait des ordonnances, le départ du prince de Polignac pour l'Angleterre : il croyait faire un sacrifice immense.

On lui répondit : « Quittez vous-même le royaume, dérobez-vous à la juste indignation des citoyens que vous avez fait égorger lâchement, ne provoquez pas leur vengeance: vous n'êtes plus leur roi, et ils pourraient vous juger. »

Alors on laissa entrevoir la possibilité d'une abdication conditionnelle du père et du fils en faveur du duc de Bordeaux. On repoussa cette ouverture autant que la précédente, et tout fut dit entre la France et une famille dont elle ne voulait pas.

Les membres du gouvernement provisoire parcoururent dans la soirée les divers quartiers de Paris, illuminés comme pour une fête. On dansait en rond à côté des barricades; une joie douce animait des visages belliqueux, et les sanglots des mères et des épouses qui veillaient auprès des cadavres inanimés de ceux dont la vaillance avait sauvé le royaume, interrompaient seuls ces concerts de bonheur. La religion allégeait une douleur mortelle : les cérémonies de l'église, soit sur la place de la Colonnade, soit sur celle des Innocens, venait aussi de consacrer le culte que Paris allait rendre à ceux qui étaient morts pour la liberté.

Il y avait dans l'ombre des gens fâchés, des hommes qui rêvaient la conservation impossible d'un ordre de choses disparu à tout jamais; il y en avait qui redoutaient la colère d'une cour impuissante. On faisait courir des bruits sinistres, on prêtait à nos ennemis une vigueur qui leur était étrangère; et parce que nous eussions péri jusqu'au dernier pour la conservation de nos droits, on se figurait que les descendans fastueux d'Henri IV voudraient encore reconquérir leur couronne les armes à la main : on les connaissait mal. Le Champion sans valeur du duc de Bourbon, celui qui n'avait paru devant Gibraltar que pour donner des preuves de couardise, le mandataire épouvanté de Louis XVI auprès de la Cour des aides, le fuyard du 14 juillet, celui qui ne s'était montré à la Vendée que de loin, hors la portée du canon et sur un vaisseau, afin de s'attirer la lettre déshonorante de Charrette à Louis XVIII : « Sire, la lâcheté de » votre frère a tout perdu ; il ne pouvait paraître » à la côte que pour tout perdre ou tout » sauver : son retour en Angleterre a décidé » de notre sort; sous peu il ne me restera plus » qu'à périr inutilement pour votre service; » le prince qui, pendant toute la durée de l'émigration, n'avait pu attacher son nom à aucun acte d'éclat, qui ne revint en France que pour rendre d'un trait de plume cinquante-quatre places fortes aux alliés, conspirer contre la patrie par deux fois, fuir devant Napoléon, et violer enfin les sermens jurés en face de Dieu : celui-là, dis-je, n'était pas à craindre, et s'il montait à cheval, ce ne serait que pour s'échapper.

Ce n'était donc pas du côté de Saint-Cloud que les résolutions héroïques devaient venir : il n'y avait plus là que terreurs sur terreurs, récriminations, regrets impuissans, désespoirs de rage, larmes amères; les courtisans abandonnaient déjà le maître; le soldat demeurait fidèle, mais triste et découragé; les généraux qui grossissaient la cour de Charles X, montraient autant d'impatience de venir faire leur soumission au gouvernement provisoire, que la presque totalité des généraux se disant libéraux en avaient mis à offrir leurs services au roi déchu jusques et y compris le 29 juillet au matin. La cause de la liberté était triomphante même de ses prétendus amis, qui, n'ayant pu la perdre, allaient se hâter d'en profiter.

La nuit fut calme au fond, quoique très-agitée en apparence; des patrouilles nombreuses de la garde nationale improvisée veillèrent à la sûreté des citoyens. Je l'ai dit et je le répète, ceux qui vivent de troubles respectèrent le repos des autres, et eussent rougi de se montrer indignes du peuple français.

Les ambitieux ne dormirent pas; ils se préparèrent à profiter des succès des hommes loyaux qui avaient combattu avec tant d'énergie : tous ces ambitieux se firent des droits des combats où ils n'avaient point paru, du sang versé dont ils n'avaient pas perdu une goutte. Alors des députés présens à Paris, mais soumis à Charles X jusques après la victoire, réclamèrent leur part d'indépendance; et le *Constitutionnel,* complaisamment, enregistra leurs protestations rétardataires, et prétendit les réintégrer dans leur gloire par la ressource d'un *errata.*

Ce fut un triste spectacle que tant d'avidité en présence de tant de désintéressement, que voir en opposition la soif de ceux qui s'étaient tenus en arrière, et la patience de ceux qui avaient soutenu le poids du jour. La France n'était pas encore organisée, qu'on lui demandait impérieusement le prix des services non rendus, et qu'on se faisait un titre devant elle de la demi-trahison commise à son égard.

Tandis que les hommes à places, à pensions, à récompenses, couraient à l'hôtel-de-ville, les autres gardaient les barrières, et portaient sur Saint-Cloud des regards menaçans : ils ne songeaient, ces braves, qu'à chasser leur ennemi de ce dernier asile, qu'à le repousser au-delà des frontières, et point au profit qu'ils tireraient de leurs belles actions.

Le soleil du vendredi 30 juillet se leva non moins pur que celui de la veille : la physionomie de Paris fut aussi calme et aussi imposante que dans l'après-dîner du jour dernier : le peuple rappelait l'Hercule antique, si tranquille dans son repos, parce qu'il a conservé toute sa force; il savait que pour vaincre il n'aurait qu'à saisir des armes, et que les combats ne seraient pour lui qu'une perpétuité de succès; sage dans son énergie, il disait aux légistes : Nous avons fait place nette, édifiez maintenant, mais que votre édifice soit construit à chaux et à sable, qu'il dure long-temps, car nous voulons non moins la stabilité et l'ordre public que la liberté.

Chaque partisan d'un système le présenta, pendant cette journée, à ce peuple si éclairé; il eut peur de la république, lui, si brave, parce qu'il en vit les crimes, les folies, et qu'il aperçut la tyrannie militaire surgissant de dessous l'échafaud civique; il ne voulut pas davantage du despotisme de l'Empire déguisé sous les splendeurs de la gloire; car il reconnut que le fils de Napoléon pouvait être un homme ordinaire, et que certainement M. de Metternich gouvernerait sous son nom; il relégua dans le nouveau-monde la belle chimère d'un état fédératif, sourit de mépris à ceux qui lui représentèrent les droits du duc de Bordeaux appuyés sur les mérites de la cour de Charles X, la mansuétude de la congrégation, et les grandes qualités de sa futile mère. Le peuple exigea autre chose : il fallut en venir à lui donner ce que sa raison demandait, un roi-citoyen, son ami, je dirai son compère, qui avait combattu dans ses rangs et jamais contre lui, moins prince que citoyen, plus honnête homme que ses égaux ; économe en père de famille, prudent, affable, Français de cœur, voulant le bien, et donnant à tous l'exemple des bonnes mœurs : c'était désigner S. A. R. le duc d'Orléans.

Une pensée secrète et presque unanime montrait ce prince depuis long-temps à chaque Français comme l'ancre dernière du salut du royaume, comme celui destiné réellement à fermer l'abîme de la révolution ; on n'avait aucun reproche à lui faire, et que des éloges à lui donner : il présentait mille garanties, et ses nombreux enfans offraient un autre gage de sécurité pour l'avenir ; ils étaient *nôtres*, et point aux seuls courtisans ; nos fils partageaient les mêmes études ; un escadron armé ne s'interposait pas toujours pour leur en dérober l'approche ; il n'y avait là ni morgue de l'ancien régime, ni préjugé du vieux temps, ni dévotion mal digérée, ni orgueil inculqué à la manière du maréchal de Villeroi; mais des qualités aimables, essentielles; des vertus, de la douceur, de la grâce, de la bonté, tout ce qui attire, retient et attache.

Bientôt les cris de : *vive le duc d'Orléans* prévalurent sur ceux que l'on proférait en des sens divers; on comprit que celui-là seul réunirait avant peu la nation tout entière, et des yeux impatiens se tournèrent vers le Palais-Royal. Une preuve bien éclatante fut donnée pendant la bataille, de l'attachement porté au duc d'Orléans : sa demeure, occupée par la garde ennemie, avait été conquise par le peuple, qui tout aussitôt l'environna; il veilla avec le plus grand soin à ce que l'intérieur fût respecté. Des sentinelles citoyennes placées aux diverses entrées en défendirent l'approche aux curieux, et S. A. R., quand elle y revint, retrouva chaque objet en sa place, le plus précieux ou le plus minime n'en ayant pas été détourné.

L'élan une fois imprimé ne s'arrêta plus, surtout lorsqu'on sut que le groupe de députés qui s'étaient constitués représentation nationale, avaient nommé S. A. R. lieutenant-général du royaume : ce fut assez pour contenter momentanément le peuple, et lui apprendre qu'un autre titre plus auguste appartiendrait bientôt à ce prince aimé de tous ceux dont le cœur est véritablement français.

En attendant, et dès l'installation du gouvernement provisoire, diverses proclamations signées par ses divers agens furent répandues. Celle de M. de Lafayette, nommé une seconde fois, à quarante ans de distance, commandant en chef de la garde nationale parisienne, disait :

« MES CHERS AMIS ET BRAVES CAMARADES,

» La confiance du peuple de Paris m'appelle
» encore une fois au commandement de la force
» publique. J'ai accepté avec dévouement et avec
» joie les devoirs qui me sont confiés, et de
» même qu'en 1789, je me sens fort de l'appro-
» bation de mes honorables collègues aujour-
» d'hui réunis à Paris. Je ne ferai point de pro-
» fession de foi, mes sentimens sont connus;
» la conduite de la population parisienne dans
» ces derniers jours d'épreuve, me rend plus fier
» que jamais d'être à sa tête. La liberté triom-
» phera, ou nous périrons ensemble !

» Vive la liberté ! vive la patrie ! »

LAFAYETTE.

La commission parisienne fit aussi sa proclamation ; elle mit sous la sauve-garde des citoyens les musées, les bibliothèques, les établissemens publics. M. Chardel, député, fut nommé directeur-général provisoire de l'administration des postes, et en même temps elle adressa aux troupes militaires l'exhortation suivante, destinée à les ramener au giron de la patrie, qu'elles n'abandonnaient momentanément que pour céder à l'impulsion d'un point d'honneur mal expliqué.

« Braves soldats,

» Les habitans de Paris ne vous rendent pas
» responsables des ordres qui vous ont été don-
» nés : venez à nous, nous vous recevrons comme
» nos frères; venez vous ranger sous les ordres
» d'un de ces braves généraux qui ont versé leur
» sang pour la défense du pays en tant de cir-
» constances, le généreux Gérard. La cause de
» l'armée ne pouvait pas être long-temps sépa-
» rée de la cause de la nation et de la liberté.
» La gloire n'est-elle pas notre plus cher patri-
» moine ? mais aussi elle n'oubliera jamais que
» la défense de notre indépendance et de nos
» libertés doit être son premier devoir. Soyons

» donc amis, puisque nos intérêts et nos droits
» sont communs. Le général Lafayette déclare
» au nom de toute la population de Paris,
» qu'elle ne conserve à l'égard des militaires
» français aucun sentiment de haine ni d'hosti-
» lité; elle est prête à fraterniser avec tous
» ceux d'entre eux qui se rendront à la cause
» de la patrie et de la liberté, et qu'elle appelle
» de tous ses vœux le moment où les citoyens et
» militaires réunis sous le même drapeau, dans
» les mêmes sentimens, pourront enfin réaliser
» le bonheur et les glorieuses destinées de notre
» belle patrie. Vive la France ! »

Ce fut le généreux Lafayette à qui on décerna l'honneur de signer cette pièce importante qui séparait tant de braves d'une cause dont la défense désormais serait un crime contre la patrie. Les soldats entendirent cet appel ; toutes les troupes de ligne se détachèrent heureusement du parti de Charles X; presque tous leurs officiers suivirent cet exemple : les exhortations du général Pajol y contribuèrent beaucoup.

La journée du 30 s'écoula dans des agitations moindres que celles de la veille. La guerre surgissait à côté de la paix; on se préparait à combattre, car on ne voulait retomber, à aucun prix, sous le joug dont on venait de s'affranchir. Des commissaires envoyés auprès du duc d'Orléans lui apprirent que les députés séant à Paris lui avaient conféré le titre de lieutenant-général du royaume, et qu'il dépendait de lui d'assurer le repos de la France en se mettant à la tête de son administration. Le prince n'hésita pas ; il savait que ceux de son rang se doivent à leurs concitoyens dans les grandes catastrophes, et qu'en retour des honneurs et des respects qu'on leur accorde dans les temps calmes, ils ont à immoler leur tranquillité et leur bien-être lorsque les heures de péril ont sonné.

Le duc d'Orléans monta à cheval, et accompagné de ses aides-de-camp MM. Athalin et de Rumigny, du comte de Montesquiou, chevalier d'honneur de madame la duchesse d'Orléans, et de quelques généraux qui vinrent grossir son cortége, il marcha vers Paris. Ce fut avec un délire de joie sans pareil, avec un enthousiasme non commandé, que la population le reçut. Tandis qu'il traversait la rue Saint-Honoré, pour arriver au Palais-Royal, il put reconnaître dans ces démonstrations que rien ne commandait officiellement, avec quel bonheur ce même peuple le saluerait bientôt du nom plus doux de roi, qui, dans lui, équivaudrait à celui de père. Il rentra enfin dans sa demeure, porté par la foule enivrée qui lui serrait les mains, qui le remerciait de venir à son secours, et de se confier à sa loyauté sans étiquette.

Le prince se montrait digne d'une pareille réception, tant il faisait preuve de fermeté et d'indifférence pour le danger! Ne pouvait-il exister dans cette multitude un ennemi personnel, un fanatique de la vieille royauté, de la république en espérance, une main conduite par une religion mal entendue, par l'appât de l'or, un homme féroce et ivre? Certes, il fallait plus que de la force physique pour s'exposer aux périls d'une telle route; et s'il ne s'émeuvait pas, et si son front restait calme et que son œil brillât d'une constante sérénité, l'épreuve demeurait faite dès cette heure, et les citoyens pouvaient se dire :

« Celui-là sera roi, car il ne manque pas plus de courage que de fermeté. »

Pendant que ces choses avaient lieu à Paris, un officier-général de l'ancienne armée cheminait vers Saint-Cloud, où, dès son arrivée, il obtint une audience de Charles X. Il exposa à ce prince, avec autant de franchise que de loyauté, l'état des choses : Paris entièrement libre, la France prête à suivre ce mouvement qui deviendrait universel, et la chute totale de ce trône de la prétendue restauration.

L'ex-roi qui la veille encore rêvait la vengeance après la victoire, qui donnait l'ordre de n'agir que sur les masses, avait perdu toute sa jactance à l'aspect sinistre du pavillon tricolore flottant sur les Tuileries, et que lui-même apercevait des fenêtres de Saint-Cloud; une morne douleur l'accablait, et répondant au général, il lui dit :

« Que jamais son dessein n'avait été de sortir de la Charte; que les ordonnances du 25 juillet devaient y faire rentrer plus littéralement. »

« Elles, vous y faire rentrer ! répliqua l'interlocuteur; on a trompé abominablement votre majesté. A qui pourrait-elle faire croire en France que telle a été sa volonté, quand ces actes et des milliers d'autres ont toujours été contraires à la volonté et à l'honneur national ? »

« Eh bien ! reprit Charles X, puisque ces ordonnances ont choqué la nation, elle doit être contente, car je les ai rapportées par deux autres ordonnances que j'ai rendues hier. J'ai renvoyé mes ministres; mais malheureusement M. de Mortemart n'a pu se rendre au conseil d'hier; il pouvait peut-être tout sauver. »

« Il est trop tard aujourd'hui, sire; l'abdication de votre majesté même en faveur de son fils ne contenterait pas la nation. Il était admis au conseil; il a connu les actes de vos ministres, y a participé; il en est le complice. Si votre majesté eût été bien conseillée, elle aurait dû maintenir M. le Dauphin dans l'opposition. Alors, en abdiquant en sa faveur, la France aurait pu croire à la bonne foi de ses paroles et de ses actes. Mais j'ai l'honneur de le répéter à votre majesté, il est trop tard aujourd'hui. On parle dans Paris de proclamer le duc d'Orléans: voyez, sire, avec quelle rapidité les choses ont marché. »

Charles X répliqua pour toute réponse: « Que voulez-vous que j'y fasse? » Et congédiant le général S..., il retomba dans son accablement. Ces ministres, qu'il disait avoir écartés, le suivaient encore; il ne prenait conseil que du prince de Polignac, dont la terreur toujours croissante ouvrit la première l'avis d'abandonner Saint-Cloud pour se porter plus loin. En conséquence, et à deux heures du matin, la famille des Bourbons quitta cette résidence, alla dans Trianon, et peu après poursuivit sa route jusqu'à Rambouillet, où elle attendit le résultat des événemens.

Ils se hâtaient; la révolution marchait avec vitesse. Le 31 juillet, les députés des départemens, réunis à Paris, adressèrent aux Français la proclamation suivante :

« FRANÇAIS,

» La patrie est libre. Le pouvoir absolu levait
» son drapeau; l'héroïque population de Paris
» l'a abattu. Paris, attaqué, a fait triompher par
» les armes la cause sacrée qui venait de triom-
» pher en vain par les élections. Un pouvoir
» perturbateur de nos droits, perturbateur de
» notre repos, menaçait à la fois la liberté et
» l'ordre. Nous rentrons en possession de l'or-
» dre et de la liberté. Plus de crainte pour les
» droits acquis, plus de barrière entre nous et
» les droits qui nous manquent encore.

» Un gouvernement qui sans délai nous ga-
» rantisse les biens est aujourd'hui le premier
» besoin de la patrie. Français, ceux de vos dé-

» putés qui se trouvent déjà à Paris se sont
» réunis, et en attendant l'intervention régu-
» lière des Chambres, ils ont invité un Français
» qui n'a jamais combattu que pour la France,
» M. le duc d'Orléans, à exercer les fonctions
» de lieutenant-général du royaume. C'est, à
» leurs yeux, le plus sûr moyen d'accomplir
» promptement par la paix le succès de la plus
» légitime défense.

» Le duc d'Orléans est dévoué à la cause na-
» tionale et constitutionnelle; il en a toujours
» professé les principes et défendu les intérêts.
» Il respectera nos droits, car il tiendra de nous
» les siens. Nous nous assurerons par des lois
» toutes les garanties nécessaires pour rendre
» la liberté forte et durable.

» Le rétablissement de la garde nationale,
» avec l'intervention des gardes nationaux
» dans le choix de leurs officiers;

» L'intervention des citoyens dans la forma-
» tion des administrations départementales et
» communales;

» Le jury pour les délits de la presse; la res-
» ponsabilité légalement organisée des minis-
» tres et des agens secondaires de l'administra-
» tion;

» L'état des militaires légalement assuré;

» La réélection des députés promus à des
» fonctions publiques;

» Nous donnerons enfin à nos institutions, de
» concert avec le chef de l'État, les développe-
» mens dont elles ont besoin.

» Français, le duc d'Orléans lui-même a déjà
» parlé, et son langage est celui qui convient à
» un peuple libre. Les Chambres vont se réunir,
» vous dit-il; elles aviseront au moyen d'assu-
» rer le règne des lois et le maintien des droits
» de la nation.

» *Une Charte désormais sera une vérité.* »

CHAPITRE II.

Quatre-vingt-dix députés signèrent cette pièce mémorable; elle annonçait clairement qu'on placerait sur le nouveau trône constitutionnel le duc d'Orléans, qu'il recueillerait le fruit de la belle conduite de sa vie politique comme de son existence privée. Mais déjà et avant que ce prince ceignît la couronne, d'après la volonté de la nation, il venait autour de lui des hommes qui prétendaient arrêter le torrent dans sa course, et imposer des digues à la révolution lorsqu'elle ne faisait que de commencer. Ceux-là rêvèrent d'abord la perpétuité de toutes les institutions de Louis XVIII ; ils ne voulurent pas que le duc eût dit *une charte sera désormais une vérité*, mais *la Charte sera désormais une vérité*. C'était celle que Charles X venait de fausser si indignement qu'ils aspiraient à garder tout entière ; il leur fallait aussi que la légitimité du droit héréditaire devançât dans le nouveau roi celle acquise du choix de la nation. En conséquence, ils négocièrent une triple abdication des princes de la branche aînée de la maison de Bourbon, afin que le duc d'Orléans fût notre souverain par la grâce de Dieu. Folies étranges que l'on poursuivit comme si elles étaient raisonnables, et qu'une partie du premier ministère formé caressa de toute son affection.

Les députés qui, pour voter cette proclamation, s'étaient réunis à leur palais sous la présidence de M. Laffitte, entendirent d'abord le projet de leur commission et les discours à ce sujet que prononcèrent MM. Bernard de Rennes, Villemain, Étienne et Girod de l'Ain, et puis votèrent sur son adoption, qui eut lieu à l'unanimité. Une autre proposition fut faite séance tenante ; celle que les députés allassent tous en corps porter cette adresse au lieutenant-général du royaume.

Le corps-législatif, escorté de la garde nationale, partit du lieu de ses séances à deux heures de l'après-midi, traversa le pont Louis XVI, la place de la Concorde, les rues

Royale et Saint-Honoré, au milieu d'une population immense, parée des couleurs nationales, et qui ne cessait de crier : *Vive les députés! vive la Charte! vive la nation! vive le duc d'Orléans!* et les députés répondaient par le cri : *Vive les héroïques habitans de Paris! ils ont sauvé la France.* La foule se pressait dans les rues et sur la place du Palais-Royal. Chaque fenêtre était garnie de curieux qui agitaient des drapeaux tricolores, qui saluaient les députés de leurs acclamations.

Le prince vint au devant de la représentation nationale, en témoignant son bonheur et le dévouement qu'il gardait à ce peuple qui allait lui confier le dépôt de sa destinée. M. Laffitte, en sa qualité de président, lut au duc la proclamation précédente. Le duc, à chaque passage qui renfermait des garanties pour nos libertés, répondait par les expressions de l'acquiescement le plus loyal, le plus sincère; et quand le lecteur vint à la phrase d'organisation départementale et municipale, il dit : « Voilà la vraie liberté. » Comme aussi quand il entendit qu'on demandait l'application du jury aux délits de la presse : « Ah! oui, bien certainement, » ajouta-t-il.

La lecture achevée, le prince, prenant la parole, s'exprima avec franchise, émotion et dignité.

« Messieurs, leur dit-il, les principes salutaires que vous proclamez ont toujours été les miens ; vous me rappelez tous les souvenirs de ma jeunesse, et mes dernières années en seront la continuation. Je travaillerai au bonheur de la France par vous et avec vous, comme un bon, comme un vrai père de famille. Toutefois, les députés de la nation me comprennent aisément lorsque je déclare que je gémis profondément sur les déplorables circonstances qui me forcent à accepter la haute mission qu'ils me confient et dont j'espère me rendre digne. »

Un applaudissement unanime répondit à ces paroles. S. A. R. ajouta :

« Messieurs, au moment où vous arriviez, j'allais me rendre à l'Hôtel-de-Ville. Je serais bien heureux, si je traversais Paris au milieu des députés de la nation. »

Les députés acquiescèrent à cette demande. Le lieutenant-général du royaume, décoré du grand cordon de la Légion-d'Honneur, car, dès ce moment, la décoration de l'ordre du Saint-

Esprit fut mise à l'écart, et portant la cocarde nationale, partit à cheval, sans garde, sans suite personnelle que quelques aides-de-camp et officiers généraux, mais entouré de la Chambre des députés, son plus beau cortége, et défendu par toute la population de Paris.

La marche fut lente, interrompue sans cesse par la manifestation des sentimens des citoyens, et par les obstacles que présentaient les barricades qu'il fallait franchir à chaque cent pas. Les citoyens les plus rapprochés du prince et des députés improvisèrent une garde telle que jamais aucun monarque, dans toute sa gloire, n'a été honoré : ils se donnèrent tous la main, et s'avancèrent transversalement dans l'intervalle qui sépare le Palais-Royal de l'Hôtel-de-Ville, sans que nulle confusion ne les contrariât dans leur chemin.

Le lieutenant-général du royaume s'arrêtait souvent, saluant du chapeau, du geste et de la voix; complimentant le peuple de sa conduite sublime pendant les trois grandes journées; et, arrivé à la porte principale de l'Hôtel-de-Ville, il dit aux premiers citoyens armés qu'il rencontra :

« Messieurs, c'est un ancien garde national

qui vient rendre visite à son ancien général, M. de Lafayette. »

Celui-ci était accouru au devant de S. A. R.; il répondit avec effusion aux mots pleins de sensibilité que le prince lui adressa; et puis M. Viennet, député de l'Hérault, lut de nouveau la proclamation dans la grande salle en présence du corps municipal et de tous les individus qui l'accompagnaient.

La place de l'Hôtel-de-Ville, les quais des deux rives de la Seine, les rues voisines, les croisées des étages, les toits des maisons étaient pleins à comble de citoyens, de femmes, animés de bonheur, portant chacun des cocardes, des drapeaux, des nœuds de rubans tricolores, et manifestant un pur enthousiasme par tous ces cris qui expriment le sentiment. Il alla jusqu'au fanatisme lorsque le lieutenant-général du royaume et le général commandant la garde nationale se présentèrent au grand balcon de l'Hôtel-de-Ville, se tenant embrassés étroitement, et agitant ensemble le glorieux drapeau tricolore. Jamais spectacle plus sublime, plus imposant et plus doux ne frappa les yeux.

Au tonnerre d'applaudissemens, d'acclamations, de vivats, se mêlèrent les retentissemens de l'artillerie, le son des cloches, et les émotions des hommes et de la nature; les échos les répétèrent au loin, et les derniers rayons du soleil couchant se réflétèrent sur cette scène sans pareille. Il était nuit lorsque le prince rentra au Palais-Royal. Son retour, protégé par le même dévouement, fut éclairé par l'illumination de la ville entière; et cette journée mémorable consacra l'alliance intime et perpétuelle de la nation française avec la famille d'Orléans.

La commission municipale prenant l'initiative avant la nomination du lieutenant-général du royaume, avait, le matin même, nommé commissaires provisoires aux divers ministères du royaume : M. Dupont de l'Eure, *au département de la justice;* M. le baron Louis, *au département des finances;* le général Gérard, *au département de la guerre;* M. de Rigny, *au département de la marine;* M. Bignon, *aux affaires étrangères;* M. Guizot, *à l'instruction publique;* le duc de Broglie, *au département de l'intérieur.* Ces choix, très-bons sans doute, avaient été faits entre amis; chacun, parmi le petit nombre de ceux appelés alors à la direction des affaires, songea à soi, à ses intimes, et on ne s'occupa guère si en deçà il y avait d'autres notabilités.

Non que celles-là fussent sans valeur ; bien au contraire, elles avaient leur mérite : nul, par exemple, n'était plus dans le mouvement que M. Dupont de l'Eure ; il ne fallait pas craindre avec lui de retour vers la royauté déchue. On trouvait là de la probité, de la véracité politique, l'amour du travail, de la patrie et de la liberté : mais y avait-il bien ces vues supérieures qui aident à la marche des affaires, cette connaissance profonde des hommes qui l'empêche d'être trompé par eux, ce coup-d'œil qui découvre un intrigant sous les dehors d'un patriote ? je n'oserais l'affirmer complétement.

Le baron Louis, quel que fût d'ailleurs son mérite bien ancien, avait trop appartenu à la restauration dernière, pour qu'il pût se montrer à la hauteur du mouvement ; celui-là, plus que plusieurs de ses collègues, était pour le *statu quo* ; il ne voulait pas avancer, les changemens lui faisaient peur, et il préférerait employer un carliste signalé, plutôt que de changer un fonctionnaire : son parti de marcher assis était pris, et certes il n'en démordrait pas.

Le général Gérard apportait avec lui une réputation immense de capacité militaire, de science administrative; depuis quinze ans les libéraux plaçaient en lui leur espoir; la tâche que lui imposait la haute réputation qu'il s'était acquise, ne pouvait être soutenue que par des efforts sur-humains : le général voudrait-il en prendre la peine?

M. de Rigny joue de malheur avec le ministère de la marine; il faut bien qu'il en soit digne, puisqu'il ne peut l'occuper : sa nomination fut un hommage rendu à l'opinion publique; pourquoi ne fut-elle pas maintenue? Le conseil de l'amirauté pourrait nous répondre savamment.

Les affaires étrangères convenaient à M. Bignon, et M. Bignon convenait aux affaires étrangères; j'ai eu toujours une haute estime de ses talens, depuis le mal qu'a dit de lui M. de Pradt. Il est fâcheux que le Roi n'ait pu les utiliser; c'est un diplomate instruit du manége et des intérêts des cabinets de l'Europe, très-patriote au fond, et que l'on verra avec plaisir aux premières places. Napoléon, qui était bon juge, l'appréciait à sa valeur.

M. Guizot, un peu trop rhéteur pour être

bon ministre, se trouva noyé dans son portefeuille dès le jour qu'il l'eut ouvert : homme d'esprit, homme de lettres, ce qui souvent n'est pas toujours la même chose, il apporta les habitudes du professorat, où il fallait les vues de l'administrateur. Rempli de bonne volonté, mais, ne voyant que par les yeux des autres, toutes les nominations qu'il fit, à très-peu d'exceptions près, produisirent un mécontentement universel dans les provinces; jamais on ne vit en France un tel débordement de fonctionnaires inhabiles, étrangers à l'administration, choisis en dépit des localités, des convenances de contrée; on aurait dit que le parti était près de faire regretter tous les magistrats qui exerçaient sous le dernier régime; et si M. Guizot a de la perspicacité, il ne peut pas louer celle de ses alentours, dont il fut un peu trop la dupe : la confiance en autrui doit être une de ses qualités.

Le duc de Broglie était connu pour avoir abandonné avec éclat, pendant le ministère Decazes, la cause des libéraux, lors de l'association contre les conséquences de la loi de tendance alors proposée. On se ressouvient de la lettre stupéfiante qu'il écrivit à ce sujet, et de la consternation de ses amis; à part cette erreur, il y avait en lui des connaissances, une bonne volonté de faire le bien, qui éclatait dans ses actes; un désir de succéder à sa belle-mère, sorte d'héritage qui ne s'accorde pas en vertu des lois sur les testamens, des habitudes d'autrefois, mêlées à des velléités d'opinions nouvelles; cette incertitude de la probité qui chancelle dans la frayeur de faire un faux pas; ce désir de prendre parti dans le mouvement national, avec la crainte de courir trop vite, et cette couverture du manteau de duc et pair qui retarde la vivacité du philosophe en route avec le siècle.

Tels étaient les premiers élémens de ce ministère de la commune de Paris, et que, de sa pleine autorité née des circonstances, elle imposait au royaume. Il ne gouverna pas longtemps dans son ensemble, et je signalerai les changemens qu'il subit, lorsque le moment sera venu de le faire. Un des premiers soins de ces commissaires provisoires fut de faire des nominations définitives dans leurs départemens respectifs : on avait des amis à placer, des familles à contenter, et, il faut le dire, on oublia un peu le pays en face des intérêts particuliers; on eut d'excellentes raisons pour repousser tout ce qui n'était pas connu de la femme, du frère, du cousin, de l'amie, des camarades du secrétaire ; je serais curieux que l'on fît connaître à la France les motifs des préférences pour les élus.

Cette commission municipale renfermait elle-même des patriotes, modèles de vraies supériorités, des caractères fermes dévoués à la chose publique, et citoyens avant tout. Le comte de Lobau, une des notabilités de l'empire, se faisait remarquer par beaucoup de zèle et d'intelligence.

M. Mauguin, hardi, froid, audacieux, prudent, monté sur son opinion et combattant sans relâche pour elle, général d'armée au milieu des émeutes populaires, était propre à les faire naître et à les apaiser.

M. Audry-de-Puyraveau apportait parmi de ses collègues le besoin de contenter ce peuple héroïque, une haine prononcée de toute sorte de despotisme, une résolution arrêtée de parvenir à donner à la France de meilleures institutions : la bonne volonté ne manquait pas.

M. de Schonen vrai magistrat de la vieille roche, n'était pas, à son début, de la résistance à la puissance ministérielle ; avait, sous le règne précédent, attaqué véhémentement les abus, et n'avait pas craint de se montrer l'ami du contempteur de la famille des Bourbons : celui-là, non plus que ses collègues, ne reculerait pas dans le chemin qu'ils s'étaient tracé.

Il y avait encore dans le secrétaire de la commission municipale et provisoire une de ces hautes capacités, un de ces personnages appelés à se classer au premier rang aussitôt qu'ils se sont fait connaître : M. Baude, membre de la chambre des députés, possède ce courage civil, cette énergie de l'homme privé et du magistrat, qui forment aussi les héros ; calme, tranquille, voyant tout d'un coup-d'œil, au-dessus du chaos qui l'environnait, suffisant à chaque demande, à chaque requête, aux exigences des suppléans aux vainqueurs et aux prières de ces vainqueurs modestes ; ne brouillant rien, retrouvant les fils mille fois interrompus des affaires nombreuses et pressées dont on l'accablait, il demeurait à l'aise où les autres perdaient la tête, et annonçait dès ce moment ce qu'il deviendrait, aussitôt que les circonstances l'auraient arraché à cet hémisphère de simplicité et de modestie dans lequel il vivait par prédilection.

M. Girod de l'Ain, préfet provisoire de police, M. Alexandre de Laborde, étaient aussi l'un et l'autre très-portés à seconder l'élan de la révolution; tous les deux joignaient à des qualités précieuses, des talens, fruits de l'étude et de l'expérience : la nation pouvait compter sur eux et ne craindre aucune arrière-pensée, aucune démarche dont elle pût s'alarmer ou se plaindre.

Les fonctions de préfet de police avaient été remplies dans le premier moment par M. Bavoux, juge au tribunal civil de la Seine, novateur intrépide, ardent aux réformes, et peut-être dépassant le but parfois, à force de vivacité. Déjà sous la monarchie morte, il s'était colleté avec elle sans avoir peur de son infériorité; il possédait cette vigueur qui fait braver le danger sans en apprécier l'étendue; mais, plus magistrat qu'administrateur, il convenait mieux sur un siége à dispenser la justice, que dans la préfecture de police, où il se trouvait dépaysé.

La journée du 1er août, qui fut un dimanche, s'écoula tranquille; les nouvelles autorités l'employèrent à se faire connaître et à protester de leur civisme par des proclamations adressées aux habitans. Ceux-ci, moins en crainte des mesures de l'ex-roi, apprirent avec satisfaction qu'il avait abandonné Saint-Cloud pour se porter plus loin : ils se livrèrent à l'insouciance de leur caractère; les fêtes recommencèrent dans l'enceinte de la ville et aux barrières; les paysans, les femmes de la campagne, qui apportent journellement des légumes, du lait et toutes sortes de denrées, circulèrent de nouveau. On commença à démolir quelques barricades, à en rétrécir quelques autres; l'aspect de guerre s'effaçait par degré.

La garde nationale s'organisait avec une chaleur admirable; les citoyens se faisaient inscrire en foule; on s'habillait militairement. M. de Lafayette, revenu à sa jeunesse par son enthousiasme, se multipliait pour satisfaire à tout. Non, jamais la France et le roi Philippe ne manifesteront assez de reconnaissance à cet illustre citoyen pour l'éminence du service qu'il a rendu à la patrie : il en fut la destinée dans le premier instant; il en fut à lui seul la force, la ressource, l'autorité entière, le seul gouvernement qui pût être obéi. S'il l'avait voulu, une république se serait établie spontanément; la présidence lui en était assurée ; mais au-dessus de toute grandeur personnelle, héros antique, au milieu des petitesses modernes, ambitieux seulement pour le bonheur public, il n'employa son influence prodigieuse qu'à maintenir l'ordre, qu'à calmer les esprits, qu'à protéger la construction du trône constitutionnel. Que son nom soit sans cesse dans toutes les bouches, que son souvenir vive à jamais dans les cœurs !

Nous recevions à chaque heure des nouvelles satisfaisantes des départemens et des contrées voisines : le mouvement de Paris paraissait devoir être universel. Rouen s'y était uni et entraînait la Normandie. Versailles faisait sa révolution, ainsi que les villes d'alentour. Partout le drapeau tricolore remplaçait la bannière blanche ; partout le cri *vive la liberté* annonçait que la France ne voulait plus de despotisme : le peuple se croyait sauvé.

Mais ceux qui étaient placés à sa tête savaient que le roi déchu luttait avec opiniâtreté contre les destins qui le précipitaient du trône ; il prétendait régner encore. Les agens qu'on lui envoyait pour le déterminer à sortir du royaume, ne pouvaient parvenir jusqu'à lui. Les trois commissaires, nommés à cet effet par le gouvernement provisoire, le maréchal comte Maison, MM. de Schonen et Odilon-Barrot, étaient repoussés comme les autres. Cette résistance pouvait finir par présenter des dangers ; il importait que la révolution pût se débarrasser de ce roi débile, de cette famille dont la France ne voulait plus; et, attendu que les négociations étaient impuissantes, on décida que l'on emploierait la force, très-assuré que Charles X ne lui résisterait pas.

Le lundi 2 août, la générale fut battue inopinément pendant la matinée, dans tous les quartiers de Paris. Un appel spontané eut lieu; on annonça que l'ex-roi, dans son délire, marchait à la tête de ses troupes pour reconquérir la capitale, et qu'il était urgent de prendre les armes pour le repousser. Aussitôt tous ceux qui avaient combattu en géant pendant ces trois journées, ces enfans, cette jeunesse sublime, ces hommes faits remplis de bravoure, ces vieillards encore virils par amour de la liberté, citoyens de toutes conditions, soldats de tous grades, saisissent leurs fusils, leurs sabres, les piques improvisées, les haches, les instrumens de guerre dont naguère ils s'étaient servis, et, en poussant des cris belliqueux, accourent aux Champs-Elysées, rendez-vous indiqué.

Plus de trente mille hommes déterminés à vaincre, passèrent la revue du général Pajol, nommé leur commandant. La certitude de la victoire éclatait dans leurs yeux et dans leur impatience. Au signal donné, nul ne se débande, et tous partent: des fiacres, des cabriolets de place, des voitures de maître, des charrettes de tapissiers, de blanchisseuse, mille moyens de transports sont mis à la disposition de ces guerriers citoyens par d'autres citoyens non moins animés des plus nobles sentimens; on vole à la rencontre de ces troupes ennemies qui nous menacent, dit-on ; on brûle de les rencontrer et de finir la guerre civile par un dernier effort.

La marche triomphale, car c'en était une, ne rencontre sur son passage que des populations amies qui leur apportent des vivres, des rafraîchissemens, qui fraternisent avec les Parisiens, et qui viennent grossir l'armée citoyenne de leurs masses citoyennes ; aussi on n'entend que ces cris: *vive la liberté! à bas Charles X, le pouvoir absolu et le fanatisme!* il y a là unanimité de sentiment. Versailles, qui avait tenté de fermer ses portes à l'armée royale, les ouvre toutes grandes à l'armée de la nation; elle leur peint l'escorte de la famille tombée comme frappée de stupeur, brave encore, mais découragée, sans énergie morale, suivant ses chefs par honneur et point par amour, et plutôt prête à se réunir à la nation soulevée qu'à combattre pour la ramener aux fers.

Cependant Versailles est dépassé, on approche de Rambouillet. Un colonel, M. Poque, envoyé très en avant comme parlementaire, est blessé à bout portant par les sentinelles de l'ennemi. Un tel fait aurait exaspéré la colère du peuple; on lui en dérobe la connaissance; on l'engage seulement à se tenir sur ses gardes, à l'abri de toute surprise, et à se préparer au combat pour le lendemain. Tandis que l'on agissait ainsi, les trois commissaires du gouvernement reviennent auprès de Charles X, lui peignent des couleurs les plus vives les conséquences de la bataille qui va se livrer, lui montrent tous les départemens qui l'environnent animés du même esprit que celui de la Seine, et dans quel gouffre il va se précipiter lui-même par une résistance répréhensible.

Ce malheureux prince acheva de jouer à Rambouillet le rôle honteux de toute sa vie ; il ne se trouva pas là plus de courage que précédemment. Son fils n'en montra pas non plus la moindre étincelle : ils consentirent à s'éloigner sur-le-champ, à licencier leur armée, à ne conserver que les gardes-du-corps pour les accompagner jusqu'à Cherbourg; et, bercés encore par une illusion bien mensongère, tout en accordant au duc d'Orléans le titre de régent du royaume, ils abdiquèrent simultanément la couronne en faveur du duc de Bordeaux; mais la France ne l'avait pas arrachée du front de Charles X pour la reposer sur la tête d'un enfant dont l'avenir était à craindre.

CHAPITRE III.

La convocation des chambres, ordonnée par Charles X pour le 3 août, et qu'il avait rompue par les ordonnances inconstitutionnelles du 25 juillet dernier, fut maintenue au jour précité par la volonté nationale, par celle des deux chambres, et par l'assentiment du prince lieutenant-général du royaume. Une session bien solennelle allait s'ouvrir ; celle-là déciderait en dernier ressort de la destinée de la France : il lui appartenait de la consolider ou de la compromettre à jamais. Les députés, animés des meilleurs sentimens, se présentaient, impatiens de remplir l'attente générale et de sauver la France; un civisme entier, un dévouement sans bornes à la cause de la patrie animait tous les cœurs ; on ne souhaitait que de remplir dignement une grande mission, celle d'assurer, par une constitution vraiment libérale, par des lois organiques, la prospérité nationale : point n'étaient là d'arrière-pensées, de fantaisies, de conservations personnelles ; la chambre des députés était enfin tout entrée dans le mouvement de la révolution.

Il n'en était ainsi que très-imparfaitement dans la chambre des pairs : ici, la majorité tout entière appartenait à l'ancien ordre de choses ; on était carliste, absolutiste, champion de l'église, tout, hors constitutionnel. Il y avait dans la chambre des pairs de vrais amis des idées nouvelles, des patriotes avérés, mais en petit nombre, en minorité complète, et hors de mesure d'arriver jamais à former la majorité. Toute l'aristocratie du vieux régime s'était réfugiée dans la pairie ; il ne fallait attendre de cette réunion aucun assentiment à la révolution actuelle, aucun concours propre à la consolider ; ou une résistance insolite, ou une acceptation d'escobarderie, serait la conduite de la plupart. Cette chambre enfin se présentait ennemie de toute liberté, de tout ce qui tendait à détruire les abus, les préjugés, à fortifier les institutions populaires, à jeter un peu plus de démocratie dans l'action du gouvernement.

Des émigrés, des congréganistes, les hommes de la censure, des courtisans sans aucune vertu nationale, des ecclésiastiques emportés, des gentilshommes réclamant sans cesse les avantages perdus de leur caste, des militaires dévoués par avance à devenir les instrumens de toute tentative propre à replacer les Français sous l'esclavage : voilà ce qu'on allait trouver dans la chambre des pairs; c'était avec un tel élément de la constitution qu'il faudrait marcher dans une voie nouvelle. Cela était-il possible? Non; le principe d'existence sociale, qui est le plus saint de tous, permettait-il que l'on confiât le salut public à des gens qui souhaitaient sa perte? Non encore. Que fallait-il faire? briser cette chambre dangereuse, en composer une toute formée d'hommes à la hauteur des circonstances.

C'était un coup hardi! pas plus que celui qui venait d'être porté : on avait renversé la monarchie héréditaire, la clef fondamentale des trois pouvoirs; on allait remanier la charte : la chambre des pairs était-elle plus sacrée que tout cela? devait-elle survivre à la royauté qui lui donna l'existence? N'était-il pas plus naturel qu'elle la suivît au tombeau? La révolution faisait table rase. La pairie fut maintenue par une faute politique : il appartenait au régent de prendre l'initiative de la détruire; il l'aurait fait aux acclamations publiques; de la reconstituer forte de ses notabilités réelles et de celles du dehors qu'il y eût introduites. Ainsi Louis XVIII avait agi lors de la première rentrée; ainsi fit Napoléon en 1815. Il est un principe incontestable selon moi : c'est que toute chambre de pairs étant nommée par un souverain, doit disparaître avec la famille à qui elle doit la vie; la dynastie qui remplace celle-là vient au trône avec le droit positif de reconstituer la pairie; c'est une partie de sa propre essence, que par conséquent elle ne doit pas conserver formée de portions tout étrangères à ses intérêts nouveaux.

La chambre des députés, au contraire, étant la représentation permanente de la nation, peut être conservée à ce titre sans aucun inconvénient; on est certain qu'elle agira toujours dans les révolutions selon le vœu de celle-ci; car si elle ne le faisait pas, la révolution la frapperait elle-même.

Il convenait donc que Louis-Philippe, soit à ce premier moment, soit le lendemain de son avènement comme roi constitutionnel des Français, créât une pairie dans sa totalité : c'était dans son droit, dans l'intérêt général. Il a négligé de le faire par trop de respect pour des chimères; et plus nous allons, plus les actes de la pairie prouvent que ce parti était le seul à prendre, le seul qui eût satisfait la nation.

Les députés présens à Paris, au nombre de cent soixante, se réunirent à midi dans le local de leurs séances, sous la présidence du doyen d'âge M. Labbey de Pompières; les quatre plus jeunes députés, MM. Villemain, Vatimesnil, Cormenin et Oberkampf, remplirent les fonctions de secrétaires provisoires. L'ordre du jour était peu de chose : il s'agissait de tirer au sort les noms des vingt membres qui le lendemain formeraient la grande députation dont les fonctions étaient de recevoir le lieutenant-général du royaume. Ceux à qui cet emploi échut furent MM. de Gouves-de-Nunques, Hector d'Aulnay, de Montguyon, Bernard, comte d'Harcourt, Gaultier, de Podenas, Moriès, Ernouf, Kératry, Poulmaire, Louis Blaise, Borgnès, de Gueheneuc, Cabanon, Thénard, Jobert-Lucas, de Mornay, baron Baron et Tardif.

Ceci terminé, on se sépara, impatient qu'on était de suivre hors de la salle les progrès de la révolution. C'était dans ce moment que la générale, que le rappel battus amenaient les citoyens sur la route de Rambouillet. Paris tout ému présentait de nouveau l'aspect d'une ville prête à courir aux armes; on entendait des cris menaçans, et quelques républicains, par leurs propos dans les lieux publics, par des placards au coin des rues, cherchaient à allumer des sentimens analogues aux leurs; mais ils ne trouvaient aucun écho favorable. Déjà la masse des citoyens voulait pour roi le prince qui le premier était accouru partager ses périls, celui dont la vie tout ouverte lui promettait de dignes garanties. Les jacobins modérés s'agitaient vainement dans leur impuissance, et les bonapartistes ne se débattaient que faiblement contre le courant universel qui portait toute la population vers l'élu qui demeurait au Palais-Royal.

Ce même jour, et dans le but de tout consolider, le général Lafayette adressa l'ordre du jour suivant à la garde nationale :

« Dans la glorieuse crise où l'énergie pari-
» risienne a reconquis tous nos droits, tout
» reste encore provisoire; il n'y a de définitifs
» que la souveraineté de ces droits nationaux et
» le souvenir de la grande semaine du peuple;
» mais au milieu des divers pouvoirs improvisés
» par les nécessités de notre situation, la réor-
» ganisation des gardes nationales est un besoin
» de défense et d'ordre public réclamé de toutes
» parts. La pensée du prince exerçant la haute
» fonction de lieutenant-général du royaume,
» bien honorable pour moi, a été que je de-
» vais, pour le moment, prendre ce commande-
» ment. Je m'étais refusé, en 1790, au vœu de
» trois millions de mes camarades, parce que
» cette fonction était permanente et pou-
» vait un jour devenir dangereuse. Aujour-
» d'hui que les circonstances sont différentes,
» je crois devoir, pour servir la liberté et la
» patrie, accepter l'emploi de commandant-
» général des gardes nationales de France. »

Cette proclamation, si simple et si franche, était par avance une réponse victorieuse aux calomnies que plus tard on avancerait contre le citoyen des deux-mondes, lorsque la jalousie inquiète de ses collègues ne craindrait pas de l'outrager publiquement. Non; M. de Lafayette ne voulait point pour lui de cette omnipotence qu'il blâmait dans les autres pouvoirs; il se serait hâté, dès la loi rendue sur l'organisation de la garde nationale, d'abdiquer le commandement suprême; son cœur n'en a pas besoin, certain qu'il est d'être toujours en première ligne dans l'affection de tout vrai Français.

Les nouvelles continuaient à venir favorables des départemens : Lille, Metz, Strasbourg, Lyon, Grenoble, Avignon, Aix, Marseille, Bordeaux, Nantes, Rennes, Clermont, Limoges, Caen, avaient arboré les trois couleurs; on était certain que l'élan gagnerait des bords du Rhône à la lisière des Pyrénées. La Vendée immobile se taisait; la Vendée, cette dernière espérance de la royauté déchue, faisait montre seulement de patriotisme : elle refusait de prendre les armes. Ses paysans, enfin éclairés, disaient aux excitateurs : Nous battions les buissons, et d'autres dénichaient les oiseaux; que ceux-là soutiennent le roi qui les a bien payés, lorsque nous n'avons eu que des complimens.

Le 3 août, ce jour solennel que le ministère de Charles X avait tant redouté, parut enfin.

Le peuple l'attendait avec impatience, tant il aime la légalité : il sentait le besoin de la réunion des trois pouvoirs, de leur concours unanime dans l'intérêt de la chose publique, et appelait le moment qui les mettrait en jeu conformément à la constitution de l'État.

Depuis plusieurs années, la séance d'ouverture des sessions avait lieu dans le palais du Louvre : c'était une cérémonie close, tout intérieure, étrangère au peuple, qui n'y donnait plus aucune attention. Le roi appelait chez lui les pairs et les députés, leur interdisait à volonté l'entrée à cette séance, leur parlait en vrai maître, et, environné de toute sa cour, se montrait sous les formes complètes du despotisme. La chose cette fois n'eut pas lieu ainsi : les deux chambres furent convoquées, selon le premier usage, dans le palais des représentans de la nation, environné alors d'un peuple immense, et gardé par la garde nationale qui bordait la haie et contenait la pétulance des curieux.

La décoration intérieure de la salle avait subi quelques changemens : un dôme de velours violet, surmonté d'une couronne fermée, qu'un drapeau tricolore ombrageait, s'élevait au-dessus d'un fauteuil royal adossé à plusieurs faisceaux d'étendards aux trois couleurs ; les fleurs proscrites avaient disparu ; l'écusson de France, ou plutôt de l'ancien pouvoir, ne s'apercevait plus, caché qu'il était par des draperies tricolores. Dans la tribune diplomatique, on ne voyait qu'un seul ministre étranger, celui des États-Unis ; le reste du corps des ambassadeurs et envoyés à tous titres, incertains encore sur la manière dont leurs cours respectives prendraient la révolution récente, s'abstinrent de paraître à cette cérémonie.

Une autre tribune vide attendait la famille d'Orléans ; on apercevait, dans celles réservées, des élèves de l'école polytechnique, des élèves des écoles de droit et de médecine, et quelques-uns des blessés aux combats héroïques des Parisiens ; enfin, dans les tribunes publiques, une foule de curieux s'entassaient, tous avides d'assister à une inauguration auguste, celle d'un peuple rentré positivement dans son droit de souveraineté.

Les députés arrivaient successivement : ceux des deux gauches en grand nombre, une portion assez forte du centre droit. On reconnaissait parmi ceux-ci MM. Hyde de Neuville, Martignac, Vatimesnil, Gauthier, de Saint-Cricq, etc.

4.

L'extrême droite non plus ne se montra pas totalement vide ; ses bancs furent occupés par MM. Mestadier, Jacquinot de Pampelune, Berryer, Roger, Félix de Conny, Sirieyes de Marinhac, de Vaulchier, de Bois-Bertrand, d'Augier, Arthur de La Bourdonnaye, André, de Lardemelle, etc.

Les pairs, n'étant guère qu'au nombre de soixante, prirent place sur des bancs qu'on leur réservait au côté droit de la chambre : on distinguait parmi eux MM. de Chateaubriand, de Choiseul, Séguier, Pasquier, Chaptal, Decazes, d'Ambrugeac, le maréchal de Trévise, MM. de Sémonville, de Coigny, Molé, Sussy, Grosbois, Barante, Saint-Aulaire, Roy, Caraman, Praslin, Dejean, Bastard, Lanjuinais, Valmy, Montalivet, Portalis, Pontécoulant, etc.

Ni les pairs ni les députés ne portaient leurs costumes respectifs; venus en habit de ville, ils attendaient ce que la fortune et la volonté du peuple et du lieutenant-général du royaume décideraient d'eux.

Cependant celui-ci était parti du Palais-Royal, accompagné de plusieurs généraux, de ses aides-de-camp, et de quelques domestiques de sa maison en livrée. Madame la duchesse d'Orléans, ses enfans, madame Adélaïde, l'avaient précédé dans une calèche découverte, recevant partout sur leur passage les expressions de l'ivresse publique; leur route, à travers le Carrousel et les quais, fut un vrai triomphe. L'accueil prodigué au prince ne demeura pas en arrière de celui-là : des transports, des vivats, des signes de main, des témoignages non équivoques d'affection et de confiance lui furent prodigués dans tout le chemin.

La grande députation qui l'attendait à l'entrée des appartemens, le précéda dans la salle, où il entra suivi de ses officiers et de son fils, le jeune duc de Nemours, prince de la plus haute espérance, et sur qui la Providence fait reposer déjà la destinée de quelque royaume. Le duc de Chartres n'était point là : surpris par la révolution à Joigny, où se trouvait son régiment, il était venu en toute hâte se réunir à sa famille; mais les conseils du maire de Montrouge l'ayant engagé à retourner sur ses pas pour maintenir son régiment dans la voie constitutionnelle, il s'était empressé d'agir dans ce sens, et on l'attendait le 4 août à Paris, où son arrivée devait être une fête pour la ville.

Le lieutenant-général du royaume, vêtu en grand costume militaire, orné du cordon de la Légion-d'Honneur, et son chapeau à la main, se dirigea d'un pas ferme et aisé vers le trône préparé pour le recevoir : il n'y prit pas place néanmoins ; il en laissa le siége vide et s'assit sur un pliant mis en avant, et le duc de Nemours en trouva un pareil, un peu moins orné et un peu plus sur le côté.

Des acclamations l'accueillirent ainsi qu'à madame et mademoiselle d'Orléans. Toutes les bouches étaient ouvertes pour leur souhaiter une heureuse fortune; toutes les mains étaient en mouvement pour les applaudir : les membres seuls de la droite extrême gardaient un morne silence, se maintenant dans une immobilité qui contrasta avec l'allégresse du reste de l'assemblée.

Le prince, touché d'un pareil accueil, arrêtait la manifestation de son émotion profonde; il promenait avec lenteur ses regards sur l'étendue de la salle; enfin, s'adressant aux pairs et aux députés :

« Messieurs, asseyez-vous, » dit-il d'une voix forte et sonore; puis, avec une solennité appropriée aux circonstances, il s'exprima en ces termes :

« Messieurs les Pairs et messieurs les
» Députés,

» Paris, troublé dans son repos par une vio-
» lation déplorable de la charte et des lois, les
» défendait avec un courage vraiment héroïque.
» Au milieu de cette lutte sanglante, aucune des
» garanties de l'ordre social ne subsistait plus :
» les personnes, les propriétés, les droits, tout
» ce qui est précieux et cher à des hommes, à
» des citoyens, couraient les plus graves dan-
» gers.

» Dans cette absence de tout pouvoir public,
» le vœu de mes concitoyens s'est tourné vers
» moi : ils m'ont jugé digne de concourir avec
» eux au salut de la patrie; ils m'ont invité à
» exercer les fonctions de lieutenant-général
» du royaume.

» Leur cause me parut juste, le péril im-
» mense, la nécessité impérieuse, mon devoir
» sacré. Je suis accouru au milieu de ce vail-
» lant peuple, suivi de ma famille, et portant

» ces couleurs qui pour la seconde fois ont
» marqué parmi nous le triomphe de la li-
» berté.

» Je suis accouru fermement résolu à me
» dévouer à tout ce que les circonstances exi-
» geraient de moi dans la situation où elles
» m'ont placé, pour rétablir l'empire des lois,
» sauver la liberté, menacer et rendre impos-
» sible le retour de si grands maux, en assurant
» à jamais le pouvoir de cette charte, dont le
» nom invoqué pendant le combat l'était encore
» après la victoire...... »

Ici des acclamations d'assentiment, des bravos prolongés arrêtèrent S. A. R., qui poursuivit peu après son discours :

« Dans l'accomplissement de cette noble
» tâche, c'est aux chambres qu'il appartient de
» me guider.

» Tous les droits doivent être solidement ga-
» rantis; toutes les institutions nécessaires à leur
» plein et libre exercice doivent recevoir les dé-
» veloppemens dont elles ont besoin.

» Attaché de cœur et de conviction aux prin-
» cipes d'un gouvernement libre, j'en accepte

» d'avance toutes les conséquences (vifs mur-
» mures de satisfaction éclatent dans l'assem-
» blée). Je crois devoir appeler dès aujourd'hui
» votre attention sur l'organisation des gardes
» nationales, l'application du jury aux délits de
» la presse, la formation des administrations
» départementales et municipales, et avant tout
» sur cet article 14 de la charte qu'on a si odieu-
» sement interprété.

» C'est dans ces sentimens, Messieurs, que
» je viens ouvrir cette session.

» Le passé m'est douloureux; je déplore des
» infortunes que j'aurais voulu prévenir; mais
» au milieu de ce magnanime élan de la capi-
» tale et de toutes les cités françaises, à l'aspect
» de l'ordre renaissant avec une merveilleuse
» promptitude, après une résistance si pure de
» tout excès, un juste orgueil national émeut
» mon cœur, et j'entrevois avec confiance l'a-
» venir de la patrie.

» Oui, Messieurs, elle sera heureuse et libre
» cette France qui m'est si chère; elle montrera
» à l'Europe qu'uniquement occupée de sa pros-
» périté intérieure, elle chérit la paix aussi bien
» que ses libertés, et ne veut que le bonheur
» et le repos de ses voisins.

» Le respect de tous les droits, le soin de
» tous les intérêts, la bonne foi dans le gouver-
» nement, sont les meilleurs moyens de désar-
» mer les partis, et de ramener dans les esprits
» cette confiance dans les institutions, cette sta-
» bilité, seuls gages assurés du bonheur des
» peuples et de la force des États.

» Messieurs les pairs et messieurs les dépu-
» tés, aussitôt que les chambres seront consti-
» tuées, je ferai porter à leur connaissance l'acte
» d'abdication de S. M. le roi Charles X. Par le
» même acte, S. A. R. Louis-Antoine, dauphin
» de France, renonce également à ses droits.
» Cet acte a été remis entre mes mains hier 2
» août, à onze heures du soir. J'en ordonne ce
» matin le dépôt dans les archives de la chambre
» des pairs, et je la fais insérer dans la partie of-
» ficielle du *Moniteur*. »

Le discours fini, l'importance de la nouvelle qui le terminait ajouta un nouveau véhicule à l'enthousiasme des assistans : ils le manifestè-rent par des actes et des cris. Le lieutenant-gé-néral du royaume en parut encore profondé-ment touché : il salua l'assemblée à diverses reprises, et se retira observant le même céré-monial. Le peuple l'attendait avec impatience pour le féliciter sur son dévouement héroïque, et les mêmes transports qui avaient éclaté sur son passage le suivirent pendant son retour. »

L'acte d'abdication des deux princes de la branche aînée de la maison de Bourbon était, comme je l'ai dit, le résultat de l'effroi qu'avait répandu à Rambouillet la marche des troupes parisiennes. On se flattait, en se retirant du trône, d'en rendre l'accès plus facile au jeune duc de Bordeaux : vaine pensée que les événemens détromperaient tous les jours. Il y avait sur la suscription de ce document : *A mon cousin le duc d'Orléans, lieutenant-général du royaume.*

Rambouillet, ce 2 août 1830.

« Mon cher cousin, je suis trop profondé-
» ment peiné des maux qui affligent ou qui
» pourraient menacer mes peuples, pour n'a-
» voir pas cherché les moyens de les prévenir :
» j'ai donc pris la résolution d'abdiquer la cou-
» ronne en faveur de mon petit-fils le duc de
» Bordeaux.

» Le dauphin, qui partage mes sentimens, re-
» nonce aussi à ses droits en faveur de son
» neveu.

» Vous auriez donc, par votre qualité de lieu-
» tenant-général du royaume, à faire proclamer
» l'avènement d'Henri V à la couronne. Vous
» prendriez d'ailleurs toutes les mesures qui
» vous concernent pour régler les formes du
» gouvernement pendant la minorité du nou-
» veau roi. Ici je me borne à faire connaître ces
» dispositions; c'est un moyen d'éviter encore
» bien des maux.

» Vous communiquerez mes intentions au
» corps diplomatique, et vous me ferez con-
» naître le plus tôt possible la proclamation par
» laquelle mon petit-fils sera reconnu roi sous
» le nom d'Henri V.

» Je charge le lieutenant-général comte de
» Latour-Foissac de vous remettre cette lettre :
» il a ordre de s'entendre avec vous pour les ar-
» rangemens à prendre en faveur des personnes
» qui m'ont accompagné, ainsi que pour les ar-
» rangemens convenables pour ce qui me con-
» cerne et le reste de ma famille.

» Nous réglerons ensuite les autres mesures
» qui seront la conséquence du changement de
» règne.

» Je vous renouvelle, mon cousin, l'assurance

» des sentimens avec lesquels je suis votre af-
» fectionné cousin,

CHARLES.

LOUIS-ANTOINE.

A quoi pouvait servir cette abdication toute conditionnelle ? Le peuple français qui venait de rentrer dans ses droits, se les laisserait-il enlever de nouveau pour reprendre ses chaînes précédentes ? Le règne du duc de Bordeaux serait-il celui de la liberté ? Non, sans doute ; sa mère reviendrait avec lui, sa mère imbue des principes de toute sa famille, vaine, légère, inconsidérée, bonne pour ses gens et remplie d'indifférence pour les Français. Quelle démarche lui avait-on vu faire en faveur de notre constitution ? Quelle grâce avait-elle demandé à son beau-père pour adoucir la rigueur de tant de jugemens homicides, ou qui privaient des écrivains courageux de leur liberté. S'était-elle retirée des ministres odieux ? avait-elle cherché à se rapprocher de la classe intermédiaire ? lui adressa-t-elle jamais aucune prévenance ? Non, non, jamais. Toute renfermée dans le cercle de sa société intime, tout entichée des préjugés royaux, elle ne voyait dans la souveraineté qu'un moyen de se réjouir, de satisfaire des fantaisies ruineuses, et d'élever à grands frais la fortune d'illustres ou d'obscurs favoris.

On n'aime que qui nous aime, qui nous a fourni des preuves de son attachement. La famille royale, exilée au milieu de nous, ne se laissant approcher que du clergé et des courtisans, ne pouvait attendre de nous un amour dont elle ne se souciait guère; séparée d'intérêts de la nation, la regardant comme son ennemie, fallait-il que la nation adoptât pour son roi un enfant nourri aux mêmes maximes, environné des mêmes hommes qui avaient envenimé la royauté contre elle? La chose ne pouvait être. On repoussa le duc de Bordeaux, d'abord parce qu'on ne l'affectionnait point, et ensuite parce qu'on n'avait rien à attendre de lui pour la prospérité future.

Vainement l'aurait-on, pendant quelques années, environné d'hommes selon la charte; à sa majorité, les flatteurs s'en seraient emparés. Il y avait autour du trône une lèpre venimeuse qui dévorait la nation : c'étaient ces familles privilégiées, vampires du trésor public et de toutes les ressources de l'État, qui, accoutumées à vivre chèrement dans leur oisiveté, se croyaient en droit de se perpétuer dans toutes les grandes charges, qui demeuraient en barrières éternelles entre le peuple et le souverain. Depuis long-temps aucun mérite supérieur, aucune sorte d'héroïsme ne les avait reconsacrées ni rendues vénérables; elles végétaient sur la réputation de leur ancienne gloire ou de leur haute faveur. Jamais le duc de Bordeaux n'aurait pu se débarrasser d'elles : toutes les places lucratives, non moins qu'honorifiques leur appartenaient, et il aurait été impossible de les exclure d'une cour leur unique élément. Le jeune prince, accoutumé à les voir, fait à leurs manières, à leur élégance, à leur ton exquis, se serait hâté de se renfermer dans les cercles qu'elles auraient formés autour de lui, et n'aurait pas tardé à disparaître, comme ses ancêtres, aux regards de la nation.

CHAPITRE IV.

Les volontaires partis pour Rambouillet avaient obtenu la victoire sans qu'il eût été nécessaire de combattre; la seule annonce de leur venue avait précipité le départ de Charles X et des siens. Madame la dauphine, à peine réunie à sa famille, l'accompagna dans sa dernière sortie du royaume. Cette princesse était à Dijon lorsque les funestes ordonnances parurent : le mécontentement éclata devant elle. Ce fut en vain que, pour me servir de ses expressions, elle tenta de le comprimer avec le regard *qu'on lui connaît*. La révolution ne pouvait être intimidée par les gestes colériques d'une femme. Bientôt la princesse dut quitter la ville, se déguiser même, et, avec deux hommes de sa suite, reprendre au hasard la route du département de

Seine-et-Oise, sans trop savoir où elle rencontrerait les siens.

Arrivée à Versailles, après avoir obtenu du dernier postillon le secret de son passage, elle ne savait où pouvait être le roi. M. Charlet, qui était avec elle, aperçoit sur la place d'armes un soldat d'un régiment dont le colonel était de sa connaissance; il l'arrête, et lui demande où est son chef. — A Rambouillet avec le roi, lui est-il répondu, et sur cette indication la voiture part pour cette demeure royale. Le premier moment de l'entrevue fut amer : la dauphine éclata en reproches; elle maltraita de paroles M. de Polignac, qu'elle qualifia publiquement d'imbécille; elle lui demanda compte de la couronne de son beau-père, de son mari, de son neveu, assurée à son départ et perdue pendant son absence; elle montra un tel emportement, que le ministre n'osa suivre le roi, et ne parut plus en sa présence : cependant il l'accompagna jusqu'à L'Aigle dans une voiture fermée, et là se sépara de lui, comme je le dirai ailleurs. Les autres membres du conseil partirent de Rambouillet, où on les laissait dans un éloignement peu agréable. Ce n'étaient pas de grands seigneurs; que leur devait la cour dès qu'ils ne pouvaient plus rien faire pour elle?

A peine arrivée, la dauphine dut poursuivre son triste voyage. Déjà tous les courtisans, en charge ou non, à part la très-petite quantité qui allèrent jusqu'à Cherbourg, avaient pris leur parti; les militaires, non ceux auxquels on n'avait pas donné des épaulettes par faveur, restaient seuls fidèles. Ce cortége se dirigea vers Dreux: une dépêche des commissaires du gouvernement l'annonça; elle était adressée à S. A. R., et disait :

Rambouillet, 3 août 1830, dix heures du soir.

« Monseigneur,

» C'est avec bonheur que nous vous annon-
» çons le succès de notre mission : le roi se dé-
» termine à partir avec toute sa famille. Nous
» vous rapporterons avec la plus grande exacti-
» tude tous les incidens de notre voyage; puisse-
» t-il se terminer heureusement! Nous suivons
» la route de Cherbourg; nous partons dans une

» demi-heure ; toutes les troupes sont dirigées
» vers Epernon, et demain on déterminera
» quelles sont celles qui suivront définitivement
» le roi. Nous sommes avec respect, etc.

» De Schonen, le maréchal Maison,
» Odilon-Barrot. »

On affirma que des conventions particulières avaient assuré à la Famille royale quatre millions de rente, dont un reversible sur la tête du duc de Bordeaux. Les commissaires apportèrent à Charles X une somme très-forte pour subvenir aux dépenses de la route, car la révolution l'avait pris au dépourvu à Saint-Cloud, où sa cassette particulière ne renfermait pas deux cent mille francs au moment de la promulgation des ordonnances. Le conseil des ministres, le 28 au soir, avait offert à ce monarque de mettre à sa disposition quinze millions qui se trouvaient dans le trésor du royaume; il répondit :

« Ces fonds n'appartiennent pas à la liste ci-
» vile; ils sont la propriété de l'État; je ne veux
» point y toucher. »

Le lieutenant-général, certain de ne plus être

inquiété de ce côté, put donner tous ses soins à l'administration du royaume. Déjà le chancelier de France, marquis de Pastoret, était venu apporter sa démission de cette haute dignité; il avait cédé avec esprit à la nécessité. S. A. R. accepta cette démission, et nomma président de la chambre des pairs le baron Pasquier.

Celui-ci est un homme d'État, formé aux affaires sous Napoléon : d'abord préfet de police, puis ministre au temps de Louis XVIII, et promenant sa capacité de portefeuille en portefeuille, propre à tout, ni trop royaliste, ni pas assez libéral, demi-constitutionnel, demi-absolutiste, s'accommodant de tous les régimes, parce qu'il croit qu'un esprit délié doit atteindre à tout. Il poursuivit la liberté de la presse, demanda l'arbitraire, et plus tard se rangea sous la bannière de la charte. Il voit bien et de loin, trouve en soi de hautes ressources : je le crois, avec M. Decazes les deux administrateurs les plus habiles que l'on pourrait employer dans un temps de paix : tandis que M. Baude, par exemple, M. Odilon-Barrot et le maréchal Soult, sont propres à bien gouverner la patrie, soit au milieu du calme, soit tandis que grondent les orages politiques.

Le choix de M. Pasquier étonna un peu ; on ne trouva pas qu'il se dessinât assez en harmonie avec les idées de la France : il fallait à la tête de la pairie, puisqu'on tenait à la conserver, un homme plus en avant dans le mouvement révolutionnaire.

Ce même jour, M. Bignon quitta le département des affaires étrangères, où le maréchal Jourdan le remplaça ; il fut à l'instruction publique jouer un rôle secondaire, en attendant qu'on le remerciât complétement. Nous n'étions néanmoins tellement riches pour qu'on pût ainsi écarter M. Bignon.

Les chambres se réunirent le 4 août, chacune dans son palais respectif, pour commencer les travaux de cette grande session. Celle des pairs était très incomplète ; nombre de ses membres, surpris à la campagne ou dans les provinces par la révolution, ne pouvaient encore être arrivés ; une prudence excessive en retenait certains, habitués à ne se montrer que lorsque la sûreté personnelle était garantie ; il y en avait de fort mauvaise humeur ; d'autres, dévoués à la famille déchue, qui ne voulaient prendre aucune part à ce qu'on déciderait contre elle : parmi ceux-ci n'étaient ni le duc de Maillé ni le duc de Mouchy, tous deux accourus de Saint-Cloud pour montrer leur zèle.... à la chose publique.

Cinquante ou soixante pairs étaient présens. Le baron Pasquier, nouveau président, se fît reconnaître et recevoir en cette qualité. Les quatre secrétaires d'âge furent le duc de Feltre, le comte Lanjuinais, le comte Chollet, et le marquis de Brezé, grand-maître des cérémonies de France, qui avait jugé avec raison sa présence inutile sur la grande route de Cherbourg. Le président donna communication à la chambre d'une ordonnance du lieutenant-général du royaume, qui autorisait leurs altesses royales les ducs de Chartres et de Nemours à siéger en leur rang de pairs. Le président, d'après le vœu de ses collègues, nomma la commission de l'adresse, qu'il forma des marquis de Marbois et de Jaucourt, des comtes Siméon, Molé et D'Argoult, des barons Séguier et Barante.

L'assemblée se sépara jusqu'à nouvelle convocation.

La chambre des députés, dès l'ouverture, se déclara en permanence jusqu'après la vérification des pouvoirs, sur la proposition du baron

Charles Dupin. La discussion fut animée. Cela devait être. Les vaincus, les vainqueurs essayaient leur force, et se comptaient réciproquement. La majorité constitutionnelle usa de sa prépondérance dans toute la rigueur des faits, elle annula rapidement des élections ou invalides ou douteuses; elle usa de sévérité violente dans le cas de celle de M. de Bastoulh, procureur-général de la cour royale de Toulouse, qui fut privé de la députation pour avoir empêché qu'un carton fût mis sur la table des votes. D'autres élus expièrent comme lui une résistance condamnable, mais qui, n'étant pas contraire au texte de la loi, ne pouvait être imputée à crime ; et ce fut par-là qu'on acheva la séance.

Celle du lendemain compléta la vérification des pouvoirs. On n'y eut pas plus d'indulgence, ou peut-être y fit-on preuve d'une égale justice. Bientôt on passa à la liste des cinq candidats à la présidence. M. de Corcelles demanda que la chambre nommât directement son chef. Cette proposition trouva des contradicteurs. MM. Viennet, Charles Dupin, Villemain, Odier, la déclinèrent; le général Demarçay la soutint vivement. La chambre décida qu'on se conformerait à l'usage, et passa sur-le-champ au scrutin. Les votes furent répartis ainsi : M. Casimir Périer, 174; Laffitte, 160; Benjamin Delessert, 123; Dupin aîné, 120; Royer-Collard, 116.

Ici commença cette répulsion sourde et néanmoins manifeste, dont la chambre frappa Benjamin Constant. Ce grand orateur, si avant dans les bonnes grâces de la nation, déplaisait à ses collègues, et épouvantait ceux qui se rapprochaient du duc d'Orléans. Les uns le qualifiaient de démagogue, les autres de brouillon, d'esprit inquiet, et par trop remuant; et parce qu'il les dominait tous de la puissance de son génie, il devenait un homme dangereux. Hélas! on pouvait lui épargner ces marques de crainte. La vie de Benjamin Constant touchait à son terme; l'excès du patriotisme en avait usé les ressorts.

Certes, dans cette circonstance, on aurait dû reconnaître ce que depuis quinze années il faisait pour la liberté : on ne lui en tint nul compte; et quatre-vingt-cinq voix seulement ne réparèrent pas, mais firent ressortir l'opinion cachée de la chambre. On passa à la nomination des secrétaires, qui furent

MM. Jacqueminot, Pavé de Vandœuvre, Cunin-Gridaine, et Jars.

La séance fut suspendue jusqu'au lendemain. On apprit officiellement, ce jour-là, que le lieutenant-général du royaume nommait président de la chambre M. Casimir Périer; mais peu de temps après une lettre de ce député annonça que le mauvais état de sa santé ne lui permettait pas de répondre au vœu honorable de la chambre, avant d'en avoir rempli les fonctions. M. Laffitte fut nommé pour le remplacer, et cette fois, par la volonté seule de ses collègues, S. A. R. n'y intervenant pas.

Le fauteuil, par le refus de M. Périer, demeura occupé par M. Laffitte. Dès qu'il monta à la tribune, il eut à lire une proposition de M. Eusèbe Salverte, ainsi conçue :

« La chambre des députés accuse de haute
» trahison les ministres, auteurs du rapport
» au roi, et signataires des ordonnances du
» 25 juillet 1830. »

Accueillie à l'unanimité, et renvoyée dans les bureaux, la proposition devint la base du grand procès qui a clos cette année fertile en événemens mémorables. D'autres la suivirent.

Une de M. de Corcelles, tendante à demander la déchéance solennelle de Charles X, de son fils et de son petit-fils; une de M. Bernard, pour la révision d'un grand nombre d'articles de la Charte. Toutes les deux furent accueillies, malgré de violentes oppositions; il n'y en eut de non moins chaleureuses, pour empêcher le dépôt aux archives de la chambre des abdications de Charles X et du dauphin. Les uns, avec raison, voulaient qu'on les regardât comme non-avenues, sous peine, en les recevant, de reconnaître le droit qu'avaient ces princes de la donner, et par-là accorder au duc de Bordeaux celui d'en recueillir le fruit. Les autres prétendaient que celle de Napoléon ayant été admise, on pouvait en faire autant de celle-là, sans que la chose ajoutât quelque force aux prétentions d'un enfant : ces derniers l'emportèrent. Ce fut encore une faute que la chambre commit dès son début.

Elle vota ensuite, sur la proposition de M. Bavoux, des remercîmens à la ville de Paris pour sa conduite admirable, et l'érection d'un monument destiné à en conserver le souvenir. On passa ensuite à la discussion de la proposition de M. Bernard. M. Dupin, nommé rapporteur, s'acquitta de ce devoir avec son habileté ordinaire : il conclut à ce que la révision de la charte eût lieu. Je ne pourrai, dans le cercle que je me suis tracé, donner des développemens assez étendus aux débats qu'amenèrent les discussions à ce sujet. La charte, bien examinée dans toutes ses parties et dans son ensemble, fut remaniée presque généralement : je la joins ici en note, telle qu'elle sortit de la coupelle de la chambre élective. On sait que celle des pairs, dont elle mettait l'hérédité en question, en même temps qu'elle en arrachait violemment toutes les nominations faites par Charles X, l'approuva pour ainsi dire en masse, et la consacra d'un vote silencieux *.

La charte, ainsi revisée, était une œuvre nouvelle dont les bases avaient été prises dans celle de Louis XVIII; elle devenait la meilleure

---

* La chambre des députés, prenant en considération l'imperieuse nécessité qui résulte des événemens des 27, 28, 29 juillet dernier et jours suivans, et la situation générale où la France s'est trouvée placée, à la suite de la violation de la charte constitutionnelle;

Considérant en outre que, par suite de cette violation et de la résistance héroïque des citoyens de Paris, S. M. Charles X, S. A. R. Louis-Antoine, dauphin, et tous les garantie des droits, du repos, de l'indépendance de la nation. La part faite à la royauté était immense, sans cependant que le souverain

membres de la branche aînée de la maison royale, sortent en ce moment du territoire français ;

Déclare que le trône est vacant en fait et en droit, et qu'il est indispensable d'y pourvoir.

La chambre des députés déclare secondement que, selon le vœu et dans l'intérêt du peuple français, le préambule de la charte constitutionnelle est supprimé, comme blessant la dignité nationale, en paraissant octroyer aux Français des droits qui leur appartiennent essentiellement, et que les articles suivans de la même charte doivent être supprimés, ou modifiés de la manière qui va être indiquée.

Droit public des Français.

ART. 1ᵉʳ. Les Français sont égaux devant la loi, quels que soient d'ailleurs leurs titres et leurs rangs.

2. Ils contribuent indistinctement, dans la proportion de leur fortune, aux charges de l'État.

3. Ils sont tous également admissibles aux emplois civils et militaires.

4. Leur liberté individuelle est également garantie, personne ne pouvant être poursuivi ni arrêté que dans les cas prévus par la loi, et dans les formes qu'elle prescrit.

5. Chacun professe sa religion avec une égale liberté, et obtient pour son culte la même protection.

6. Les ministres de la religion catholique, apostolique et romaine, professée par la majorité des Français, et ceux

pût en abuser; la part du peuple n'était pas moindre, et par conséquent il s'en contenterait. Il y avait là autant de liberté qu'on en avait be-

des autres cultes chrétiens, reçoivent des traitemens du trésor public.

7. Les Français ont le droit de publier et de faire imprimer leurs opinions, en se conformant aux lois. La censure ne pourra jamais être rétablie.

8. Toutes les propriétés sont inviolables, sans aucune exception de celles qu'on appelle nationales, la loi ne mettant aucune différence entre elles.

9. L'État peut exiger le sacrifice d'une propriété, pour cause d'intérêt public légalement constaté, mais avec une indemnité préalable.

10. Toutes recherches des opinions et votes émis jusqu'à la restauration sont interdites. Le même oubli est commandé aux tribunaux et aux citoyens.

11. La conscription est abolie. Le mode de recrutement de l'armée de terre et de mer est déterminé par une loi.

Formes du Gouvernement du Roi.

12. La personne du roi est inviolable et sacrée. Ses ministres sont responsables. Au roi seul appartient la puissance exécutive.

13. Le roi est le chef suprême de l'État; il commande les forces de terre et de mer, déclare la guerre, fait les traités de paix, d'alliance et de commerce, nomme à tous les emplois d'administration publique, et fait les réglemens et ordonnances nécessaires pour l'exécution des lois,

soin, tout ce qui en était nécessaire pour comprimer le despotisme, et néanmoins elle n'allait pas jusqu'à la licence : librement discutée,

sans pouvoir jamais ni suspendre les lois elles-mêmes, ni dispenser de leur exécution.

Toutefois, aucune troupe étrangère ne pourra être admise au service de l'État qu'en vertu d'une loi.

14. La proposition des lois appartient au roi, à la chambre des pairs, et à la chambre des députés.

Néanmoins toute loi d'impôt doit être d'abord votée par la chambre des députés.

15. Toute loi doit être discutée et votée librement par la majorité de chacune des deux chambres.

Si une proposition de loi a été rejetée par l'un des trois pouvoirs, elle ne pourra être représentée dans la même session.

16. Le roi seul sanctionne et promulgue les lois.

17. La liste civile est fixée pour toute la durée du règne, par la première législature assemblée depuis l'avènement du roi.

De la Chambre des Pairs.

18. La chambre des pairs est une portion essentielle de la puissance législative.

19. Elle est convoquée par le roi en même temps que la chambre des députés des départemens. La session de l'une commence et finit en même temps que celle de l'autre.

20. Toute assemblée de la chambre des pairs qui serait tenue hors du temps de la session de la chambre des

volontairement consentie par le prince auquel on la présenterait, elle deviendrait cette fois un bon contrat synallagmatique, et pas une

---

députés, est illicite et nulle de plein droit, sauf le seul cas où elle est réunie comme cour de justice, et alors elle ne peut exercer que des fonctions judiciaires.

21. La nomination des pairs de France appartient au roi. Leur nombre est illimité : il peut en varier les dignités, les nommer à vie ou les rendre héréditaires, selon sa volonté.

22. Les pairs ont entrée dans la chambre à vingt-cinq ans, et voix délibérative à trente ans seulement.

23. La chambre des pairs est présidée par le chancelier de France, et, en son absence, par un pair nommé par le roi.

24. Les princes du sang sont pairs par droit de naissance. Ils siégent immédiatement après le président.

25. Les séances de la chambre des pairs sont publiques comme celles de la chambre des députés.

26. La chambre des pairs connaît des crimes de haute trahison et des attentats à la sûreté de l'État qui seront définis par la loi.

27. Aucun pair ne peut être arrêté que de l'autorité de la chambre, et jugé par elle en matière criminelle.

De la Chambre des Députés des Départemens.

28. La chambre des députés sera composée des députés élus par les colléges électoraux, dont l'organisation sera déterminée par les lois.

29. Les députés sont élus pour cinq ans.

30. Aucun député ne peut être admis dans la chambre

charte octroyée, avec facilité de retrait, comme déjà nous l'avions vu pour plusieurs de ses articles.

s'il n'est âgé de trente ans, et s'il ne réunit les autres conditions déterminées par la loi.

31. Si néanmoins il ne se trouvait pas dans le département cinquante personnes de l'âge indiqué, payant le cens d'éligibilité déterminé par la loi, leur nombre sera complété par les plus imposés au-dessous du taux de ce cens, et ceux-ci pourront être élus concurremment avec les premiers.

32. Nul n'est électeur s'il a moins de vingt-cinq ans, et s'il ne réunit les autres conditions déterminées par la loi.

33. Les présidens des colléges électoraux sont nommés par les électeurs.

34. La moitié au moins des députés sera choisie parmi des éligibles qui ont leur domicile politique dans le département.

35. Le président de la chambre des députés est élu par elle à l'ouverture de chaque session.

36. Les séances de la chambre sont publiques; mais la demande de cinq membres suffit pour qu'elle se forme en comité secret.

37. La chambre se partage en bureaux pour discuter les projets qui lui ont été présentés de la part du roi.

38. Aucun impôt ne peut être établi ni perçu, s'il n'a été consenti par les deux chambres et sanctionné par le roi.

39. L'impôt foncier n'est consenti que pour un an. Les impositions indirectes peuvent l'être pour plusieurs années.

Les changemens les plus importans que la charte nouvelle présentait, étaient le rapport de l'article qui faisait de la religion catholique

40. Le roi convoque chaque année les deux chambres : il les proroge, et peut dissoudre celle des députés des départemens; mais, dans ce cas, il doit en convoquer une nouvelle dans le délai de trois mois.

41. Aucune contrainte par corps ne peut être exercée contre un membre de la chambre, durant la session, et dans les six semaines qui l'auront précédée ou suivie.

42. Aucun membre de la chambre ne peut, pendant la durée de la session, être poursuivi ni arrêté en matière criminelle, sauf le cas de flagrant délit, qu'après que la chambre a permis sa poursuite.

43. Toute pétition à l'une ou l'autre des chambres ne peut être faite et présentée que par écrit. La loi interdit d'en apporter en personne et à la barre.

Des Ministres.

44. Les ministres peuvent être membres de la chambre des pairs ou de la chambre des députés. Ils ont, en outre, leur entrée dans l'une ou dans l'autre chambre, et doivent être entendus quand ils le demandent.

45. La chambre des députés a le droit d'accuser les ministres, et de les traduire devant la chambre des pairs, qui seule a celui de les juger.

De l'Ordre judiciaire.

46. Toute justice émane du roi. Elle s'administre en son nom par des juges qu'il nomme et qu'il institue.

la religion de l'État; la quinquennalité de la chambre élective; l'initiative des propositions de lois commune aux trois pouvoirs; l'exclu-

47. Les juges nommés par le roi sont inamovibles.

48. Les cours et tribunaux ordinaires actuellement existans sont maintenus. Il n'y sera rien changé qu'en vertu d'une loi.

49. L'institution actuelle des juges de commerce est conservée.

50. La justice de paix est également conservée. Les juges de paix, quoique nommés par le roi, ne sont point inamovibles.

51. Nul ne pourra être distrait de ses juges naturels.

52. Il ne pourra en conséquence être créé de commissions et tribunaux extraordinaires, à quelque titre et sous quelque dénomination que ce puisse être.

53. Les débats seront publics en matière criminelle, à moins que cette publicité ne soit dangereuse pour l'ordre et les mœurs; et, dans ce cas, le tribunal le déclare par un jugement.

54. L'institution des jurés est conservée. Les changemens qu'une plus longue expérience ferait juger nécessaires ne peuvent être effectués que par une loi.

55. La peine de la confiscation des biens est abolie, et ne pourra pas être rétablie.

56. Le roi a le droit de faire grâce, et celui de commuer les peines.

57. Le Code civil et les lois actuellement existantes qui

sion de la chambre des pairs de tous les membres nommés depuis l'avènement de Charles X ; l'hérédité de la pairie mise en question, et la

ne sont pas contraires à la présente charte, restent en vigueur jusqu'à ce qu'il y soit légalement dérogé.

Droits particuliers garantis par l'État.

58. Les militaires en activité de service, les officiers et soldats en retraite, les veuves, les officiers et soldats pensionnés, conserveront leurs grades, honneurs et pensions.

59. La dette publique est garantie. Toute espèce d'engagement pris par l'État envers ses créanciers est inviolable.

60. La noblesse ancienne reprend ses titres. La nouvelle conserve les siens. Le roi fait des nobles à volonté; mais il ne leur accorde que des rangs et des honneurs, sans aucune exemption des charges et des devoirs de la société.

61. La Légion-d'Honneur est maintenue. Le roi déterminera les réglemens intérieurs et la décoration.

62. Les colonies seront régies par des lois particulières.

63. Le roi et ses successeurs jureront, à leur avènement, en présence des chambres réunies, d'observer fidèlement la charte constitutionnelle.

64. La présente charte et tous les droits qu'elle consacre demeurent confiés au patriotisme et au courage des gardes nationales et de tous les citoyens français.

65. La France reprend ses couleurs. A l'avenir il ne

décision définitive renvoyée à l'année prochaine; la suppression irrévocable de la censure; l'explication de l'article 14, devenu l'article 13, de

sera plus porté d'autre cocarde que la cocarde tricolore.

Dispositions particulières.

66. Toutes les nominations et créations nouvelles de pairs, faites sous le règne du roi Charles X, sont déclarées nulles et non-avenues.

L'article 27 de la charte sera soumis à un nouvel examen dans la session de 1831.

La chambre des députés déclare troisièmement qu'il est nécessaire de pourvoir successivement, par des lois séparées et dans le plus bref délai possible, aux objets qui suivent :

1. L'application du jury aux délits de la presse et aux délits politiques;

2. La responsabilité des ministres et des autres agens du pouvoir;

3. La réélection des députés promus à des fonctions publiques salariées;

4. Le vote annuel du contingent de l'armée;

5. L'organisation de la garde nationale, avec intervention des gardes nationaux dans le choix de leurs officiers;

6. Des dispositions qui assurent d'une manière légale l'état des officiers de tout grade de terre et de mer;

7. Des institutions départementales et municipales fondées sur un système électif;

8. L'instruction publique et la liberté de l'enseignement;

9. L'abolition du double vote, et la fixation des conditions électorales et d'éligibilité;

manière à ne plus autoriser un coup-d'état; la publicité des débats dans la chambre des pairs; l'âge des députés abaissé à trente ans, celui des

10. Déclarer que toutes les lois et ordonnances, en ce qu'elles ont de contraire aux dispositions adoptées pour la réforme de la charte, sont dès à présent et demeurent annulées et abrogées;

Moyennant l'acceptation de ces dispositions, la chambre des députés déclare enfin que l'intérêt universel et pressant du peuple français appelle au trône S. A. R. Louis-Philippe d'Orléans, duc d'Orléans, lieutenant-général du royaume, et ses descendans à perpétuité, de mâle en mâle, par ordre de primogéniture, et à l'exclusion perpétuelle des femmes et de leur descendance.

En conséquence, S. A. R. Louis-Philippe, duc d'Orléans, lieutenant-général du royaume, sera invité à accepter et à jurer les clauses et engagemens ci-dessus énoncés, l'observation de la charte constitutionnelle et des modifications indiquées, et, après l'avoir fait devant les chambres assemblées, à prendre le titre de roi des Français.

Délibéré au palais de la Chambre des députés, le 7 août 1830,

Les Président et Secrétaires,

Signés, LAFFITTE, vice-président, JACQUEMINOT, PAVÉE DE VANDEUVRE, CUNIN-GRIDAINE, JARS.

Collationné à l'original, par nous président et secrétaires,

Signés, LAFFITTE, JACQUEMINOT, JARS, PAVÉE DE VANDEUVRE, député de l'Aube, CUNIN-GRIDAINE, député des Ardennes.

électeurs à vingt-cinq ans; le président de la chambre nommé par elle-même, sans le concours du roi; la réélection de tout député nommé à des fonctions quelconques; la défense expresse de créer des tribunaux d'exception; l'adoption définitive de la cocarde aux trois couleurs, etc.

C'étaient des fondemens bien différens de ceux de la charte dernière. La France satifaite n'avait plus rien à demander au-delà: aussi, dans son universalité, témoigna-t-elle sa satisfaction du travail de ses mandataires. Un grand nombre auraient voulu cependant que la magistrature fût attaquée dans son inamovibilité; on la représentait comme garnie de membres imbus des idées de la congrégation, comme presque toute vendue au pouvoir absolu et dévouée aux personnes de l'ex-famille royale: il paraissait donc nécessité d'urgence de la refondre entièrement.

Mais de hautes considérations militaient aussi contre. N'était-il pas à craindre que dans ce premier instant on ne remplaçât la magistrature actuelle par une moins vénérable, ou peut-être républicaine. Or, comme la France ne voulait pas plus de la tyrannie que du jacobinisme, il fallait n'agir qu'avec beaucoup de prudence et de mesure : d'ailleurs, en vertu de la direction du cœur humain, on devait espérer que ces magistrats, ultra avec un roi qui l'était, deviendraient constitutionnels sous un prince qui se ferait honneur de l'être.

La défense de la magistrature actuelle fut prise par M. Dupin aîné, dont, si on n'aime pas la personne, on doit au moins admirer la conduite en cette circonstance. Sa position était pénible : brouillé avec l'opinion publique par des démarches obscures, par des tergiversations que l'on n'excuse point aux heures des révolutions, il pouvait peut-être se réhabiliter en parlant dans le sens des meneurs, en accablant la magistrature. Il fit le contraire; il la défendit toujours avec talent, et certainement avec courage; car s'il remportait la victoire dans la chambre, il demeurait exposé plus que jamais à la haine de ceux qui le devançaient dans le mouvement. Cette considération, si puissante sur tant d'autres, n'arrêta ni son opinion ni sa volonté; il s'expliqua en conséquence, emporta les suffrages de ses collègues, et se perdit momentanément envers le public. Quelque nom que l'on donne à cette action, toujours est-il qu'elle n'est pas ordinaire.

Après l'adoption complète de la charte, la commission ajouta le paragraphe suivant :

« Moyennant l'acceptation de ces propositions et dispositions, la chambre des députés déclare enfin que l'intérêt universel et pressant du peuple français, appelle au trône S. A. R. *Louis-Philippe d'*ORLÉANS, duc d'Orléans, lieutenant-général du royaume et ses descendans à perpétuité, de mâle en mâle, par ordre de primagéniture, et à l'exclusion perpétuelle des femmes et de leur descendance. En conséquence, Son Altesse Royale Louis-Philippe d'Orléans, duc d'Orléans, lieutenant-général du royaume, sera invité à accepter et à jurer les clauses et engagemens ci-dessus énoncés, l'observation de la charte constitutionnelle et des modifications indiquées; et après l'avoir fait devant les chambres assemblées, il prendra le titre de *Roi des Français.* »

Ce changement de dynastie ne rencontra que peu d'opposans; M. de Conny fut, je crois, le seul qui dans cette chambre prit la parole pour défendre l'ex-souverain, ou au moins sa descendance directe. Ce fut non un acte de témérité, car les opinions dans cette circonstance ne furent aucunement violentées, mais un acte honorable que nombre de ses collègues auraient dû partager : ils ne le firent pas, décidés à reconnaître en apparence le nouveau système, sauf à le combattre en secret : ce pouvait être plus commode, mais cela ne devait pas être autant glorieux.

La chambre passa ensuite au scrutin secret sur l'adoption totale de la charte réformée. Le nombre des votans présens était de deux cent cinquante-deux : il y eut deux cent dix-neuf boules blanches et trente-trois boules noires. Le projet fut approuvé, et sur-le-champ les députés, tous en corps, la séance levée, se rendirent au Palais-Royal pour présenter eux-mêmes au lieutenant-général du royaume la charte revisée, et l'acte qui lui donnait la couronne, s'il voulait en jurer l'observation.

Le peuple instruit du but de cette marche solennelle, en sanctionna le motif et le but par ses applaudissemens, par ses cris d'approbation : des *vive le roi ! vive Philippe !* se firent entendre presque unanimes dans la route que les députés parcoururent au milieu de la garde nationale qui les escortait. La joie se changea en une sorte de délire lorsqu'ils approchèrent de la demeure de celui qui allait devenir le *roi des Français* par la volonté libre de la nation.

Le duc d'Orléans, ému d'une aussi grande offre, et en appréciant toutes les conséquences, la reçut, en manifestant sa reconnaissance, et dit, après avoir entendu la lecture de la charte, qui lui fut faite par M. Laffitte :

« Messieurs, je reçois avec une émotion pro-
» fonde la déclaration que vous me présentez ;
» je la regarde comme l'expression de la volonté
» nationale, et elle me paraît conforme aux
» principes politiques que j'ai professés pendant
» toute ma vie.

» Rempli de souvenirs qui m'avaient toujours
» fait désirer de ne jamais monter sur le trône,
» exempt d'ambition, et habitué à la vie paisible
» que je menais dans ma famille, je ne puis
» vous cacher tous les sentimens qui agitent
» mon cœur dans cette grande conjoncture ;
» mais il en est un qui les domine tous; c'est l'a-
» mour de mon pays : je sens ce qu'il me pres-
» crit et je le ferai. »

A ces derniers mots, des larmes s'échappèrent des yeux du prince; des sanglots étouffèrent sa voix : il serra la main du président de la chambre, se précipita au milieu des députés, comme s'il se jetait dans les bras de la nation dont ils venaient d'exprimer les vœux. Soudain les cris mille fois répétés de *vive le roi!* partent de la salle d'audience, traversent le palais, animent le peuple qui les répète; on agite, on lève les chapeaux ornés des couleurs civiques; les officiers brandissent leurs épées : l'enthousiasme est général. La duchesse d'Orléans, accompagnée de sa noble belle-sœur, de ses enfans, paraît; une joie oppressée éclate sur leurs traits. A leur aspect, les transports recommencent : *Vive la reine! vive la famille royale! vive le roi des Français!* ainsi on s'exprime, ainsi on inaugure le nouveau trône qui sera si dignement rempli.

Le roi s'avance sur le balcon, salue le peuple qui forme des vœux pour la prospérité de son règne. Les accens de la garde nationale assurent au roi son concours, lui jurent de ne jamais séparer leur cause; et on sait comment elle a tenu son serment.

CHAPITRE V.

La chambre des pairs qui par la conséquence de sa timidité, de sa conduite depuis la restauration, se trouvait maintenant si en arrière de celle des députés, vient à son tour présenter au prince la charte sanctionnée par son approbation. Le président portant la parole, dit :

« Monseigneur,

» La chambre des pairs vient présenter à
» V. A. R. l'acte qui doit assurer nos desti-
» nées. Vous avez autrefois défendu, les armes
» à la main nos libertés encore nouvelles et
» inexpérimentées; aujourd'hui vous allez les
» conserver par les institutions et les lois.

» Votre haute raison, vos penchans, le sou-

» venir de votre vie entière, nous promettent
» un roi-citoyen; vous respecterez nos garan-
» ties qui sont aussi les vôtres. Cette noble fa-
» mille que nous voyons autour de vous, éle-
» vée dans l'amour de la patrie, de la justice et
» de la vérité, assurera à nos enfans la paisible
» jouissance de cette charte que vous allez ju-
» rer et les bienfaits d'un gouvernement à la
» fois stable et libre. »

Le duc d'Orléans répondit :

« Messieurs,

» En me présentant cette déclaration, vous
» me témoignez une confiance qui me touche.
» Profondément attaché de conviction aux
» principes constitutionnels, je ne désire rien
» tant que la bonne intelligence des deux
» chambres; je vous remercie de me donner
» le droit d'y compter : vous m'imposez une
» grande tâche; je m'efforcerai de m'en rendre
» digne. »

Il y avait moins d'affection dans ces phrases
que dans le discours adressé au corps-législatif; les sentimens de la pairie n'étaient pas
assez prononcés encore. Le prince ne savait pas

trop s'il devait compter sur elle : c'étaient pourtant les mêmes hommes qui avaient aidé l'empire et la restauration.

Pour continuer jusqu'à la fin la grande entreprise à laquelle les deux chambres contribuaient en vertu de la volonté nationale, exprimée avec tant d'énergie dans toutes les parties du royaume, il fallait que le prince élu acceptât le trône offert. Cette cérémonie eut lieu le 9 août, dans la salle des députés, les pairs réunis cette fois. La tribune du corps diplomatique demeura vide entièrement des ministres des diverses puissances; ils furent remplacés par des dames et par un général anglais qui semblait représenter la vieille Albion à cet acte sublime d'un peuple libre, qui librement encore se donnait un chef.

Les pairs, les députés arrivèrent successivement. M. de Chateaubriand parut à cette séance, lui dont la voix éloquente venait pour la dernière fois de supplier la nation en faveur du rejeton de l'antique famille qu'il avait tant servie de sa plume et de son épée; il lui conservait une fidélité qu'elle n'avait pu ébranler par ses rebuts dans sa haute fortune, ni rendre plus forte dans sa disgrâce; car elle était sans cesse au même degré de pureté et de chaleur. Il y avait dans les yeux de M. de Chateaubriand quelque chose de triste et de mystérieux; un grand combat s'élevait dans cette âme si belle, au moment de décider entre ses affections et sa patrie; un faux point d'honneur allait l'entraîner, et renfermer dans la retraite des talens qu'il eût mieux valu employer au service de la France et de la royauté constitutionnelle.

Deux députations prises parmi les membres des deux chambres allèrent recevoir le lieutenant-général du royaume, qui sortirait roi des Français de cette enceinte. A deux heures précises, le canon des Invalides, le roulement des tambours, et la musique de la garde nationale jouant l'air : *La victoire est à nous*, annoncèrent l'approche du cortége.

Une tribune attendait la nouvelle famille royale; on y avait placé un fauteuil de velours cramoisi, et des siéges bordés de galons d'or. La reine, reçue sous le titre de duchesse d'Orléans, prit la place du milieu, ayant à sa droite le prince de Joinville et *Mademoiselle*, sa fille aînée; à sa gauche, mesdemoiselles d'Orléans, de Valois, de Beaujolais, les ducs d'Aumale et de Montpensier.

Le prince cependant entra dans la salle en costume d'officier général : S. A. R. le duc de Chartres, en uniforme de colonel de son régiment; S. A. R. le duc de Nemours, en uniforme de hussard, l'accompagnaient. Tous les trois portaient le grand cordon de la Légion-d'Honneur.

Les commissaires chargés des porte-feuilles, les officiers de service, des maréchaux de France, des lieutenans-généraux venaient ensuite. S. A. R. monseigneur le duc d'Orléans monta cette fois sur le trône, surmonté des couleurs nationales. Ses fils prirent place à ses côtés; et lui alors, se tournant vers les pairs et les députés en se couvrant, leur dit : « Asseyez-vous, messieurs. » Puis s'adressant au président de la chambre : « Monsieur, veuillez lire la déclaration de la chambre des députés. »

La chose eut lieu; et la lecture faite, le président monta au trône, et remit l'acte aux mains de S. A. R., qui demanda dans les mêmes termes à M. Pasquier de lui apporter l'acte d'adhésion de la chambre des pairs à la résolution de l'autre chambre. Le président, sans donner lecture de cette pièce, la remit pareillement au prince qui ensuite, ayant salué et s'étant assis et couvert, s'exprima ainsi :

« Messieurs les Pairs et Messieurs les Dé-
» putés,

» J'ai lu avec une grande attention la dé-
» claration de la chambre des députés, et l'acte
» d'adhésion de la chambre des pairs; j'en ai
» pesé et médité toutes les expressions.

» J'accepte sans restriction ni réserve les
» clauses et engagemens que renferme cette
» déclaration, et le titre de *roi des Français*
» qu'elle me confère; je suis prêt à en jurer
» l'observation. »

S. A. R. se leva ainsi que les princes ses fils. M. Dupont (de l'Eure), faisant fonctions de garde-des-sceaux, remit au duc d'Orléans la formule du serment. Tous les pairs, tous les députés se levèrent; une émotion forte et joyeuse saisit l'assemblée sur laquelle régnait un profond silence. Le prince alors se découvrit, et levant la main vers le ciel, dit d'une voix ferme :

« En présence de Dieu, je jure d'observer

» fidèlement la charte constitutionnelle avec
» les modifications exprimées dans la déclara-
» tion; de ne gouverner que par les lois et se-
» lon les lois; de faire rendre bonne et exacte
» justice à chacun selon son droit, et d'agir en
» toutes choses dans la seule vue de l'intérêt,
» de la gloire et du bonheur du peuple fran-
» çais. »

Tout aussitôt les pairs, les députés, les spectateurs, par un accord unanime, répondirent: *Vive le roi! vive Philippe VII! vive Philippe Ier! vive le roi des Français!* car on ignorait encore si le duc d'Orléans tiendrait aux anciens monarques, ou commencerait une nouvelle série. Les fanfares militaires, la musique de la garde nationale, le son des cloches, les tonnemens du canon annoncèrent au loin la prestation du serment royal, et le peuple l'accueillit par les transports accoutumés.

Cependant quatre maréchaux de France, les ducs de Tarente, de Reggio, de Trévise et le comte Molitor, quittant leur place, s'avancèrent d'une forme recouverte d'un tapis de velours brodé en or, et y prirent chacun un des quatre insignes de la royauté, la couronne, le sceptre, l'épée et la main de justice, qu'ils apportèrent à Sa Majesté. Elle les reçut, les tint un moment, et puis les déposa pour signer son serment. Les acclamations recommencèrent ; on y joignit les cris de *vive la reine ! vive la famille royale !* tandis que le roi Louis-Philippe, remontant sur le trône, prit la parole de nouveau.

« Messieurs les Pairs et Messieurs les Députés,

» Je viens de consommer un grand acte ; je
» sens profondément toute l'étendue des de-
» voirs qu'il m'impose ; j'ai la conscience que
» je les remplirai : c'est avec pleine conviction
» que j'ai accepté le pacte qui m'est pro-
» posé.

» J'aurais vivement désiré ne jamais occuper
» le trône auquel le vœu national vient de
» m'appeler. Mais la France, attaquée dans ses
» libertés, voyait l'ordre public en péril ; la vio-
» lation de la charte avait tout ébranlé ; il
» fallait rétablir l'action des lois, et c'était
» aux chambres qu'il appartenait d'y pourvoir.
» Vous l'avez fait, Messieurs ; les sages modifi-
» cations que nous venons de faire à la charte
» garantissent la sécurité de l'avenir ; et la

» France, je l'espère, sera heureuse au dedans,
» respectée au dehors, et la paix de l'Europe
» sera de plus en plus affermie. »

Le roi acheva; alors M. Dupont de l'Eure dit :

Que le roi invitait les pairs et les députés à se réunir le lendemain dans leur salle respective pour y prêter individuellement le serment de fidélité au roi, d'obéissance à la charte constitutionnelle et aux lois du royaume. Le procès-verbal de cette séance fut signé ensuite par le roi, les présidens des deux chambres, et les commissaires aux départemens de la justice et de l'intérieur.

Cela fait, la révolution fut consommée; une ère nouvelle commença pour la France, tout retour vers l'ancien régime devenant impossible désormais. Les réflexions seraient nombreuses et faciles sur les conséquences d'un tel événement : je les éviterai au lecteur; il les a déjà faites lui-même; ce serait un double emploi maintenant.

Mais pour ne pas interrompre le fil des actes parlementaires qui amenèrent sur le trône de France une autre branche de la maison de

Bourbon, j'ai négligé de rapporter quelques faits particuliers qui tiennent d'une façon intime à l'histoire de Paris : par exemple, le retour de l'armée improvisée, dont la seule approche avait décidé le départ de Rambouillet de Charles X. Ce fut un étrange, un bizarre, un imposant spectacle, lorsqu'on vit ces hommes si braves et si mal vêtus, ces ouvriers, héros sans orgueil, reparaissant au milieu de la population citoyenne qui les accueillait avec transport, les uns cheminant à pied, ou s'en revenant dans les voitures de tout genre qui les avaient amenés, les autres conduits victorieusement dans les carrosses de la cour, avec les cochers en grande livrée; il y avait du monde et sur le siége, et sur le derrière, et dedans, et au-dessus; des enfans sans habit, des hommes sans chemise qui portaient des pièces de gibier, soit en bandoulière, soit suspendues en dehors des portières. On voyait là des mines dures et rébarbatives, naturellement étonnées toutefois de se trouver au milieu de tant de magnificence, sur la soie et le velours; des jeunes gens à la figure riante et gracieuse, sous la poussière qui les couvrait, se croyant encore dans un de ces rêves qui parfois les surprenaient aux approches du matin. Tant de pauvreté d'une part, tant de somptuosité de l'autre; cette royauté si superbe naguère et là si avilie, car elle était tombée sans dignité, sans courage, en furie impuissante, et non en souveraine qui cède à la fatalité. Je n'oublierai jamais l'impression que je reçus de la profanation de cette royauté finie et de la consécration extraordinaire de celle du peuple qui commençait pour durer peu; car, plein de confiance dans le monarque qu'il se donnait, il allait lui abandonner avec joie l'exercice d'un pouvoir qu'il maintenait avec vertu.

On ne pourra jamais redire assez combien, en effet, dans cette révolution sublime, le peuple montra de douceur, de mansuétude, de générosité; avec quelle délicatesse il maintint l'emploi de la force, il fit régner les lois quand le pacte fondamental n'existait plus, lorsque la violence était reine; et ce fut par la violence même que le repos public fut assuré.

La commission municipale, témoin de cette conduite admirable, voulut la récompenser, au moins dans ceux qui, ayant combattu naguère pour la cause de la patrie, avaient succombé ou existaient frappés de blessures dangereuses. On décida qu'un comité composé de quatre membres par mairie, distribueraient des secours aux ouvriers qui avaient pris part aux affaires des trois journées, ainsi qu'à leurs femmes et à leurs enfans; qu'un autre comité aurait l'office de recueillir tous les traits de bravoure, de patriotisme, de fermeté, exposés à se perdre par la modestie de leur valeur; que des monumens funèbres seraient érigés aux divers endroits de Paris où l'on avait enseveli les défenseurs de la cause auguste de la liberté.

Le lieutenant-général du royaume accorda une pension à M. Rouget de Lille, auteur des paroles et de l'air national de *la Marseillaise* : c'était aller au-devant de l'opinion publique, et prouver franchement que l'on voulait récompenser tous ceux qui avaient un cœur vraiment français.

L'ordre des avocats à Paris prit une mesure énergique justifiée par les circonstances, et dont le résultat ne procura pas tout l'avantage que l'on en attendait : ce fut de se refuser à plaider devant des cours et des tribunaux qui, n'ayant encore prêté aucun serment au nouvel ordre de choses, paraissaient appartenir volontairement à celui qui n'était plus. Vainement on mit en tête des arrêts : *de par le lieutenant-général du royaume.* Ce ne fut pas assez. Les avocats voulurent que la position demeurât claire et précise. Ils espérèrent que nombre de juges ne consentiraient pas à se parjurer en prononçant un nouveau serment, et que par suite ils quitteraient des fonctions qu'ils ne pourraient plus exercer avec honneur, leur versatilité les rendant peu respectables. Ceci dura jusqu'à ce qu'une loi y eût pourvu. Peu de magistrats abandonnèrent leurs fonctions. Dans ceux qui partirent, je signalerai seulement le président Amy et le conseiller Cottu. Le premier, tout dévoué à la congrégation; le second, don Quichotte ridicule des coups-d'état, et à qui les Bourbons pouvaient en partie reprocher leur chute. On sait avec quelle vitesse ce juge belliqueux, après avoir tant demandé l'emploi de la force, se sauva précipitamment, lorsque son concours devenait nécessaire au maintien des mesures provoquées par lui avec tant d'acharnement.

Chacun à sa manière donnait des preuves de civisme; on souhaitait, lorsqu'on ne s'était pas battu, de venir au secours des malheureuses victimes. Les dons volontaires, les souscriptions inépuisables arrivaient de toutes parts : l'Angleterre s'associait à cette charité populaire. La révolution française trouvait dans les îles britanniques des enthousiastes, des approbateurs, et nos citoyens des amis. Deux grands peuples, les premiers du monde, faits pour s'estimer, pour s'apprécier réciproquement, se comprenaient cette fois, et oubliant des rivalités fâcheuses, se tendaient la main en signe de franche amitié. Puisse cette alliance consolidée leur permettre à tous deux de goûter les fruits de la paix et d'une concorde prolongée !

Des blessés, au nombre de plus de six cents, étaient déposés dans les salles de l'Hôtel-Dieu. La duchesse d'Orléans vint les visiter, leur apportant des secours, des paroles consolantes, vantant leur courage, déplorant leurs blessures, les recommandant aux praticiens chargés de les panser, remerciant ceux-ci, enfin, se conduisant avec cette bonté de l'âme qui pénètre, et cet amour de mère convenable à celle qui ne tarderait pas à l'être de tous les Français. S. A. R. ne se tint pas à cette seule visite : elle parcourut successivement tous les hôpitaux, toutes les ambulances provisoires que l'humanité parisienne établit spontanément en divers quartiers.

C'était par de telles démarches que S. A. R. assurait à ses enfans ce trône auquel son époux allait être appelé.

Mais, tandis que l'on tâchait de réparer une partie du mal causé par les infâmes ordonnances du 25 juillet, ceux qui les avaient signées cherchaient à se soustraire par la fuite à la juste vengeance de la nation. MM. Capelle et Montbel, rentrés dans Paris, attendaient un moment favorable, l'un pour fuir vers la Belgique, l'autre pour passer dans l'Allemagne et atteindre Vienne, où il a trouvé un asile obscur. M. d'Haussez, plus téméraire ou plus heureux, franchissait le détroit, et rencontrait sur le sol anglais ce repos qu'il ne devait plus espérer sur la terre française; mais leurs quatre autres collègues, moins habiles ou plus coupables, et sur lesquels la vengeance du ciel commençait à s'appesantir, surpris, arrêtés dans leur fuite à l'intérieur, restaient exposés à la colère légitime d'un peuple tant outragé par eux.

Le 2 août, vers une heure après midi, et dans la ville de Tours, rapporte le *Constitutionnel*, la jeunesse qui faisait la police municipale de la cité arrêta sur le pont une chaise de poste; on la conduisit à la mairie : un homme qui était dans cette voiture, interrogé sur ses noms et qualités, dit être courrier de la maison Rotschild, et le porteur de dépêches pour la femme de ce banquier. On allait laisser passer la voiture, quand, par un singulier hasard, le postillon se retourne et dit au courrier : « Et ce monsieur qui est descendu au bout du pont, où donc est-il? » — Quel monsieur? s'écrient de toutes parts les citoyens. Le courrier, questionné, est obligé d'avouer qu'un particulier, qu'il ne connaît pas, lui a demandé en route à monter dans sa voiture, en le défrayant de la moitié du prix de la poste, qu'il est descendu à l'entrée du pont, dont, a-t-il dit, il désirait admirer la beauté, promettant de rejoindre à la poste ses camarades de voyage. On demande le signalement de cet homme, dont la disparition faisait naître des soupçons.

Après un instant de délibération, on se décide à aller à sa recherche : des gardes à cheval courent jusqu'à la première poste pour arrêter ce personnage s'il rejoint sa voiture; deux autres, MM. Picart et Frogger, négocians, offrent de courir à pied sur la route de Bordeaux. Ils partent, interrogent tous ceux qu'ils rencontrent, et bientôt ils apprennent que *l'homme à redingote bleue* est passé, et qu'il doit être sur la route à un quart de lieue environ. On se met en course, et sitôt qu'on l'aperçoit, on crie de loin :

Arrêtez, arrêtez cet homme! et cependant l'individu redoublait de vitesse; enfin, un vieux garde-champêtre de Grammont se précipite sur lui et lui crie : *Au nom de la loi, je vous arrête......* Il le saisit au collet et le ramène à la poste.

Le demi-déguisement de cet homme, car il avait pris une perruque, des bas de laine et de gros souliers qui contrastaient avec sa tournure et le reste de son habillement, fait soupçonner le fameux Peyronnet. On le questionne ; il donne le nom d'un négociant de La Rochelle, qui n'est connu de personne. Mais bientôt M. Foret, avocat, qui avait eu à se plaindre de l'ex-ministre de la justice, M. Chalmel et autres, accourus pour le voir, certifient la justesse des soupçons qu'on avait, et déclarent que cet homme est en effet le dernier ministre de l'intérieur, comte de Peyronnet.

L'embarras fut grand, l'identité une fois constatée, de le soustraire à la fureur du peuple assemblé, qui poussait des cris effrayans, *tuons-le, tuons-le!* Il fallut toute l'intrépidité de la garde nationale pour contenir les citoyens qui voulaient le mettre à mort à l'heure même, dans la crainte que plus tard il n'échappât au supplice qu'il méritait. Enfin, on convint que de la poste il serait conduit à la prison dans une voiture découverte, pour que le peuple fût bien convaincu qu'on ne le soustrairait pas à la justice du pays. Ceci fut exécuté au milieu des malédictions de la foule qui lui reprochait le sang versé à Paris.

MM. de Chantelauze et Guernon de Ranville avaient pris le même chemin ; ils arrivèrent dans la même ville, et tombèrent également dans un piége pareil. Le dernier de ces deux ministres servait de domestique au premier. Il se serait échappé lors de l'arrestation de son collègue, si un voyageur, venu par la diligence, ne l'eût reconnu. Alors tout espoir de se déguiser était perdu : il avoua ce qu'il était ; et tous les trois, avec le comte de Peyronnet, furent retenus dans la même prison.

Ces captures, faites coup sur coup, firent croire aux citoyens de ce département que le prince de Polignac devait rôder à l'entour de ses collègues : on se mit à le chercher avec une activité soutenue ; mais il n'avait pas dirigé sa fuite de ce côté : c'était vers les bords de l'Océan qu'il avait cru trouver plus facilement les moyens d'échapper à l'indignation de la France. Lui aussi, habillé en domestique, s'était séparé à l'Aigle de la famille royale, sous la conduite apparente de la marquise de Morfontaine, fille de Pelletier de Saint-Fargeau, l'un des juges de Louis XVI.

Tous les deux se rendaient à Granville, dans l'espoir de rencontrer dans le port un bâtiment qui facilitât le passage en Angleterre. Arrivés à Granville, madame de Morfontaine, au lieu de ne point songer au bien-être de son domestique, s'en occupa tant, descendit si souvent pour s'assurer par elle-même qu'il était commodément, qu'elle inspira des soupçons; on s'imagina que ce valet pouvait être un personnage important; on vint à lui, on le questionna : ses réponses embarrassées, décousues, le trahirent: il fut arrêté le 15 août, veille du jour de l'embarquement de Charles X, et conduit le lendemain à Saint-Lô, où on lui fit subir un interrogatoire. Ne sachant comment constater son identité, on le confronta avec un de ses portraits qui se trouva malheureusement pour lui d'une ressemblance extrême. Le prince de Polignac, jugeant alors inutile de prolonger une vaine dénégation, répondit sans réticence aux questions qui lui furent faites. On donna au gouvernement l'avis de son arrestation ; et bientôt amené à Paris, ainsi que ses trois autres collègues, ils furent renfermés dans le château de Vincennes sous le commandement de ce brave général Daumesnil, que la fortune, une troisième fois, reconduisait dans ces murailles que par deux fois il avait si brillamment conservées.

CHAPITRE VI.

La révolution, commencée par le renversement du trône de Charles X, avait pris fin au moment où la couronne venait d'être placée par le vœu général sur la tête du duc d'Orléans. Dans cet espace de douze jours, aucune autorité n'était légitime, aucun pouvoir ne s'appuyait sur une loi; on obéissait à qui avait voulu prendre les rênes de l'administration, sans s'inquiéter à quel titre; le sens droit des Parisiens leur montrait un mal plus grand, l'absence de tout fonctionnaire, l'anarchie par conséquent; tandis qu'avec un gouvernement quelconque, la tranquillité publique existerait.

Le reste de la France fit de même; elle s'abandonna dans chaque commune aux bons citoyens qui la dirigèrent, et aux intrigans qui l'exploitèrent à leur profit. Nous reviendrons plus bas sur ce point ; il s'agit maintenant de montrer combien le royaume, et principalement la capitale, avait besoin d'une volonté ferme, unie à une puissance non contestée, pour rentrer enfin dans une voie de prospérité. La Providence avait permis un prodige en faveur de Paris, en changeant le caractère de la populace, en la rendant aussi amie de l'ordre qu'elle avait montré d'ardeur pour la guerre, autant patiente à souffrir après la victoire, qu'elle l'avait été peu quand elle ne souffrait pas encore. Ces lions, en face du feu, rentraient paisiblement dans leur asile, où ils ne trouvaient ni plus d'abondance ni moins de misère ; ils étaient sans pain, sans ressources, à côté de leurs oppresseurs riches et dédaigneux, et néanmoins aucun murmure, aucune menace ne se faisait entendre ; les magasins n'étaient pas pillés ; on respectait les propriétés ; nulle tentative de vol n'avait lieu : c'était un phénomène ; durerait-il long-temps encore ? La garde nationale, protectrice naturelle, s'organisait ; son chef suprême était l'ange sauveur qui contenait les haines et triomphait de la faim : il n'y avait pas en France un seul individu qui ne tînt à vanité de se rendre digne de la vertu du général Lafayette, en l'imitant par quelque côté.

La famille déchue emportait la malédiction de l'universalité, mais elle conservait des partisans encore. Ceux qui n'avaient osé combattre pour elle dans les rues en bataille rangée, formaient facilement des complots, se préparaient à la servir par des intrigues, des trames secrètes, par des fomentations de révolte, des inquiétudes, des craintes imprimées aux esprits, des ébranlemens de masse, des tentatives de sédition, et enfin par le choc des divers partis dont ils chatouilleraient les espérances et irriteraient les passions. On ne pouvait encore ramener la pitié vers ces princes indignes de l'obtenir; mais on se flattait d'intéresser par les malheurs d'un enfant, par ceux de sa mère, qui était néanmoins tombée de cet échafaudage sur lequel on l'avait élevée, et dont tout le fondement reposait sur ce qu'elle avait été d'une santé assez forte, et d'un caractère assez indifférent pour ne point faire de fausse couche au moment de la mort de son mari, et pour mettre au monde incognito ce fils dont toute sa famille avait tant de raison de constater solennellement la naissance.

Il fallait donc ne point donner le temps à la magnanimité du peuple de s'user, pas plus qu'aux royalistes poltrons de se constituer en armée occulte; il y avait encore deux autres périls instans et difficiles à surmonter tout d'abord. Les vieux républicains avaient cessé d'aimer la république; presque tous, ramollis par les délices de l'empire, s'étaient montrés sous leur vrai jour; ils n'en imposaient plus sur leur désintéressement, sur leurs vertus plébéiennes; devenus princes, ducs, comtes, barons, chargés de croix, ornés de qualifications ronflantes, on les dédaignait ou on ne pensait plus à eux. Mais à leur suite, nés sous les splendeurs de Napoléon, et nourris au milieu des petitesses de l'ère royale, venaient des bandes de républicains imberbes, jeunes gens pris dans les classes, qui ont besoin de soulèvemens politiques pour faire leur chemin : ceux-ci, Jacobins de la meilleure foi du monde, se livrant à tous les excès de leur âge, se croyant toutes les vertus, avaient la chimère d'une république fédérative, où naïvement ils s'accordaient les meilleures places; ils voulaient être tout, parce qu'ils n'étaient rien. Eux seuls, à les entendre, avaient des connaissances acquises, du génie, de la pénétration; ils prétendaient dominer, par la raison que la jeunesse a trop long-temps été soumise; ils s'imaginaient un gouvernement parfait, où tous obéiraient à chacun d'eux en particulier; ils refaisaient les institutions, ne doutant pas que les hommes ne se refissent comme elle; et, pour en avoir plus tôt fait avec eux, ils leur accordaient déjà toutes les vertus nécessaires.

Ainsi pensait le grand nombre parmi ces républicains adolescens, tandis que derrière eux, et néanmoins à leur tête, quelques esprits inquiets, querelleurs, jaloux, avides de tout pouvoir, haineux de toute renommée, se préparaient à les faire marcher dans leur avantage personnel, se réservant d'agir après la victoire, et de fonder au sommet de cette utopie généreuse, des comités sanglans de *salut public*, de *sûreté générale*, véritable monarchie collective, où ils régneraient ensemble, tandis que leurs séides travailleraient à les soutenir.

Ces deux branches du même parti auraient bien voulu profiter des journées de juillet pour courir promptement à la domination suprême; ils tentèrent en effet d'y parvenir..... Leur surprise fut grande de rencontrer dans ces masses armées contre une royauté assassine, une répugnance complète pour cette république, dont les excès n'étaient pas oubliés; d'entendre chaque garde national parler d'ordre public, de tranquillité générale, non à l'ombre d'un président ou d'un directoire, mais à celle d'un trône constitutionnel; de les voir préférer l'hérédité du chef du royaume à l'éligibilité désastreuse des principaux magistrats, et craindre l'ambition des tribuns militaires et la férocité des dictateurs civils.

Il est certain que le cri *vive la république* fut poussé fréquemment pendant les trois journées et pendant les premières qui suivirent, mais jamais avec unanimité, et toujours isolément; on n'enrôla dans ce parti aucun maître de boutique ou d'atelier, aucun père de famille; à peine quelques ouvriers, qui bientôt, sans s'occuper de la république, se retirèrent, afin de faire à part leur révolution particulière dans leur intérêt tout personnel. Cependant les républicains, par goût pour les places, ne laissaient pas que d'être embarrassans; ils avaient de l'activité; peut-être auraient-ils du fanatisme : il était urgent qu'une grande et forte autorité nationale s'élevât pour les comprimer.

A côté d'eux étaient les Bonapartistes, composés uniquement d'un reste d'officiers à la demi-solde, et de ceux des employés de l'empire qui n'avaient pas eu l'art de se caser sous le règne des Bourbons. Jamais parti ne fut plus faible en réalité, et plus fort en apparence: plus fort, parce que le nom de Napoléon était dans toutes les bouches, que son souvenir gigantesque occupait la première place dans tous les cœurs; plus faible, parce que tout l'amour pour ce grand homme s'arrêtait à ces démonstrations extérieures, et qu'il n'en restait plus pour le petit-fils de l'empereur d'Autriche. Le duc de Reichstadt est chez nous un être de raison; on a beau nous le représenter en peinture, gravé, coulé en bronze comme son père, amené sur nos théâtres, il n'inspire qu'une froide curiosité; et lorsque des amis imprudens réclament pour lui la couronne impériale, on se rappelle aussitôt le despotisme de Napoléon. Les Bonapartistes cependant ont eu aussi leurs intrigues; ils recrutaient quelques hommes dans les rangs éclaircis des vieux soldats de Bonaparte, de ces vétérans de gloire qui prirent leur part de tous ses combats et de tous ses lauriers; dans la foule de ces hommes simples, qui ne se ressouviennent que des grandes actions, et qui ont oublié l'excès de la tyrannie : ceux-là donc présentaient aussi quelques masses, mais peu nombreuses, plutôt embarrassantes que propres à être redoutables : il convenait pourtant d'en nettoyer la place, afin que la monarchie constitutionnelle pût s'acclimater au milieu de nous.

L'armée, de son côté, se montrait rétive, ombrageuse et fâchée. Elle passait tout à coup de la soumission la plus absolue à une indiscipline positive, et, comme aux temps de la première révolution, elle s'immisçait à vouloir nommer ses officiers, et à chasser ceux qui lui déplaisaient. Vivement blessée par la victoire du peuple de Paris, démoralisée en partie parce qu'elle se croyait en butte à la haine des citoyens, elle ne demeurait pas royaliste, ne savait pas encore être constitutionnelle, penchait vers la démagogie dans ses rangs inférieurs, et avait besoin de promptes et de sévères réformes.

Il fallait la réconcilier à ce peuple auquel on l'avait rendue redoutable; il fallait lui apprendre qu'elle-même, sortie de ses rangs, en faisait partie; que le peuple l'aimait au fond, et reviendrait tout à elle lorsqu'il serait certain que l'armée ne garderait aucune arrière-pensée en faveur de la tyrannie. La plupart des officiers, habiles en théorie, manquaient de pratique et d'expérience : force passe-droits avaient eu lieu, jamais en faveur du mérite, toujours au profit de la noblesse ou des enfans de la cour. Ceci irritait la bourgeoisie militaire et les vrais bons officiers. L'armée enfin était plutôt honteuse que fière de sa campagne dans la Péninsule, sentant d'ailleurs que maintenant, pour se réhabiliter en entier, soit aux yeux de la France, soit à ceux de l'Europe, il était nécessaire qu'elle commençât des expéditions réelles, et que de grandes batailles gagnées, de belles provinces conquises, lui permissent d'avoir un nouvel et juste orgueil.

Il y avait aussi une portion de la cité qui demandait des réformes et des ménagemens : ces écoles si belliqueuses, si héroïques au milieu des périls, que tout sentiment sublime faisait tressaillir, qui répondaient par des cris de guerre au moindre appel de la nation, qui avaient, pendant seize années, combattu le pouvoir absolu avec tant de constance, de courage, et qui venaient d'en finir avec lui en le renversant naguère par une lutte corps à corps. Eh bien ! parmi tant de générosité, tant d'amour de la patrie, en opposition à ce désintéressement si pur qui leur avait fait renoncer aux récompenses collectives que le gouvernement voulait leur accorder, il se mêlait des inquiétudes sans sujet, des fantaisies d'opposition inexplicables. Que prétendaient au fond ces nobles jeunes gens? Le savaient-ils bien eux-mêmes? l'auraient-ils affirmé? J'en doute; et néanmoins ils s'agitaient, s'assemblaient, se montraient menaçans, hostiles, revêches. Ils venaient de donner la paix à la patrie au moyen de la victoire, et déjà ils se préparaient à en troubler la tranquillité. Comment les rappeler à leur première conduite et parvenir à les rendre dociles? C'était un problème dont, par reconnaissance et par attachement pour eux, il fallait chercher la solution.

Le clergé, autre pierre d'achoppement dans la circonstance, désolé de la chute d'un prince qui le portait sur ses épaules, furieux d'être comprimé dans son arrogance, s'occupait lui aussi de susciter des entraves au gouvernement : il lui refusait ses prières, prêchait en sens inverse de l'opinion, effrayait les consciences, tramait avec l'étranger, et dans toutes les provinces appelait les fidèles à la défense de la cause de Dieu; lui aussi troublait la paix publique, et ne cesserait pas de long-temps, car ses tribulations ne faisaient que de commencer.

Le commerce, déjà frappé de malaise, tombait dans le découragement à la perspective de la guerre civile et de l'invasion étrangère; il perdait son crédit; les capitaux disparaissaient; les débouchés se fermaient, et les magasins demeuraient encombrés. Des négocians de mauvaise foi, prétextant des événemens du jour, se mirent en état de faillite, et entraînèrent après eux des maisons honnêtes qui ne purent faire face à cette friponnerie et aux malheurs des temps : tout enfin périclitait; tout était compromis, les existences comme les fortunes; et il aurait beaucoup à faire, celui qui voudrait tout consolider, tout réparer, tout réunir!

A ces causes de malaise général, il s'en joignit de particulières qui achevèrent de rendre la position difficile. Il y eut dans chaque ville du royaume une poignée d'individus sans mission aucune de la cité ou du parti constitutionnel, qui se donnèrent eux-mêmes la mission de tout faire, de tout détruire, de tout constituer. Ce n'étaient ni les plus instruits ni les plus vénérés; ils ne comptaient point en première ligne parmi leurs concitoyens. La plupart, négocians sans affaires, avocats sans causes, n'ayant ni fortune, ni crédit, ni influence, dirent tout à coup: Nous sommes les représentans de la commune, de l'arrondissement, du département; nous sommes les seuls libéraux, les seuls purs, les seuls voulus du peuple : nous parlons en son nom, agissons d'après ses ordres.

On les crut, on les supporta, et tandis que la portion vraiment sage, patriote, éclairée et riche qui aurait dû diriger le mouvement, le conduire dans des voies réellement constitutionnelles, se reculait, eux se constituèrent comités dirigeans, correspondirent avec Paris, et bientôt s'y transportèrent en masse.

Alors (en me servant d'une expression de M. de Chateaubriand) commencèrent les incroyables saturnales de la restauration libérale. La majorité des emplois, grands et petits, des fonctions administratives et judiciaires, fut livrée à un pillage sans pudeur : tout homme en place devint un congréganiste qu'il fallut jeter à bas et qu'on jeta, parce que les ministères de l'intérieur et de la justice principalement ne refusèrent aucun abus de pouvoir à ces comités spoliateurs. On mit, en général, au lieu de gens honorables, instruits et vénérés, ayant une solidarité positive de position, de fortune, de famille, des hommes sans considération, sans instruction, sans rang dans le monde, sans moralité surtout. Un commis porte-balle devint procureur du roi; on tira un apprenti raffineur de son comptoir pour en faire un secrétaire-général de préfecture; tout ce qui était d'un revenu quelconque fut accaparé par le premier venu. Des administrations complètes passèrent au pouvoir d'enfans incapables; il y eut des villes où les choix entiers contristèrent les habitans : on donna des sous-préfectures, des mairies, des préfectures à volonté; on aurait dit enfin, tant l'excès fut poussé à son comble, que tout était bon, pourvu que tout fût mauvais. Il y eut à cette époque des choix incroyables, des destitutions sans exemple ni motifs; aucune règle d'équité ne fut observée. Le pillage, le feu étaient dans ces ministères; quiconque demandait avait un droit acquis; quiconque possédait était, par ce seul fait, coupable. On ne prenait ni renseignemens ni garanties; on fauchait au hasard, sur l'ordre des comités, sur la recommandation du premier inconnu; on ne montrait de l'éloignement que pour ceux dont, par soi-même, on pouvait apprécier le patriotisme, et on ne demandait des éclaircissemens que sur les gens connus. Quant aux autres, ne pouvoir être à même de les apprécier, devenait une haute recommandation dont le résultat leur était assuré.

Je sens toute la gravité de l'accusation que je porte; mais en même temps je suis convaincu de son équité. Ce ne seront point les dénégations des ministres d'alors qui prouveront que j'exagère; ce sera la voix des départemens, si cruellement imposés d'hommes qui leur déplaisent, qui me justifiera. Qu'on en appelle à eux, qu'on leur demande s'ils sont satisfaits, presque partout ils répondront non.

Un jeune homme, sans autre mérite que la position de son père, allait être nommé préfet. Le lendemain, plusieurs de ses amis le rencontrèrent dans un salon où ils venaient fréquemment, le questionnent sur le bruit qui court du choix ministériel dont il est l'objet; et sur sa réponse affirmative que la chose n'est pas encore faite : Presse-toi, lui disent-ils; car un tel (ils le nomment) a comme toi vingt-cinq ans, une barbe aussi bien fournie, un chapeau gris, des guêtres, un costume romantique; enfin, il est presque aussi bête (ce fut le mot); et s'il se met sur les rangs, il est impossible que le ministre ou quelque femme de sa famille ne lui donne la préférence sur toi.

Il y eut des nominations odieuses à des contrées; (celles-là ne sont que ridicules), et que je ne désignerai pas ici. On brava insolemment des souvenirs, les crimes des parens, tout ce qu'on aurait dû respecter, et ce fut sciemment que l'on agit. On destitua un procureur du roi qui avait donné sa démission à l'apparition des ordonnances, tandis qu'ailleurs on nommait un congréganiste. Je cite un fait : M. Géraud, juge de paix de Rieux (Haute-Garonne), vrai libéral, ayant, aux dernières élections, voté pour le candidat libéral, ne convenait pas à la députation de la Haute-Garonne, qui ne pouvait contester sa capacité et ses vertus. Un de ses amis, M......, apprend qu'on le desservira auprès du garde-des-sceaux; il va trouver ce dernier, lui expose ce qui est. Explosion d'admiration du ministre, qui veut mettre ce fonctionnaire à une place plus importante, en récompense de son mérite et de ses opinions. M...... se contente, au nom de son ami, de celle qu'il a..... Deux jours après, M. Géraud est destitué.... Autre course de l'ami. Étonnement du ministre, qui *ne sait pas comment cela s'est fait*, et qui témoigne son chagrin. Vous pouvez tout réparer, lui dit-on; celui que vous avez nommé veut autre chose; qu'on la lui donne, et rendez son poste à M. Géraud. Le ministre libéral réplique : *Cela est impossible; ce serait déconsidérer l'administra-*

tion. M. de Peyronnet ou de Chantelauze n'auraient pas répondu autrement.

Ce furent donc ces comités sans garanties, sans titre, sans missions; ce furent des protecteurs de Paris, des enfans, des femmes qui, dans le premier instant surtout, emportèrent les nominations. On ne pouvait revenir de cette légèreté commise par des philosophes, des libéraux renforcés. Jamais la restauration bourbonnienne ne présenta un tel scandale; jamais la congrégation ne montra si peu de pudeur dans ses recommandés. Les députés, dans les deux cent vingt-un, à part quelques exceptions rares et respectables, ne se montrèrent pas moins âpres à la curée : ils fondirent sur les hautes places comme des corbeaux sur un cadavre : c'était effrayant que de les voir assiéger les ministres, les ministères, tout emporter d'assaut, et s'en revenir chargés des dépouilles de la nation, au profit d'eux-mêmes, de leurs fils, de leurs gendres, des parens de leurs maîtresses et des leurs propres. Tous ces Catons par force, sous le dernier règne, devinrent des Verrès dès que la chance eut tourné. Aussi, à leur retour dans les départemens, les accueillit-on avec ces charivaris, sérénades jusqu'alors réservées aux députés de l'extrême droite; les *ventrus*, si bien chantés par Bérenger, changèrent de place, ou plutôt s'emparèrent en masse de la chambre.

Je pourrais rapporter des faits curieux, des anecdotes piquantes à ce sujet; mais je répugne à traiter cette matière; je l'approfondirai toutefois si on m'accuse d'avoir exagéré : ce ne sera alors que pour le cas d'une légitime défense.

En dehors de tous ces obstacles à l'action du gouvernement, et en dehors de la France, il y avait encore ces puissances reposant presque toutes sur les bases du pouvoir absolu, qui devaient tôt ou tard compliquer l'embarras de notre position; on ne pouvait espérer qu'elles verraient sans peine notre régénération politique, et l'exemple donné aux autres peuples, par la nation française, de se débarrasser des princes qui visent au despotisme; notre conduite leur paraîtrait un sacrilége, car les nations, à les entendre, sont la propriété des souverains.

Le cri de liberté poussé par la France trouverait des échos dans d'autres contrées. Les serfs étaient las de l'être; l'indépendance plaît à tous les cœurs. On avait promis, dans toute l'Europe, en 1814, de donner des constitutions libérales;

nulle part, après la victoire, on ne s'était mis en mesure de tenir cet engagement. Il fallait craindre que les peuples ne les réclamassent les armes à la main, et en vertu de la résolution héroïque de la ville de Paris.

Ce fut donc avec un effroi complet, avec une colère véhémente que les rois apprirent la chute de Charles X, et que les Français étaient redevenus à se dire les propriétaires de leur couronne; en un mot, à se croire souverain. Il n'y eut dans chaque cabinet qu'une pensée, celle d'étouffer dès sa naissance une prétention si odieuse, une révolution si funeste dans ses conséquences. On se hâta de courir aux armes, chaque prince craignant pour son autorité. L'Espagne voyait déjà les Cortès en exercice; le tigre don Miguel apercevait le vaisseau qui ramènerait sa reine légitime; le roi de Piémont craignait la perte de Gênes; l'Autriche, le soulèvement de la Haute-Italie; on frémissait à Naples d'avoir à compter avec le peuple, et en Prusse on prévoyait le moment où la nécessité forcerait à proclamer la liberté de l'Allemagne; l'autocrate russe ne voulait rien perdre de son infaillibilité; le roi des Pays-Bas tremblait que son hypocrisie ne pût toujours suffire à contenter les Belges;

l'Angleterre peut-être aussi, dans son cabinet, n'était pas satisfaite; mais la nation nous applaudissait.

Partout autour de nous était donc le mécontentement : on armait à force; on nous menaçait, et il fallait changer ces dispositions hostiles, soit par la force, soit par la douceur; il convenait de négocier en se préparant à la guerre, de montrer de la vigueur sans sortir de l'état de paix. Telle était la situation de la France au moment où S. A. R. le duc d'Orléans consentit à en prendre le sceptre, qui nécessairement devait être une épée.

CHAPITRE VII.

Je n'ai pas eu jusqu'ici l'habitude de louer les rois régnans; et ma franchise sévère, tout en conservant les formes d'un respect de convenance et de nécessité, leur a prouvé que je ne compterai jamais parmi les flatteurs qui les environnaient : maintenant il faut poursuivre ma tâche, dire la vérité encore ; et ici cette vérité est telle que je dois vanter le roi qui nous gouverne par notre choix et notre consentement. Je ne balancerai pas à me lancer dans cette nouvelle route, car ma conduite passée prouvera que je cède seulement à ma conviction.

Louis-Philippe est digne d'être notre roi : Dieu le devait à la France, pour nous refaire de quarante années d'agitation; il nous l'a conservé pur de toute tache étrangère. Philippe n'a combattu que dans nos rangs, n'a pris part qu'à nos victoires, et n'a porté volontairement que nos trois couleurs : soldat intrépide dans son adolescence, banni par la force des choses, il s'honora en tirant de lui seul ses ressources, en ne mendiant des pensions d'aucun souverain, en ne se mettant à la solde d'aucun cabinet ennemi de la France; il n'a jamais versé notre sang au profit de la bigoterie et des préjugés féodaux : professeur de mathématiques, voyageur, citoyen de l'Amérique, père de famille, il fut tout ce qu'il pouvait être pour que la France ne pût jamais lui adresser aucun reproche.

Il rentra parmi nous, non en triomphe, à la suite de l'étranger vainqueur, mais avec une joie modeste de se retrouver dans sa patrie, tempérée cependant de la voir occupée par ses ennemis. Ce fut bien de lui qu'on aurait pu dire avec juste raison que rien n'était changé, qu'il n'y avait qu'un Français de plus. Il rentra donc, et ce fut pour nous offrir le modèle de toutes les vertus privées et publiques : sa conduite obligea la haine à se taire, ou à ne l'accuser que de faire trop bien. Était-il prince? On ne le savait que par l'almanach royal, et point par ses manières simples, affectueuses, prévenantes; et pourtant comme on le respectait, quoiqu'on l'aimât avec passion!

Les yeux de toute la France étaient sans cesse fixés sur lui, sur son intérieur, sur sa famille; il y avait là tant d'exemples de vertu, de bonhomie, de dignité naturelle, d'ordre, de probité, d'économie magnifique, de régularité dans l'existence; une bienfaisance éclairée, des services rendus à propos, une exactitude admirable à remplir les engagemens pris, une observance continue de tout ce qui rend vénérable, de tout ce qui fait chérir; de la piété sans cagotisme, de la grandeur sans boursouflure; point de gaspillage, de fausse pompe; tout à point avec ménagement et splendeur; une maison tenue comme celle d'un particulier, sans que la représentation du rang eût à en souffrir; des amis non moins qu'un simple citoyen, un attachement à la chose publique, une crainte de trop plaire à l'opinion, une retraite raisonnée, un désir manifeste de ne point profiter des fautes de la famille royale; enfin tout ce qui prouve de la raison, de la sagesse, tout ce qui est le résultat des bonnes études, de la réflexion, de la vertu, se réunissait dans le prince pour le faire adorer des Français.

La majorité au moins voyait en lui son ancre d'espérance dans la tempête, sa dernière ressource dès le naufrage arrivé; elle connaissait son désintéressement, sa valeur tranquille, son courage inébranlable à l'heure du péril; elle savait que s'il ne parlait pas à l'avance de monter à cheval, il serait le premier en selle dès le danger venu; que dans aucun cas, dans aucune circonstance, il n'appellerait le secours de l'étranger; que surtout, sujet ou roi, il ne conspirerait jamais contre sa patrie. La majorité ne lui trouvait qu'un tort : son peu d'ambition, sa retraite entière, sa crainte de paraître menaçant. Il ne voulait être ni citoyen factieux, ni prince fauteur du despotisme; mais on était certain que dans toutes les chances que le royaume aurait à courir, on pouvait compter qu'il les partagerait, dussent-elles lui être contraires.

On voyait encore avec enthousiasme autour de lui cette famille si digne d'un tel chef; cette épouse, de moitié dans toutes ses pensées généreuses, dont toute la vie privée aurait journellement pu être publique, tant elle était respectable, et qui, par sa bonté, sa grâce, son vif désir de plaire, ajoutait tant de prix au bien immense qu'elle faisait; qui, affable sans légèreté, n'avait pas besoin de courir les magasins et les spectacles pour se rendre populaire; qui, tout à l'éducation de ses enfans, ne se reposait pas en entier sur les autres du soin de les rendre dignes d'elle et de leur père; imposante et affable à la fois : il y avait de l'obligeance même dans sa dignité. La reine l'était déjà dans nos cœurs avant de l'être par le droit constitutionnel; et son règne parmi nous a réellement commencé du jour où sa fréquentation nous a appris à la connaître.

Elle a pour compagne naturelle et pour amie de choix S. A. R. madame Adélaïde, qui joint à des vertus éminentes des qualités qui en augmentent la valeur : sensée, spirituelle, courageuse à la manière de la grande Mademoiselle, tout en elle annonçait le sang de Henri IV. Ses sentimens, comme ceux de la reine, sont tous français; ses inspirations, à l'égal de celles de S. M., seront toujours à l'avantage de la patrie : il y a là conformité d'esprit, d'opinion, d'énergie, d'amour du pays, qui nous assure une longue félicité pour l'avenir.

Viennent après ces rejetons d'une si belle tige, ces jeunes princes élevés comme nos enfans et parmi nos enfans, qui, vivant avec eux, les aiment déjà de cette tendresse pure de condisciples. Ceux-là, non moins que leurs augustes parens, répondront à notre attente; les princesses leurs sœurs marcheront dans la même voie; et dans l'avenir nous aurons à les remercier des soins qu'ils donneront à notre bonheur. Je ne puis néanmoins quitter ce sujet sans rappeler ici ce que j'imprimais du fils aîné de Leurs Majestés, il y a deux ans, et en présence du duc de Bordeaux dans toute sa gloire; je suis trop fier de ma prophétie pour ne pas la rapporter après l'événement.

« Il y a dans le duc de Chartres la réunion
» d'un physique charmant et des qualités les
» plus estimables. Il est beau comme Louis XIV:
» il sera galant comme lui; mais il possédera
» ce que d'infâmes ministres refusèrent à cet
» illustre roi, une éducation parfaite, une con-
» naissance approfondie des droits et des de-
» voirs de son rang. Le duc de Chartres sait
» que s'il est une des sommités de la nation, il
» doit donner l'exemple du bien et non du
» mal; que de graves obligations lui sont im-

» posées, et qu'il y a plus à faire qu'à comman-
» der ; qu'il faut se rendre vénérable, jeune ou
» vieux, et que, bourgeois ou prince, il faut
» être aimé de tous. Il me semble qu'il y a dans
» l'avenir de cette jeune grandeur quelque
» chose de tellement relevé, que plus que
» tout autre elle a besoin d'une éducation
» forte, propre *à la maintenir dans la posi-*
» *tion que Dieu lui réserve peut-être*, et que
» ses amis lui souhaiteront toujours. »

Telle était la famille que la Providence nous réservait; mais combien d'obstacles, de traverses, de chagrins aurait-elle à vaincre avant de régner en paix! J'ai décrit les principaux écueils prêts à faire chavirer le vaisseau de l'État, et néanmoins je ne les ai pas tous fait connaître : je n'ai rien dit de ces petits hommes bien placés, qui, sans génie, voulaient gouverner en arrière du prince, et qui, pour y parvenir, tâchèrent de ramener au genre pygmée cette révolution de géans. Ils se jetèrent entre elle et le trône; ils environnèrent celui-ci de leur frayeur, qu'ils firent passer pour prudence; de leur faiblesse, à laquelle ils donnèrent le titre de modération. Paresseux et peu habiles, ils crièrent à la paix, parce qu'ils ne se sentaient pas la force nécessaire à soutenir la guerre ; ils montrèrent les périls d'une effervescence militaire, en dissimulant ceux d'un repos intérieur cent fois plus dangereux encore.

Eh quoi ! le grand peuple s'était réveillé ; son réveil avait été un coup de foudre bien plus étonnant que le premier en 1789 ; il s'était montré rajeuni, rempli d'une vigueur nouvelle, d'une surabondance de courage et d'énergie, et on doutait des prodiges qu'il pourrait entreprendre ! on craignait pour lui des difficultés, quand il suait la victoire et ne respirait que les combats ! Non, il n'eût pas été vaincu ; il aurait défié l'Europe entière, ou, pour mieux dire, aurait marché en avant, appuyé sur l'étendard aux trois couleurs, et eût reconquis ces limites naturelles, qu'il saura reprendre tôt ou tard, si on ne se résout pas à les lui donner.

Les rois auraient été ses ennemis, c'est possible ; mais les peuples seraient devenus ses alliés ; et aujourd'hui la volonté des peuples est souveraine. L'Italie attendait notre signal, ainsi que les provinces rhénanes. La Belgique n'a pas eu tant de patience : elle l'a devancé, et elle existe en corps de peuple, par cela seul que l'étendard français de la république et de l'empire est devenu celui de la royauté. L'Espagne et le Portugal auraient, eux aussi, levé la bannière de l'indépendance, et nous serions revenus en un instant le pivot européen.

C'était là le rôle à faire jouer à la révolution naissante : elle demandait la guerre comme son élément naturel. La nation, rentrée dans la virilité, voulait lutter avec des monarques, et, loin de la maintenir dans cette posture belliqueuse, on lui cria : Taisez-vous ; implorez votre grâce de ces rois irrités ; il faut vous abaisser devant eux, afin qu'ils consentent à nous laisser au pouvoir : car si les tempêtes sont déchaînées, si de grands chocs doivent avoir lieu, les hommes vraiment forts, vraiment faits pour entrer dans le conseil de l'État, y entreront ; et nous, rhéteurs doctrinaires, spéculateurs libéraux à terme, jeunes gens à peu de capacité, devrons prendre les invalides. Vous avez vaincu pour nous : la révolution a été finie dès que nous sommes parvenus au pouvoir. Silence donc ; pas de guerre : la paix ! la paix !...

Enfin, on nous tint le langage de la vieillesse de Louis XVIII et de la décrépitude de Charles X ; et cela, lorsque nous avons pour roi un héros dans la force de l'âge, brave comme son aïeul Henri IV, et réservé comme lui, qui nous mènerait à la victoire avec joie, et qui ceindrait sa tête aussi volontiers d'une couronne de laurier que d'un diadème d'or, lorsque ses enfans seraient impatiens de gagner leurs éperons avec gloire, et que toute notre jeunesse belliqueuse frappe la terre d'impatience, comme un coursier généreux.

On nous jeta dans la voie des négociations; on envoya des émissaires pour faire reconnaître le nouvel ordre de choses. On nous exposa aux retards de la Russie, de l'Espagne, et aux dédains du duc de Modène, tandis qu'on pouvait attendre..... et on n'aurait pas attendu longtemps..... Cette nonchalance vigoureuse aurait épouvanté les étrangers; ils seraient venus en hâte nous conjurer de leur permettre de nous reconnaître; et on leur aurait répliqué ce que répondit le général Bonaparte au plénipotentiaire autrichien, qui plaçait au premier article d'un traité la reconnaissance de la république française : — Qu'il n'y avait personne sous le soleil qui osât douter de son existence; qu'elle consentait à traiter, et ne demandait pas ce que ses triomphes avaient assez constaté.

Une des fautes principales du ministère fut l'envoi en Angleterre, à titre d'ambassadeur, du prince de Talleyrand, surnommé l'*Inévitable*, à plus juste titre que le chevalier A..... de C.... Je ne conteste à cet homme d'État ni sa profonde science en diplomatie, ni la finesse, ni la dextérité, ni les ressources de son génie, souple, insinuant, persuasif; je sais qu'il possède ces qualités et nombre d'autres; mais convenait-il à une restauration constitutionnelle d'employer le vétéran de tous les partis? Etait-ce le choix d'un peuple grand et libre, que cette girouette élégante et dorée, qui par deux fois nous imposa les Bourbons? Quoi! celui qui, en 1814, en 1815, se servit de toutes les troupes européennes pour enchaîner la France sous ce joug désolant, devenait tout à coup la cheville nécessaire à consolider leur chute, à nous en délivrer! Était-ce possible? devions-nous le croire? La rude franchise du peuple s'en étonna; un sentiment pénible flétrit les cœurs; et l'ambassade en Angleterre, qui lui fut confiée, plut au faubourg Saint-Germain et affligea la France.

Je sais que ceux qui le soutiennent vantent fort ce qu'il a fait; mais ses services actuels sont encore ignorés, et l'énergie nationale aurait conquis sans lui des avantages autrement éminens. On ne saurait croire quel mal ce premier ministère fit à la cause publique : en vain lui-même se félicite chaque jour à la tribune, et se proclame le sauveur de la patrie : il est certain que la patrie seule s'est sauvée pendant les trois journées de juillet, par le concours du peuple, dans la rue, et ailleurs, par celui des journalistes et des trente députés qui les premiers levèrent l'étendard de la résistance. Le ministère Guizot et Broglie exposa notre existence, et, par sa molle inertie et l'indignité d'un grand nombre de ses choix, faillit compromettre ce qu'un élan sublime avait décidé.

Ce ministère fut, dès l'avènement du roi Louis-Philippe Ier, composé ainsi : le comte Molé, *ministre des affaires étrangères;* le général Gérard, *ministre de la guerre;* le général Sébastiani, *ministre de la marine;* M. Dupont (de l'Eure), *ministre de la justice;* M. le baron Louis, *ministre des finances;* M. Guizot, *ministre de l'intérieur;* le duc de Broglie, *ministre de l'instruction publique,* avec la présidence du conseil-d'état.

Il y eut en outre quatre ministres sans portefeuille, membres du conseil privé : MM. Laffitte, Casimir Périer, Dupin aîné, Bignon : c'étaient là des notabilités. M. Bignon avait ses preuves; M. Dupin aîné, habile avec maladresse, était très-propre à donner de bons avis, à préparer des projets de loi, à les soutenir avec succès; éloquent, érudit, improvisant avec facilité, toujours à la question, on pouvait l'employer utilement; mais une trop grande envie de parvenir d'une façon ou d'autre, une timidité fâcheuse, l'avaient placé dans une position difficile, qui ne permettait guère au roi de faire pour lui ce qu'il eût fait si M. Dupin, après avoir tout acquis par l'opinion publique, n'avait fini par se brouiller avec elle.

M. Laffitte s'était montré libéral et constitutionnel à la tribune, et financier dans le cabinet de M. de Villèle; il était animé des sentimens les plus patriotiques. Pouvant donner sa fille aux premières maisons de la France héraldique, il avait préféré l'allier à l'héritier d'un grand nom moderne, qui sans doute tentera d'en soutenir dignement le poids. M. Laffitte s'associa à toutes les œuvres de générosité, de bienfaisance; il montra un amour franc des libertés nationales, une persévérance à les aider de tout son crédit. On espérait beaucoup de lui, si jamais il entrait au ministère : il y est maintenant ; la suite nous apprendra ce qu'il aura fait de vraiment digne de sa réputation.

M. Casimir Périer a depuis long-temps la renommée d'un administrateur de premier ordre, d'un financier non moins éclairé. On vante ses opérations de commerce, ses vues relevées, sa facilité au travail ; on le désigne à la France comme le meilleur ministre de l'intérieur qu'elle pourra avoir ; on est certain de la constitutionnalité de ses opinions, et qu'il n'en dévierait jamais pour aucun intérêt personnel. Pourquoi ne l'a-t-on pas mis à l'épreuve, ou pourquoi lui-même n'a-t-il pas été assez au-dessus de tout amour-propre, et a-t-il reculé devant une présidence du conseil qui ne serait pas la sienne?

Le comte Sébastiani, formé à l'école de Napoléon, avait fait ses preuves, soit sur le champ de bataille, soit dans la carrière des ambassades, soit enfin à la tribune. On ne contestait point ses talens : on lui reprochait quelque peu de cette superbe, qui n'ajoute rien au mérite et qui le dépare toujours ; mais il s'était montré ami des libertés publiques, défenseur des droits acquis ; jamais il n'avait transigé avec aucun ministère, invoquant toujours la charte, invoquant

sa stricte observance; parlant bien, avec chaleur
et avec élégance. On devait espérer beaucoup
de lui, et en effet il tient dans la carrière ministérielle ce qu'il promettait simple citoyen.

Le comte Molé, homme tout de l'empire,
et j'allais dire tout d'une pièce, à cause de la solennité de ses formes, n'était peut-être pas le
ministre qui convenait aux circonstances. Ses
talens n'avaient pas eu les moyens de se développer complétement; une petite brochure très-
impériale, tout en faveur du pouvoir absolu,
telle qu'il les fallait sous Napoléon, composait
son bagage constitutionnel, un peu mince sans
doute; mais à côté de cela il y avait de la dignité, des connaissances positives, une vie sans
reproche, l'amour du travail, une teinte de libéralisme prudent qui allait à merveille avec le
projet Guizot et Broglie de continuer douce-
ment la restauration. Un nom illustre, point effrayant pour une cour, et néanmoins environné
d'une sorte de gloire populaire, quelque chose
enfin de propre à plaire à la nation et au trône :
le tout sans chaleur, sans enthousiasme pour la
liberté, que néanmoins on traiterait bien, parce
qu'au fond on la préférait à la tyrannie.

Tels étaient les nouveaux membres adjoints au ministère provisoire, ceux qui auraient la mission de lancer plus avant le char de la France dans la route révolutionnaire et monarchique que dorénavant elle était destinée à parcourir : leur intention était bien de ne pas reculer; mais avaient-ils bien celle d'avancer et d'avancer vite? je crois que non : leurs œuvres m'ont prouvé que je ne me trompais pas. On eut quelque surprise de ne pas voir entrer, à titre de ministre, dans le conseil, le général Lafayette ; on prenait, il est vrai, ses avis, mais comme par forme de conversation, et point par droit, ainsi qu'on l'aurait dû. Il semblait que déjà les meneurs redoutaient la franchise de ce beau caractère, de cet homme si grand et si simple, qui n'a jamais eu d'autre ambition que celle d'assurer l'indépendance de sa patrie, qui a toujours compté pour lui tout ce qu'on faisait pour elle, et qui ne s'est retiré, à chaque époque de notre histoire, qu'avec la seule récompense d'avoir voulu faire et d'avoir fait le bien.

Il y avait, par bonheur pour la France, à la tête de ce ministère, un roi-citoyen, qui, selon l'expression de M. de Lafayette, devait être la meilleure des républiques; un roi qui connaissait nos désirs, nos besoins, qui pensait comme la masse de la nation, et qui, voulant sa grandeur et sa prospérité, ne négligerait rien pour les assurer, quelque sacrifice qu'il dût faire, et quoi qu'il en coûtât à son repos et à sa tranquillité. On exprimerait imparfaitement son affabilité, sa grâce, sa bonté, comment il savait enthousiasmer tous ceux qui venaient à lui, la franchise de ses paroles, la loyauté de ses actes : quiconque l'approchait s'en retournait gagné à sa cause et prêt à mourir pour lui. Il ne cesse de continuer cet enchantement; il demeure toujours le même, parce qu'il ne s'est pas déguisé au commencement, que ses paroles sont ses pensées, qu'il agit comme il agira durant toute sa vie, et qu'il a autant de sincérité que de volonté ferme de nous rendre heureux.

On aurait dû présumer que, renfermant dans le cœur un chagrin peut-être légitime envers de certaines personnes, un concours unanime accueillerait néanmoins le nouveau trône, et verrait en lui le seul gage de sécurité pour l'avenir. Il n'en fut pas ainsi : des démissions eurent lieu dans les chambres des pairs et des députés, dans la magistrature, dans les administrateurs, presque pas dans l'armée, car ceux qui avaient accouru chez le comte de Bourmont ne furent pas les derniers à se présenter devant le comte Gérard. Il y eut cependant des exceptions, et je les signale.

Le vicomte de Chateaubriand, si dédaigné, si mal récompensé par la cour des Bourbons, cessa néanmoins sa carrière politique par une fidélité exagérée pour cette famille. Le duc d'Escars, qu'elle avait si bien traité, ne suivit pas l'exemple de M. de Chateaubriand, non plus que le duc de Mailly, les Noailles et nombre d'autres. M. Hyde de Neuville se retira pareillement : M. de Martignac ne suivit point son exemple. Le nombre des députés démissionnaires fut grand : je citerai la députation tout entière de la Haute-Garonne, moins cependant M. Hocquart, premier président de la cour royale de Toulouse, qui, après avoir été nommé par les libéraux, les avait quittés pour passer à l'extrême droite, et qui, dans cette circonstance, abandonna celle-ci pour revenir à ceux-là.

La pairie, diminuée d'abord de quatre-vingt-dix membres environ par l'article de la charte qui abrogeait toutes les nominations faites par

Charles X, perdit encore vingt-cinq à trente de ses membres, moins peut-être; car, par le refus que cette chambre a fait de publier la liste de ceux qui ont prêté le serment constitutionnel, on ne peut savoir la quantité précise des démis. Il faut espérer qu'elle se décidera enfin à faire connaître à la nation ceux qui lui sont restés fidèles. Il y eut des démissions dans toutes les cours du royaume, mais en petite quantité; celle de Toulouse, par exemple, si royaliste-carliste, ne fut abandonnée que par deux de ses membres, M. de Cambiaire et M. Debosque. On fut surpris de la prestation de serment de certains conseillers, dont l'exaltation jacobine blanche avait passé les bornes en 1815.

CHAPITRE VIII.

Le 15 août, Charles X quitta le sol de la France, après avoir lentement promené dans toute la Normandie sa majesté déchue, et l'espérance de voir les peuples se soulever en sa faveur. Jamais voyage ne fut plus humiliant à un roi que celui-là. Il fut effectué au milieu d'un corps de troupes fidèles, en présence de tous anciens sujets, qui regardaient passer avec une pitié stérile cette famille étrangère à sa propre patrie, et qui ne l'avait gouvernée qu'à l'avantage de l'étranger. Aucune démonstration hostile n'était faite en sa faveur. Le plus ferme de ses partisans lui donnait des larmes cachées; mais pas une voix ne la saluait d'un vivat royal, et pas un bras ne soulevait une arme en sa faveur.

Elle passa non loin de cette Bretagne en qui elle avait fondé ses espérances, sans que la Bretagne se soulevât. La Vendée elle-même, devenue citoyenne, demeura tranquille, et se rallia au drapeau tricolore. Charles X et les siens ne pouvaient revenir de cette indifférence réelle, bien contraire aux fantômes d'amour et de dévouement dont on les avait bercés. Chaque jour, chaque heure, ils se demandaient réciproquement *s'ils ne voyaient rien venir*, et la réponse était négative, car *rien ne venait* de ce qu'ils attendaient avec impatience.

Partout la cocarde nationale était arborée. La troupe civique, sous les armes, protégeait leur passage, et n'allait pas au-delà. En vain, sans doute pour inspirer du respect, servait-on la famille royale avec les formes de l'étiquette. Cette représentation fastueuse n'inspirait que du dégoût. On aurait souhaité plus de vraie grandeur avec plus de modestie. Le roi, le dauphin, qui n'avaient pas su combattre pour défendre leur couronne, après avoir tant dit qu'ils le feraient, se montraient avides d'en conserver la pompe, comme si elle les relevait de leur honneur perdu. On sait comment il fallut faire une table carrée d'une table ronde, parce que, depuis un temps immémorial, le roi de France ne s'était assis à cette dernière; comment des huissiers annonçaient, sur le palier d'un escalier, ceux auxquels une audience était accordée, après qu'elle avait été demandée, selon les lois rigoureuses du château des Tuileries.

Charles X cependant n'affichait point une tranquillité qui n'était pas dans son âme; il pleurait souvent, ne s'occupait jamais du bien-être de son escorte, et demeurait concentré dans ses pensées pieuses qui, seules, le consolaient de sa grande infortune. Le dauphin, dont les facultés morales s'éteignaient rapidement, riait avec une facilité extrême. Il était presque toujours à cheval, causant sans témoigner aucune douleur du passé. Dans une circonstance où plusieurs officiers des gardes-du-corps l'environnaient, il dit au duc de Guiche qui ne l'avait pas quitté encore:

« Sais-tu, Guiche, ce que je regrette le plus en France? »

— « Non, monseigneur. »

— « Mon équipage de chasse; il était si beau! »

A ces paroles étranges, ceux qui les entendirent rougirent pour le prince. M. de Guiche lui-même en fut honteux, au point de ne pas oser répondre.

Plus on avançait dans la Normandie, et plus ce cortége rencontrait de la sévérité sur son passage. A Carentan, on voulait l'arrêter, afin d'empêcher les gardes-du-corps de poursuivre la route. On prétendait retenir le duc de Raguse, pour que son procès lui fût fait. Le général Hulot, commandant la contrée, fit quelques démonstrations hostiles, dont le maréchal Maison, commissaire nommé pour protéger la retraite de la famille des Bourbons, avec MM. de Schonen et Odilon-Barrot, le tança vigoureusement.

On coucha, le 16, à Valogne, et à une heure après-midi on arriva à Cherbourg, que l'on ne fit que traverser rapidement; car si les dispositions de la garde nationale étaient sages, il n'en était pas de même de celles du reste de la population. Des vaisseaux américains avaient été frétés pour la traversée des bannis; ils appartenaient, par un jeu bizarre de la fortune, à la famille Bonaparte. Le préfet maritime de Cherbourg, M. Pouyer, maître des requêtes, avait pris à l'avance les mesures propres à faciliter l'embarquement. Les trois commissaires qui précédaient le cortége l'attendirent cette fois à l'entrée du pont qui conduisait du quai au paquebot royal.

Il y eut en ce moment quelque chose de lugubre, d'effrayant même, dans ce contraste des fanfares militaires et du silence opiniâtre des habitans, qui ne le rompirent enfin que pour pousser le cri significatif : *vive la charte!* Ce fut le dernier cri que la famille royale entendit.

D'une première voiture descendirent d'abord MM. de Ménars, de Damas, de Guiche, madame de Gontaut, qui gagnèrent précipitamment le navire. Cette dame, en passant devant le comte Maison, lui dit : « Qu'il est cruel, M. le maréchal, de quitter la France! »

La jeune MADEMOISELLE ajouta : « Oui, il est affreux de quitter la France, sans savoir où nous irons, car personne ne veut de nous, et pourtant nous ne sommes pas méchans. »

La voiture royale contenait Charles X, vêtu d'un simple frac bleu; le dauphin, en redingote olive, avec un chapeau gris sur la tête; la dauphine, dans la simplicité de son costume ordinaire; le duc de Bordeaux, en habit-veste bleu, Mademoiselle, en blanc; la duchesse de Berri, en robe brune : elle avait quitté depuis plusieurs jours le costume d'amazone et le chapeau dont elle s'était affublée au commencement du voyage.

Le duc de Bordeaux descendit le premier, conduit par le dauphin, qui donnait le bras à sa femme, dont les traits étaient altérés par-delà toute expression. La figure de Charles X montrait de l'abattement et du calme tout à la fois. Rien ne saurait rendre l'expression du désespoir qui s'imprégnit sur la figure de madame la duchesse de Berri à ce dernier moment : elle resta d'abord immobile sur le bord du pont, dévorant ses larmes, affectant un courage qu'elle ne possédait pas; puis la princesse, ayant serré la main d'un ancien officier de sa maison, s'élança sur le navire en cachant ses yeux dans ses mains.

Ce fut en ce moment que quelques officiers des gardes-du-corps, prenant congé de la famille royale, baisèrent la main de madame la dauphine. Le préfet maritime crut pouvoir en faire autant; mais à son désir manifesté, la fière princesse retirant ses mains :

« Ah! monsieur, dit-elle, laissez cette consolation à nos fidèles. »

Le duc de Raguse, le duc de Polignac, le baron de Charrette, madame de Bouillé et quelques autres fidèles partirent avec les Bourbons. Les bâtimens mirent à la voile à deux heures précises, et se dirigèrent vers Portsmouth.

Les autorités de Cherbourg et les trois commissaires gardèrent jusqu'au dernier moment avec les princes déchus l'attitude la plus convenable et la plus ferme. Cette famille qui dans sa marche lente vers le terme de son voyage, par le choix des lieux qu'elle traversait, semblait conserver quelque espérance, put emporter la conviction que, sans colère, sans violence, la population entière la repoussait purement et simplement. Un noyau de gardes, ressemblant à une armée, pouvait au besoin servir de ralliement aux partisans de l'autorité de Charles X, si Charles X avait eu des partisans. Rien n'émut en leur faveur les habitans des provinces où ils avaient jadis semé la guerre civile ; des commissaires sans escorte, n'ayant pour eux que la puissance morale d'une grande mission et l'opinion publique, suffirent pour maintenir partout le calme le plus profond : la famille de Charles X put, avant de quitter la France, calculer le degré d'abaissement dans lequel elle était tombée.

Ainsi ces princes abandonnèrent sans retour une terre qui par trois fois les avait repoussés ; et, eux sortis du royaume, nous ne pûmes pas dire qu'il y avait des Français de moins.

Tandis que ceci avait lieu à Cherbourg, le nouveau roi signalait son avènement à la couronne par la réparation des injustices du dernier règne : il rendait à l'illustre comte de Montlosier une pension que le ministère Villèle lui avait enlevée avec sa brutalité ordinaire ; il rappelait sous les drapeaux une foule de militaires injustement dépossédés ; il relevait les choix faits par ses ministres en leur désignant les notabilités qu'ils oubliaient ; il rappelait le maréchal Soult dans la chambre des pairs, ainsi que M. Duperré, et donnait à ce dernier, dans le grade d'amiral, l'équivalent du bâton de maréchal de France ; il sévissait avec une ferme sévérité contre un fonctionnaire qui, admis de la veille à prêter serment de fidélité dans ses mains, avait oublié le lendemain ses devoirs, en faisant l'éloge de l'ex-roi, au milieu de cette ville encore sanglante et mitraillée par l'ordre de ce souverain coupable; enfin, Louis-Philippe s'adressait à la nation par une proclamation loyale où il lui exprimait tous ses sentimens.

« Français,

» Vous avez sauvé vos libertés; vous m'avez
» appelé à vous gouverner selon les lois: votre
» tâche est glorieusement accomplie. La mienne
» commence : c'est à moi de faire respecter
» l'ordre légal que vous avez conquis; je ne puis
» permettre à personne de s'en affranchir, car je
» m'y suis soumis moi-même.

» Il faut que l'administration reprenne par-
» tout son cours. De nombreux changemens
» ont été faits, d'autres se préparent; l'autorité
» doit être entre les mains d'hommes fortement
» attachés à la cause nationale. Un mouvement
» si prompt, si vaste, n'a pu s'accomplir sans
» quelque confusion momentanée; elle touche
» à son terme : je demande à tous les bons ci-
» toyens d'entourer leurs magistrats, et de les
» aider à maintenir, au profit de tous, l'ordre
» et la liberté.

» Des réformes sont nécessaires dans les ser-
» vices publics. La perception de certains impôts
» charge le pays d'un pesant fardeau ; des lois
» seront proposées pour y porter remède. Dans
» cet examen, aucune réclamation ne sera
» étouffée, aucun intérêt oublié, aucun fait
» méconnu ; mais en attendant les lois nou-
» velles, obéissance est due aux lois en vigueur :
» la raison publique le proclame, la sûreté de
» l'État le commande ; que tous les hommes de
» bien emploient leur influence à en convaincre
» leurs concitoyens ; pour moi, je ne manquerai
» ni dans l'avenir à mes promesses, ni dans le
» présent à mes devoirs.

» Français, l'Europe contemple avec une ad-
» miration mêlée de quelque surprise notre glo-
» rieuse révolution ; elle se demande si telle est
» en effet la puissance de la civilisation et du
» travail, que tels événemens se puissent accom-
» plir sans que la société en soit ébranlée. Dissi-
» pons ces derniers doutes, qu'un gouverne-
» ment aussi régulier que national succède
» promptement à la défaite du pouvoir absolu.
» *Liberté, ordre public*, telle est la devise que
» la garde nationale porte sur les drapeaux ; que
» ce soit aussi le spectacle que la France offre à

» l'Europe : nous aurons en quelques jours
» assuré pour des siècles le bonheur et la gloire
» de la patrie.

» Paris, ce 13 août 1830.

» LOUIS-PHILIPPE. »

C'était avec cette franchise ferme que notre roi nous parlait; nous n'étions pas accoutumés à ce langage paternel avec l'ancien gouvernement; le nom de père était bien pris, mais de père-maître et pas d'ami de la nation. La ville de Paris, heureuse de son ouvrage, car c'était bien à elle que nous devions notre roi, voulut offrir un banquet aux citoyens honorables qui avaient les premiers levé l'étendard de l'insurrection, ou qui la rendaient respectable par le prompt assentiment qu'ils lui avaient donné. La réunion eut lieu dans les salles de la préfecture de la Seine. Là on assembla le général Lafayette, auquel le repas fut principalement dédié; les ministres du roi, des membres de la chambre des pairs et de celle des députés, de la commission municipale, de la cour de cassation, de la cour des comptes, de la cour royale, des tribunaux civil et de commerce, du conseil-général du département et du conseil de préfecture; les maires et leurs adjoints, l'état-major, les chefs de légion et les principaux officiers de la garde nationale, les commandans de la division et de la place de Paris, les officiers de l'état-major, les commandans des troupes formant la garnison, les chefs des sapeurs-pompiers, des élèves des écoles polytechnique, de droit, de médecine; des membres des quatre académies et des sociétés savantes, littéraires, philantropiques de la capitale, et un grand nombre d'hommes distingués dans les sciences et dans les lettres.

Le banquet était de trois cents couverts; le buste du roi, entouré de faisceaux d'armes, surmontés de drapeaux tricolores, était placé en regard du banquet; de l'autre côté de la salle, on voyait posé sur un socle une gravure du portrait en pied du général Lafayette, entouré de flammes aux couleurs nationales; un vaste orchestre d'harmonie occupait l'extrémité de la salle; des toasts nombreux au roi, à la France, au général Lafayette, à la ville de Paris, etc., furent portés et accueillis avec transport. Le roi manqua seul à cette fête patriotique pour qu'elle fût complète, pour que le cœur n'eût plus rien à désirer.

D'autres repas réunirent la garde nationale

et les diverses écoles, les officiers de la ligne, les magistrats; partout on renouait les liens de la vie civile; partout on se ralliait au trône constitutionnel; on avait besoin de se serrer fortement en faisceau, car les ennemis de la patrie travaillaient activement à troubler la paix dont elle jouissait; leur désespoir était extrême, à la vue de cette révolution paisible, sans aucun crime qui la souillât, et point sanglante comme la seconde rentrée des Bourbons en 1815 : ils allaient çà et là, animant les ouvriers, leur inspirant des prétentions déraisonnables, les poussaient à des actes que leur sagesse et leur patriotisme détestaient bientôt; ils attaquèrent tour à tour les diverses professions : leurs efforts malfaisans n'aboutirent néanmoins qu'à obtenir des rassemblemens inoffensifs, des promenades silencieuses au milieu de la population attristée, qui aimait cette jeunesse tout en ne la redoutant pas.

Ce fut alors que la garde nationale commença ce service pénible, qu'elle continue encore en partie; elle s'interposa en médiatrice armée entre les ouvriers entraînés et non séduits, et l'autorité décidée à se faire respecter; elle maintint la force à la loi et la tranquillité de la ville, par la contenance à la fois ferme et paternelle qu'elle déploya. Ce n'était pas là le compte des agitateurs; ils voulaient autre chose; des émeutes civiles, du pillage, des incendies, enfin des actes coupables et atroces qui les autorisassent à calomnier la grande révolution : surpris et non lassés, ils retardèrent leurs intrigues sans les suspendre, et attendirent un moment plus heureux qu'ils se flattaient de déterminer par un coup de main entrepris à propos.

Cependant la chambre des députés poursuivait ses travaux. On lui présenta une loi militaire où l'existence du grade pour les officiers était mise à l'abri des caprices de l'arbitraire, où une foule d'avantages assuraient l'avenir des soldats; une autre loi, qui soumît à la réélection tout député promu à des fonctions judiciaires, administratives, diplomatiques, etc.; une troisième, régularisant les récompenses que la nation décernerait aux victimes des trois journées de juillet; une quatrième facilita le prêt sur le dépôt de marchandise par la médiocrité du droit que le fisc aurait à prélever. (2 fr. pour tout dépôt.)

A la même époque, une proposition intempestive et maladroite, car elle ne pouvait être perfide, fut sur le point de jeter une division malheureuse entre le gouvernement et les citoyens, celle qui avait pour but d'abolir la peine de mort.

Ceci était une question majeure : une philantropie exagérée veut, depuis quelque temps, défendre avec chaleur la cause du crime en nous intéressant au sort des scélérats que l'on punit justement. Il y a beaucoup à dire contre la peine de mort; mais ceux qui veulent son maintien n'ont pas besoin de recourir à de vaines déclamations; ils demandent dans quel but la société conserverait avec soin un incendiaire de maison habitée, un empoisonneur, un parricide, un assassin, non sans préméditation, mais qui aurait égorgé avec réflexion et à plusieurs reprises. Quoi qu'il en soit, le moment choisi pour présenter cette réforme au code judiciaire ne pouvait être plus malencontreux.

On venait d'arrêter quatre des ministres de Charles X, signataires des fatales ordonnances; ils avaient rempli Paris de meurtres et de désolation, et il semblait que pour les soustraire à un juste supplice, on voulait que tous les homicides profitassent d'une amnistie destinée au fond pour eux. La chose parut plus patente, lorsque le ministère, s'emparant de la proposition de M. de Tracy, parut chercher à la restreindre aux seuls délits politiques. On ne pouvait manifester plus clairement l'intérêt que l'on portait à ces hommes anti-nationaux qui, n'ayant pas craint de violer la loi ni de soutenir par la force leur attentat, avaient préparé des tribunaux d'exception qui auraient frappé de mort tout citoyen saisi armé pour la cause de la charte et de la liberté.

Vainement M. de Lafayette prêta à cette tentative l'appui de sa recommandation ; vainement des voix éloquentes, convaincues et persuasives, la soutinrent aussi : le peuple la repoussa avec indignation, en témoigna hautement sa colère, et avec une telle persistance, que le ministère Guizot, après avoir eu le tort de l'adopter, commit la faute encore plus grande de la désavouer. Cet acte de duplicité et de faiblesse ne fut pas une des moindres causes de la déconsidération dans laquelle il commençait à tomber : la chambre des députés le soutenait encore, lorsque l'opinion publique l'abandonnait complétement.

Une note officielle annonça que l'on ne s'occuperait de la peine de mort qu'après le procès des ministres : ceci ne pouvait passer pour de la sagesse ni pour de la fermeté : les amis du conseil dirent que c'était de la condescendance; nous n'en jugeâmes pas ainsi.

Si M. de Polignac et ses collègues se présentaient sous un jour intéressant aux yeux du ministre Guizot, il n'en était pas de même aux yeux de la France. Le premier surtout, déjà méprisé par elle autant qu'il en était haï, acheva, dès son arrestation, par se perdre dans l'esprit de tous les gens d'honneur, par la lettre sans dignité qu'il adressa au président de la chambre des pairs.

« Saint-Lô, ce 17 août 1830.

» M. LE BARON,

» Arrêté à Granville au moment où, fuyant
» les tristes et déplorables événemens qui vien-
» nent d'avoir lieu, je cherchais à passer dans
» l'île de Jersey, je *me suis constitué prison-*
» *nier* entre les mains de la commission pro-
» visoire de la préfecture de la Manche, le pro-
» cureur du roi ni le juge d'instruction n'ayant
» pu, d'après les termes de la charte, décerner

» un mandat contre moi. Dans le cas, ce que
» j'ignore, où le gouvernement ait donné des
» ordres pour m'arrêter, *ce n'est que de l'au-*
» *torité de la chambre des pairs*, dit l'art. 29
» de la charte actuelle, conforme en cela à
» l'ancienne charte, *qu'un membre de la*
» *chambre des pairs peut être arrêté*. Je ne
» sais ce que fera la chambre à ce sujet, si elle
» mettra *sur mon compte* les tristes événemens
» de deux jours, que je déplore plus que qui
» que ce soit, qui sont arrivés avec la rapidité
» de la foudre au sein de la tempête, et qu'au-
» cune force, qu'aucune prudence humaine ne
» pouvait arrêter, puisqu'on ne savait, dans ces
» terribles momens, *à qui entendre, à qui*
» *s'adresser*, et qu'on ne pouvait tout au plus
» que défendre ses jours.

» Mon désir, M. le Baron, serait qu'on me
» permît de me retirer chez moi pour y re-
» prendre les habitudes d'une vie paisible, les
» seules conformes à mes goûts, et auxquelles
» j'ai été arraché malgré moi, comme le savent
» ceux qui me connaissent. Assez de vicissi-
» tudes ont rempli mes jours, assez de revers
» ont blanchi ma tête dans le cours de la vie
» orageuse que j'ai parcourue : au moins ne

» peut-on me reprocher, dans les momens de
» ma prospérité, d'avoir jamais conservé aucun
» souvenir d'aigreur contre ceux qui avaient
» peut-être abusé de leur force à mon égard
» dans le temps de mon adversité. En effet,
» M. le Baron, où en serions-nous, tous tant
» que nous sommes, au milieu de ces change-
» mens continuels que présente le siècle où
» nous vivons, si les opinions politiques de
» ceux qui sont frappés par la tempête deve-
» naient des délits ou des crimes aux yeux de
» ceux qui embrassent des opinions politiques
» plus heureuses?

» Si je ne pouvais obtenir la permission de
» me retirer tranquillement dans mes foyers,
» je désirerais qu'il me fût permis de me retirer
» à l'étranger avec ma femme et mes enfans.
» Si enfin la chambre des pairs voulait pronon-
» cer mon arrestation, je désirerais qu'elle fixât
» le lieu où je serais retenu, au fort de Ham, en
» Picardie, où j'ai long-temps été détenu dans
» la longue captivité que j'ai éprouvée dans ma
» jeunesse, ou dans quelque *citadelle com-*
» *mode et spacieuse* à la fois. Ce lieu (Ham)
» conviendrait mieux que tout autre à l'état de
» ma santé affaiblie depuis quelque temps et

» altérée surtout depuis les derniers événe-
» mens qui se sont passés.

» Les malheurs de l'honnête homme doivent
» mériter quelques égards en France; mais dans
» tous les cas, M. le Baron, il y aurait, j'oserai
» le dire, quelque chose de barbare à me faire
» amener dans la capitale dans un moment où
» tant de préventions ont été soulevées contre
» moi, préventions que ma seule voix ne peut
» apaiser, que le temps seul peut calmer :
» depuis long-temps je ne suis que trop accou-
» tumé à voir toutes mes intentions représen-
» tées sous le jour le plus odieux.

» Je vous ai soumis tous mes devoirs, M. le
» Baron; je vous prie, ignorant à qui m'adresser,
» de vouloir bien également les soumettre *à
» qui de droit*, et d'agréer l'assurance de ma
» haute considération.

» *Signé*, Le Prince de POLIGNAC.

» *P. S.* Je vous prie également de me faire
» accuser la réception de ma lettre. »

Cette étrange lettre fut lue à la chambre des

pairs assemblée : une sorte de confusion s'y répandit, à la certitude donnée ainsi, donnée par son auteur, de l'incapacité morale de celui qui avait tenu dans sa main les rênes de l'État; mais ce sentiment disparut lorsque des membres parurent blâmer l'arrestation hardie du prince de Polignac; à les entendre, on aurait cru que la révolution, en renversant le trône, devait respecter tous les priviléges de la chambre, et qu'un pair, surpris dans les conséquences d'un flagrant délit, était un personnage dont la liberté était inviolable : on vit le moment où la chambre demanderait la mise en jugement des citoyens assez téméraires pour avoir osé retenir M. de Polignac. Cependant la raison l'emporta sur ces prétentions exagérées, et on ne donna aucune suite à la plainte renfermée dans cette lettre.

On le pouvait d'autant moins, que dans le même moment la motion de mise en accusation de l'ex-ministère était résolue dans la chambre des députés à une majorité immense, malgré les efforts du côté droit, qui trouvait sans doute très-légitime que la charte eût été violée et les Parisiens mitraillés, et surtout en opposition avec la véhémente défense de MM. de Martignac et Berryer : ceux-là soutinrent les anciens ministres avec la conviction de l'innocence; peu s'en fallut qu'ils ne réclamassent la prise à partie des victimes, pour ne s'être pas laissé égorger paisiblement.

CHAPITRE IX.

La réorganisation du conseil-d'état eut lieu : on en retrancha les hommes de la dernière monarchie, sans distinction de mérite. La partie saine du public vit avec peine cette sorte d'ostracisme frapper le vénérable archevêque de Bordeaux, comte de Cheverus, déjà privé de la pairie par l'addition à la charte. Ce n'étaient point de tels prélats qu'il convenait d'envelopper dans une mesure générale. Les vertus de ce digne évêque auraient mérité quelque distinction, et une réintégration pareille à celle qui ramena à la pairie le duc de Dalmatie et l'amiral Duperré. Mais le ministère, traîné à la remorque par des hommes qui confondent la religion avec les prêtres, ne croyait pouvoir assez les flatter dans la haine qu'ils portaient à celle-là. Le culte de trente millions de Français devait, à les entendre, passer inaperçu, et ne jouir que d'une tolérance commune aux autres sectes. L'image du Christ dans les tribunaux les offusquait, et chaque jour encore ils en demandent la suppression. Est-ce des provinces que part cette requête? Non; elles veulent, avec un clergé contenu et soumis aux lois, la religion de leurs pères dans toute sa majesté : c'est mal connaître l'esprit de la masse, que de la supposer irréligieuse, elle ne l'est point.

Benjamin Constant fut nommé président de la commission chargée de préparer les projets de loi. Ce fut toute la part visible qu'on lui donna dans l'action du gouvernement; le ministère redoutait la sévérité de son patriotisme; ce n'était plus l'homme aux demi-mesures, celui auquel on reprocha jadis quelque versatilité dans son opinion; la sienne, depuis quinze ans s'était affermie; elle voulait avec une monarchie des garanties fortes, durables, que le caprice d'un instant ne pût renverser. On lui avait promis beaucoup, non pour lui, mais pour la France; et comme de jour en jour on éludait l'accomplissement de ces promesses, il en éprouvait une sombre tristesse, un chagrin qu'il ne dissimulait plus. La chambre des députés le regardait avec cette inquiétude que l'on porte à l'ami du peuple, à celui qui veut, non la continuation du passé, mais les améliorations du présent. Je raconterai un peu plus tard ce qui eut lieu entre Benjamin Constant et le ministère, à l'époque où MM. Guizot, de Broglie et Louis se retirèrent; on verra combien tous ceux qui parvenaient au pouvoir avaient à cœur d'en écarter un compétiteur autant illustre.

Je ne signale point les nominations ordinaires; je ne peux placer dans cette classe celle de M. Dupin à la charge de procureur-général de la cour de cassation, et celle de M. Odilon - Barrot à la préfecture de la Seine. Le choix du premier satisfit la chambre des députés, et mécontenta la nation, alors boudant M. Dupin, et ne voulant pas voir que dans ce poste il rendrait de vrais services par ses hauts talens de jurisconsulte. M. Odilon-Barrot déplut, non au peuple qui battit des mains, mais aux stationnaires, à ceux qui maintenant appellent conspirateurs les esprits patriotes, qui prétendent marcher en avant sans s'écarter de la ligne constitutionnelle. On craignit que celui-là ne fût novateur, c'est-à-dire, qu'il aspirât à marcher avec son siècle. On aurait souhaité à sa place un homme saturé d'empire et de restauration, moitié à Bonaparte, moitié aux Bourbons, criant *vive* à tout ce qu'on voudrait; plus courtisan enfin que peuple. Le nouveau préfet n'était pas cet esprit facile; il avait ses idées, sa religion patriotique, et ne renoncerait pas à la liberté pour un despotique, quelque poli et doré qu'il fût.

Le général Fabvier fut nommé commandant de la place de Paris; il avait fait ses preuves : on applaudit à ce choix. Le général Pajol eut le commandement de la première division militaire. On lui avait promis, on lui avait donné mieux; on lui retira ce qu'il méritait, et lui, tout dévoué au roi, ne se fâcha point, et accepta avec reconnaissance ce qu'on lui laissa enfin.

Le reste de la France, jusque dans la commune la plus éloignée, avait suivi le mouvement de Paris. Alger fit à son tour sa soumission au nouveau gouvernement. M. de Bourmont ne put contenir l'élan de l'armée, qui tout entière, à part un petit nombre d'officiers, prêta avec enthousiasme le serment à la royauté constitutionnelle et au glorieux étendard tricolore.

La ville de Nîmes, encore sous l'influence des hommes de sang de 1815, contraria cet élan national par une émeute désordonnée : il y eut des actes de brigandage commis; les amis de Trestaillon sortirent de leur sommeil, et le sang recommença à couler sur ce point de la France. Mais la garde nationale, secondée des mesures énergiques de l'autorité militaire, étouffèrent dans sa naissance ce feu qui tendait à tout incendier. Il en fut de même de l'échauffourée entreprise dans la Bretagne par le général Despinois, qui essaya d'arrêter le torrent constitutionnel avec ses mains faibles et inhabiles : vainement il poussa le cri de résistance, un morne silence lui répondit; il dut se rendre prisonnier, et s'estimer bien heureux du dédain que le gouvernement manifesta pour une entreprise insensée.

Il fallait que le gouvernement s'occupât et de contenir les factieux, et de réparer les rigueurs de la monarchie déchue. Une loi fut présentée aux chambres pour le rappel des bannis; on n'en excepta que la famille Bonaparte : c'était un acte de prudence; il ne convenait pas que, tandis qu'on excluait les membres de la maison de Bourbon, on y laissât rentrer ceux d'une maison qui formait des prétentions à un trône que la nation française lui déniait. Les Bonaparte, à la chute de Charles X, se crurent appelés à lui succéder, à défaut du roi de Rome, en vertu de la constitution impériale; ils formèrent pour ainsi dire leur demande; et alors on ne pouvait accueillir leur personne, lorsque l'on se refusait à reconnaître ce qu'ils appelaient leur droit. Les partisans qu'ils avaient conservés crièrent à l'injustice; les citoyens dirent au roi qu'il avait bien fait.

En même temps un crime ou un acte de démence, car le fait n'est pas jugé encore, termina dans le château de Saint-Leu la vie du dernier prince de la race infortunée et glorieuse de Condé. On trouva, le 26 au matin, le corps de S. A. R. Louis-Henri-Joseph de Bourbon Condé pendu à une espagnolette d'une des fenêtres de sa chambre à coucher. Ce sinistre événement produisit une émotion profonde; on savait que le prince, épouvanté par la révolution dernière, et affaibli par l'âge, croyait ses jours menacés par une populace furieuse, qui en réalité n'existait pas. La reine des Français, instruite de ce trouble sans cause, était venue à Chantilly, et avait tâché, sans succès, de tranquilliser son parent. Celui-ci conservant ses idées funestes, et ayant, à ce qu'on ajoute, acquis la preuve d'une perfidie d'intérieur à laquelle il n'aurait pas dû s'attendre, se serait suicidé vers onze heures du soir, après avoir écrit quelques lignes qui, en annonçant son projet, prouvaient l'exaltation de ses idées.

Telle fut la première version de sa mort; car on ne put point tenir compte de l'apoplexie officielle, dont on inséra la nouvelle dans les journaux. La seconde, beaucoup plus grave, accusait un meurtre commis sur la personne du prince, afin de l'empêcher de détruire son testament. Rien encore n'a décidé de quel côté est la vérité, et dans ce moment la famille maternelle du prince réveille cette affaire assoupie, et la porte devant les tribunaux.

Quoi qu'il en soit, la fatalité de cet événement n'est pas moins digne de remarque : on ne sait quel destin poursuit cette race héroïque, et a voulu qu'elle finît aussi misérablement.

Le prince de Bourbon Condé avait pris part à de grands événemens, sans jouer par lui-même un rôle, un grand rôle. Brave au milieu d'un combat, rempli d'honneur chevaleresque, il ne se distingua ni par des vertus extraordinaires, ni par aucun amour des sciences et des arts. Il débuta par enlever sa femme, qu'on refusait de lui donner, le trouvant trop jeune pour qu'il habitât avec elle : il la vengea, lorsqu'elle fut insultée si lâchement par le comte d'Artois. On sait les détails du duel entre ces deux princes, duel qui n'eut lieu que lorsque l'indignation publique eut contraint le comte d'Artois à faire montre de vaillance : il put le faire à bon marché, car il n'alla sur le terrain que muni d'un écrit du duc de Bourbon qui s'engageait à ne pas le blesser sérieusement. Celui-ci, dès cette affaire terminée, cessa de faire parler de soi; il se livra aux emportemens de la jeunesse, émigra avec son père, fut toujours aux avant-postes, surtout à ce combat de Bentheim, où les trois générations de cette maison de Condé prirent part à la même gloire. La guerre terminée, le duc de Bourbon se retira à l'écart, et ne se mit plus en avant, même lorsqu'un crime trancha la vie du duc d'Enghien, son noble fils. Rentré en France en 1815, à ce que je crois, il se maintint plus que jamais dans une obscurité profonde, ne paraissant jamais à la cour que une ou deux fois l'an, et donnant toutes ses journées au plaisir de la chasse, qui pour lui était une occupation de tous les instans. Un voile profond enveloppe son existence; il ne conviendrait même pas de le lever. Il ne chercha point à favoriser les arts, ne s'occupa de protéger ni les sciences ni la littérature. La compagnie des dames, la société de ceux de sa maison, de fréquentes visites à ses écuries, à son chenil, occupaient ses journées et fournissaient à ses délassemens. Il était généreux; il donnait beaucoup, secourait les malheureux sans ostentation, et se faisait aimer de ceux qui l'approchaient.

Il laissa par son testament des revenus énormes à une dame qui ne le quittait point, et le reste de sa fortune au duc d'Aumale, fils de S. M. Louis-Philippe, à condition qu'il prendrait le nom de Condé. Cette mort, qui dans d'autres circonstances aurait extrêmement occupé les esprits, fut bientôt oubliée, au milieu d'autres événemens d'une plus haute importance, ou qui intéressaient vivement le public: l'arrivée, par exemple, à Vincennes, des quatre ministres arrêtés, la revue solennelle de la garde nationale, et la révolution de la Belgique.

La chambre des députés, ayant décidé la mise en accusation du ministère de Charles X, des mandats d'amener, lancés par la commission qu'elle nomma à cet effet, provoquèrent la translation des quatre détenus. MM. de Peyronnet, de Chantelauze et Guernon-Ranville, furent extraits de la prison de Tours; ils prirent place dans une diligence publique, chacun d'eux occupant une division de la voiture, et escortés par des gardes nationaux. Il y avait là vingt-une personnes : M. Haudet, officier d'ordonnance du ministre de la guerre; Foy, aide-de-camp du général Lafayette, porteur de l'ordre de translation; Gillet, capitaine de gendarmerie à Tours; quatre gendarmes de la compagnie; Berge, lieutenant de la garde nationale de cette ville, accompagné de dix gardes nationaux.

On savait à Paris le moment où arriveraient les détenus : un piquet de garde nationale avait été dirigé, vers une heure de la nuit, vers Montrouge, où un officier de l'état-major-général de la place attendait la voiture. A trois heures, le 27 au matin, elle parut, et fut environnée par le détachement de cavalerie parisienne, qui l'accompagna jusqu'à Vincennes. Vers sept heures, M. de Polignac arriva de son côté, conduit également d'une manière sûre, et avec une rapidité autant favorable à sa vie, que contraire aux projets qu'on pouvait avoir formés pour son enlèvement. Le procureur-général et le procureur du roi attendaient les prévenus, et les écrouèrent dans l'appartement qui leur était préparé provisoirement; car dès le lendemain on les logea dans les quatre tours du donjon qui communiquent avec une grande salle centrale, où il leur fut permis de se réunir: c'était là où ils devaient recevoir leur famille, et les personnes auxquelles on permettait de parvenir jusqu'à eux. M. de Polignac témoigna le désir d'occuper la même chambre dans laquelle il avait été renfermé en 1802, lors de l'affaire de la machine infernale; on ne lui refusa pas cette satisfaction.

Que les jeux de la fortune sont extrêmes et profonds! Ainsi, ce même homme revenait habiter la même demeure, à vingt-huit ans de distance; et pour qu'il s'y trouvât logé, il avait fallu le renversement de l'empire, le retour de la maison de Bourbon, la mort de Louis XVIII, la chute du ministère Villèle, sa propre élévation à la place de premier ministre. Un enchaînement de circonstances extraordinaires, de fautes sans pareilles, et l'écroulement enfin de ce trône qu'il s'était engagé à consolider sur une base indestructible; que de réflexions il dut faire la première nuit qu'il passa dans ce triste lieu !

Le général Daumesnil, ce brave des braves, eut la mission de veiller à la sûreté des prisonniers. Il aurait pu répondre : Demandez aux alliés comme je sais garder Vincennes. Et il tint tout ce qu'on avait espéré de lui. Humain et vigilant, compatissant et brave, le même pour ses amis et envers ses ennemis, il conserva les règles d'une équité distributive, comme plus tard il déploya l'énergie de son caractère pour épouvanter les factieux.

Presque en même temps que les ministres arrivaient à Vincennes, le roi des Français réunissait au Champ-de-Mars la grande famille du royaume, représentée par la garde nationale de Paris. Celle-ci, convoquée le dimanche 29 août dans le Champ-de-Mars, s'y rendit en armes et comme pour une fête, dans les arrondissemens respectifs, d'où elle partit en ordre de bataille pour le lieu de la réunion. Un ciel pur, un soleil brillant, tempéré dans sa chaleur par quelques nues légères, toute la beauté d'un jour d'été, ajoutèrent à l'éclat de la cérémonie. Soixante mille hommes déjà équipés étaient en ligne, et plus de trois cent mille, placés sur les talus du Champ-de-Mars, les admiraient. Là, tous les rangs étaient confondus; une douce hilarité animait tous les groupes : on jouissait d'un bonheur inconnu jusqu'alors, celui d'être véritablement les enfans d'un même père, et d'être certain de son affection. Des marchands de comestibles, des cantines improvisées, des guinguettes provisoires aidaient à répandre la joie dans le cœur des citoyens; on buvait, on mangeait, on dansait en rond au son de la musique des légions, ou au refrain des chansons patriotiques : on était là véritablement avec des amis.

A une heure passée, le roi quitta le Palais-Royal : la garde nationale à cheval formait l'escorte de Sa Majesté. Le canon des Invalides annonça son départ et son arrivée : ce fut au passage du roi le même délire, le même enthousiasme que le peuple manifestait depuis la révolution chaque fois que le chef de l'État venait à lui : des transports non commandés, des applaudissemens qui partaient du cœur, l'accueillirent sur la route.

Un architecte, malheureux dans ses combinaisons, avait, il y a quelques années, remplacé sur le boulingrin des Invalides le fameux lion de Saint-Marc, apporté là à la suite des victoires de Napoléon, par une énorme fleur de lis quadruple dans ses branches, ouvrage du plus mauvais goût, et qui figurait ridiculement au milieu du bassin de la fontaine. Cette fleur de lis disparut avec les Bourbons, et, dans cette circonstance, on la remplaça momentanément par le buste du général Lafayette, entouré de drapeaux tricolores. Le roi, en passant, témoigna sa satisfaction de rencontrer là l'image du meilleur citoyen après lui.

Au Champ-de-Mars, les douze légions d'infanterie et celle à cheval se rangèrent sur huit lignes : la première, plantant ses guidons d'alignement à la gauche de l'École militaire; les autres, échelonnées ensuite selon leur numéro d'ordre jusqu'au pont d'Iéna, où se trouvait la garde nationale rurale de Belleville. La douzième légion avait ses rangs à l'extrémité droite de l'École militaire, et cette ligne arrivait aussi jusqu'à l'autre bout du Champ-de-Mars. La treizième légion, celle de cavalerie, était placée transversalement, et tournait le dos au quai de la Seine.

Toute la ligne battit aux champs à l'arrivée du roi, tandis que les légions non encore entièrement rangées complétaient leur mouvement de position. A trois heures, une salve d'artillerie annonça que le roi allait distribuer les drapeaux. Une estrade simple, en forme de tente ouverte, et entourée d'un perron à quatre faces, s'élevait vis-à-vis et non loin de l'École militaire. Les drapeaux qui seraient donnés flottaient aux rampes de l'escalier, surmontés du coq gaulois aux ailes battantes, et posé sur un globe qui porte en relief l'inscription : *Ordre public, Liberté;* une couronne et un socle d'appui surmontent l'étendard; sur le drapeau sont inscrits les numéros de la légion et du bataillon, et la devise plus haut rapportée; un simple fil d'argent entoure le drapeau, qu'achève d'orner la riche cravate à franges et à glands d'argent.

A un signal convenu, les députations des légions s'avancèrent; des colonels, des chefs de bataillons, des sous-officiers formaient la garde du drapeau. Après la distribution faite par S. M.

accompagnée de M. de Lafayette, S. M. prenant la parole, dit :

« MES CAMARADES,

» C'est avec plaisir que je vous confie ces dra-
» peaux, et c'est avec une vive satisfaction que
» je les remets à celui qui était, il y a quarante
» ans, à la tête de vos pères dans la même en-
» ceinte.

» Ces couleurs ont marqué parmi nous l'au-
» rore de la liberté; leur vue me rappelle avec
» délices mes premières armes. Symbole de la
» victoire contre les ennemis de l'État, que ces
» drapeaux soient à l'intérieur la sauve-garde de
» l'ordre public et de la liberté; que ces glo-
» rieuses couleurs, confiées à votre patriotisme
» et à votre fidélité, soient à jamais notre signe
» de ralliement. *Vive la France !* »

Après avoir prononcé ces mots avec cet accent irrésistible et qui part du cœur, le roi serra la main du général Lafayette, qui, ne pouvant par le respect contenir sa joie, embrassa vivement le monarque, qui lui rendit son accolade avec non moins de satisfaction. Mille et mille acclamations saluèrent alors Louis-Philippe. Il put être convaincu que ces citoyens l'acceptaient véritablement pour le chef de l'État et le protecteur naturel de leur liberté.

Les officiers, au nom des légions, prêtèrent le serment de fidélité au drapeau. Les étendards furent portés ensuite à côté des bataillons et reçus avec le cérémonial accoutumé, qui consiste à promener le drapeau avec la garde d'honneur en avant du front, et pendant que le corps présente les armes et que les tambours battent aux champs.

S. M. parcourut ensuite les lignes, lorsque l'état-major se porta au fond du Champ-de-Mars pour passer dans les rangs de la garde nationale à cheval. Des groupes s'étaient formés dans presque toutes les légions; on y chantait la *Marseillaise*, la *Parisienne*, et d'autres airs patriotiques, que les diverses musiques accompagnaient avec transport. Les spectateurs, placés sur les talus dans les contre-allées, faisaient chorus, et animaient ainsi davantage cet élan patriotique. Il était cinq heures du soir lorsque les légions commencèrent à défiler avec un ensemble et une précision admirables; elles n'avaient pas achevé à huit heures.

La reine, avec sa famille et sa suite, occupait le grand balcon de l'École militaire, sous lequel le roi s'était placé avec son état-major. On remarquait dans le cortége de S. M. le maréchal Moncey, l'ancien chef de la garde nationale de Paris à la barrière de Clichy; le maréchal Gérard, promu à ce haut grade le lendemain de son entrée au ministère, par l'impatience que le roi eut sans doute à récompenser ses services passés et récens; le maréchal Maison, le général Pajol, le général Fabvier et des officiers généraux étrangers, vêtus des uniformes de leur nation. On y voyait aussi le jeune duc d'Orléans, le duc de Nemours son frère, et une foule de militaires français de tous grades. Le roi portait l'uniforme de la garde nationale. Il y avait là aussi le prince de la Moscowa, à qui la France, toujours pressée, demande de remplacer promptement et en tout le père illustre dont elle pleure la perte.

Au moment où la dernière salve d'artillerie annonça le départ du roi, on entendit de toutes parts des cris de liberté, de dévouement et d'amour : c'était le vœu d'un grand peuple saluant par ses transports l'œuvre de sa raison et de son courage. Il y eut un spectacle bien touchant :

ce fut le bataillon des blessés aux trois célèbres journées; ils se traînèrent à cette revue dans leur impotence allégée par leur civisme, marchant en groupe, et ralliés autour d'une énorme branche de chêne vert surmontée d'un coq vivant, dont ils avaient fait leur bannière. Les citoyens les accueillirent avec autant de respect que de pitié, et Louis-Philippe se découvrit en passant devant eux : hommage bien dû à ces restes vénérables des vrais défenseurs de la patrie.

Le lendemain, le roi écrivit à M. de Lafayette en ces termes :

« Il me tarde d'abord, mon cher général, de
» savoir comment vous vous trouvez après cette
» belle journée, car je crains que vous ne soyez
» bien fatigué; mais j'ai encore un autre objet
» qui me tient bien à cœur : c'est de vous de-
» mander d'être mon interprète auprès de cette
» glorieuse garde nationale dont vous êtes le
» patriarche, et de lui témoigner toute l'admira-
» tion qu'elle m'inspire aujourd'hui. Dites-lui
» que non-seulement elle a surpassé mon at-
» tente, mais qu'il n'est pas en mon pouvoir de
» lui exprimer tout ce qu'elle m'a fait éprouver
» de joie et de bonheur. Témoin de la fédéra-

» tion de 1790 dans le même Champ-de-Mars,
» témoin aussi de ce grand élan de 1792, lors-
» que je vis arriver à notre armée de Champagne
» quarante-huit bataillons que la ville de Paris
» avait mis sur pied en trois jours, et qui con-
» tribuèrent si éminemment à repousser l'inva-
» sion que nous eûmes le bonheur d'arrêter à
» Valmy, je puis faire la comparaison, et c'est
» avec transport que je vous dis que ce que je
» viens de voir est bien supérieur à ce qu'alors
» j'ai trouvé si beau et que nos ennemis trouvè-
» rent si redoutable. Veuillez aussi, mon cher
» général, exprimer à la garde nationale com-
» bien j'ai joui de ce qu'elle m'a témoigné, et
» combien mon cœur en est pénétré.

» Votre affectionné,

» LOUIS-PHILIPPE.

» Paris, 29 août 1830. »

CHAPITRE X.

La France joue un rôle trop éminent au milieu des autres puissances, pour que ses ébranlemens ne se répercutent pas au loin. Dès qu'elle pousse un cri de guerre ou d'indépendance, il y a des échos autour d'elle qui le répètent avec joie et en frémissant; les souverains la contemplent sans cesse avec inquiétude, et les peuples avec envie et respect. Les premiers savent qu'elle tient dans ses mains vigoureuses la destinée de leur existence; les seconds, qu'elle peut leur faire part de sa grandeur et de sa liberté; ses moindres secousses agitent les empires; ses résolutions, quand elles sont unanimes, impriment une rapide terreur.

On doit croire que lorsque l'Europe apprit que la France, lasse d'un despotisme sans gloire, venait de le briser comme en se jouant, l'Europe, stupéfiée, porta plus que jamais sur la France un regard de crainte, impatiente qu'elle était de savoir sur lequel de ses points le torrent vainqueur se répandrait. Notre calme la surprit; elle fut encore plus étonnée de l'insistance que nous mîmes à proclamer la paix et à la demander à tout le monde. Les rois, épouvantés, se rassurèrent sur leurs trônes qui déjà chancelaient sous eux, et en voyant notre modération excessive, ils se résolurent à nous effrayer; et aussitôt des masses énormes se mirent en marche de toutes parts.

Mais les peuples avaient mieux vu notre position, ce que nous étions, ce que nous pouvions être; ils comprirent que si notre ministère était pusillanime, nous étions plus vigoureux que jamais, et que la France rajeunie s'était retrempée au creuset de la liberté; ils virent que nous serions invincibles si on nous attaquait, et partout ils conçurent la pensée que le moment de leur délivrance était venu, par cela seul que nous avions décidé la nôtre; et aussitôt les peuples se levèrent en face de leurs souverains.

Ce grand mouvement commença tout auprès de notre frontière. La Belgique, soumise en 1814 au sceptre du chef de la maison de Nassau, aurait sans doute accepté un roi s'il n'avait été que pour elle, quoique ses vœux fussent pour demeurer unie à la France; mais ce chef qu'on lui imposait, Hollandais de naissance et de cœur, voulait qu'elle ne fût qu'une province conquise de cette Hollande, dont la Belgique avait à payer les dettes, à supporter les deux tiers des charges, toutes les vexations possibles, et la préférence pour toutes les places chez elle données à ceux qu'elle regardait comme étrangers; blessée en outre dans son orgueil lorsqu'on prétendit faire de l'idiome hollandais la langue nationale, dans sa religion, à laquelle la Belgique tient tant; s'apercevant que cette liberté qu'on lui avait tant promise était illusoire, que la magistrature restait sans indépendance, que la tyrannie s'établissait violemment, que des impôts insupportables étaient maintenus, qu'un ministre odieux gouvernait en dépit de ses cris : alors elle s'examina, se reconnut capable de secouer le joug, et l'exemple donné par la France fut imité avec transport par les Belges.

Le 25 août, la révolution commença à Bruxelles au Grand-Théâtre, pendant la représentation de la *Muette de Portici*. Elle gagna toutes les parties de la ville, et se répandit dans les environs avec la rapidité de l'éclair. La populace, furieuse, pilla, brûla les maisons de ses oppresseurs, mit à mort ceux de ces derniers qu'elle rencontra, s'armant de tout ce qui pouvait seconder sa colère, et prétendit d'abord arracher de son roi de simples concessions. Mais où s'arrête le char de la liberté quand une fois il est lancé dans la carrière? Bientôt des troupes hollandaises tentent de s'opposer au mouvement, ayant à leur tête le second fils du roi. Les Belges alors recommencent la lutte, qui se soutient entre les deux partis avec une rage profonde. Les balles, les boulets, la mitraille pleuvent sur Bruxelles de part et d'autre. On combat dans les rues, sur les places, dans les jardins du palais. L'incendie, le meurtre, le viol signalent les progrès de la troupe hollandaise, et la cruelle fureur du prince Frédéric qui la commande. Mais de même qu'à Paris, ces attaques cruelles ne sont couronnées d'aucun succès ; la résistance s'accroît en raison de l'atrocité de l'attaque. Le peuple, résolu de mourir, est sur le chemin de la victoire ; il redouble d'efforts, presse, tourmente, effraie ses ennemis barbares, les surmonte enfin, les chasse de ses murs en flammes, les poursuit dans la campagne, et, par ce dernier élan, se délivre de ces tigres qui sont devenus ses bourreaux!!

Dès ce moment, tout lien est rompu entre la Belgique et la Hollande, entre la famille de Nassau et ses anciens sujets. La résolution magnanime de Bruxelles est imitée par toutes les autres villes : Liége, Mons, Tournay, etc., courent successivement aux armes, chassent les étrangers, se remettent en possession de leurs forteresses. Gand suit plus tard le même élan. Anvers se décide à se réunir au faisceau patriotique, mais après des hésitations qui lui seront fatales. Un gouvernement provisoire s'établit; un congrès national est convoqué : il détache violemment et sans retour la Belgique du royaume hollandais, repousse par un acte solennel tout prince de la maison de Nassau, sans se laisser éblouir par les protestations hypocrites du prince d'Orange, qui était venu à Bruxelles pour tromper, et qui plus tard se retira d'Anvers, pour laisser au général Chassé la faculté de tirer à boulets rouges sur la ville, et de l'abîmer sous les feux.

Au milieu de cette révolution, la Belgique n'eut d'abord qu'une pensée : elle tendit ses bras vers la France, et nous demanda de la recevoir parmi nous. La prudence craintive du ministère français répondit par un refus : elle eut peur d'irriter l'Europe, ne s'apercevant pas que les souverains seuls seraient en colère, et que tous les peuples applaudiraient. La Belgique fut repoussée ; on ne voulut pas que la restauration civique réparât les fautes de la restauration royale, tant on tenait à continuer celle-ci, même dans sa faiblesse ! Les Belges, abandonnés à eux-mêmes, ne se lassèrent point ; ils poursuivirent leur révolution, l'affermirent, et maintenant qu'elle est complète, demandent encore à la France la fusion tant souhaitée, ou au moins un prince de la maison d'Orléans.

L'Allemagne non plus ne demeura pas tranquille : les habitans du duché de Brunswick chassèrent leur souverain qui pesait trop sur eux. Il y eut aussi en Saxe un acte populaire, et là aussi le prince fut écarté en partie. D'autres pays firent de même. La Suisse ne resta pas en arrière ; elle pareillement réclame l'antique liberté de Guillaume Tell, et ne veut plus du despotisme aristocrate de ses patriciens orgueilleux. Enfin, cette Pologne belliqueuse, tant délaissée par la France, traitée si perfidement par Napoléon, se lève en masse, au moment que j'écris ces pages, pousse le cri de la liberté en agitant le sabre national, et se prépare à lutter à force inégale, mais soutenue par la puissance du désespoir, contre les armées innombrables que la Russie va pousser contre elle, appuyée sur le concours de la Prusse et de l'Autriche, trop intéressées à ce que Varsovie reprenne ses fers.

Ainsi les nations du Nord répondent dignement à l'appel de la France; ainsi notre exemple est suivi avec amour. Le moment est venu du renouvellement de la grande alliance entre les rois et les peuples. Il faut l'asseoir sur des bases nouvelles plus libérales, plus conformes aux principes d'équité. Des trônes despotiques sont toujours précaires et nécessiteux; ils manquent d'argent, de dignité et de force. Les trônes constitutionnels sont la source des richesses, de la grandeur et de l'énergie. Que les souverains comprennent cette vérité, et leur puissance, mieux cimentée, ne courra plus le risque de disparaître dans la première tempête qui s'élevera.

Ces révolutions partielles décidèrent plusieurs monarques à reconnaître plus promptement notre roi. L'Angleterre, avancée dans la civilisation patriotique, devança toutes les autres, qui suivirent peu à peu. Le duc de Modène et la Russie, je crois, l'avoir dit, sont les seules puissances qui nous boudent encore [1]. On se passera d'elles, plutôt qu'elles se passeront de nous. Mais tout en accréditant des ambassadeurs auprès de notre cabinet, les souverains principaux, l'Angleterre à part, continuèrent leurs armemens ; l'Autriche plus encore que la Prusse : elle inonda la Haute-Italie, et, d'intelligence avec le Piémont, menace pacificacement nos frontières.

Cette Italie, impatiente de secouer le joug honteux qui pèse sur elle, invoque des libérateurs qui ne viennent pas encore. Ils arriveront cependant ; car il est impossible que les vrais intérêts d'une nation soient sacrifiés aux exigences de l'étranger.

Louis-Philippe pouvait voir chaque jour davantage quelle était l'opinion de la France, par les discours que lui adressaient les députations envoyées par toutes les communes principales du royaume. Ils respiraient avec un ardent patriotisme le besoin extrême de remonter à la

[1] Ceci était écrit avant la reconnaissance d'épouvante que la Russie a *daigné* faire du nouveau gouvernement français.

grandeur de l'Empire; le désir de se laver de la honte de la restauration, qui appelait des expéditions glorieuses; la promenade en Espagne et en Grèce, et qui n'avait droit à se glorifier que de la seule prise d'Alger et de la part du combat de Navarin. Les citoyens comprenaient que la guerre, en n'exposant pas le salut de la patrie, en augmenterait l'activité; que le trop plein se rejetterait au-dehors, et que les discordes civiles se tairaient au son du tambour belliqueux.

Le roi répondait à chaque députation avec une grâce parfaite, une éloquence franche, ferme, entraînante, variée, toujours appropriée aux personnes et aux lieux; il possède toutes les qualités de l'orateur, agrandies de celles du prince et du citoyen. Mieux placé pour voir le fond des choses, il contenait l'impatience française et la sienne propre, décidé cependant à se mettre à sa tête s'il fallait reprendre les armes, soit par convenance, soit par nécessité. En attendant, il satisfaisait tous ceux qui l'approchaient, et conquérait les cœurs, dernière et plus importante victoire.

La chambre des députés, fière de l'avoir proclamé roi, poursuivait ses opérations. Elle nomma trois commissaires, dont la mission était de continuer auprès de la cour des pairs le procès commencé dans son sein aux ex-ministres. MM. Bérenger, Persil et Madier-Monjau eurent cette mission. Le premier, magistrat intègre et savant, persécuté sous les rois précédens, avait fait preuve de caractère et de science; le second comptait parmi les premiers jurisconsultes du barreau de Paris, et avait beaucoup à faire pour soutenir sur un grand théâtre la réputation qu'il s'était acquise dans son cabinet et devant les tribunaux; le troisième, connu par sa dénonciation du gouvernement occulte, paraissait destiné à devenir l'homme de peine de la révolution : ayant plus de bonne volonté que de talent, il entreprit une tâche difficile, dans laquelle il a complétement échoué.

Cette séance fut échauffée par un discours de M. Mauguin, qui traça avec autant de vivacité que d'éloquence les fautes commises par le ministère, l'agitation dans laquelle les esprits se tenaient encore, et décrivit avec non moins d'énergie les orages politiques qui s'élevaient déjà. M. Mauguin est un de ces hommes à la parole dure et austère, qui ne balancent pas à signaler les causes du mal; qui portent un œil sévère sur des complaisances coupables, sur des tergiversations dangereuses; qui comprennent la révolution dans toute son étendue, et qui la veulent avec ses conséquences nécessaires. Il est de ces hommes qu'on appelle factieux, parce qu'ils ont de l'indépendance, et tribuns du peuple, parce qu'ils disent la vérité. Ils ne ménagent ni les amours-propres, ni les nonchalances, ni les ambitions; ils veulent la grandeur de la patrie, le repos du peuple et la sécurité du trône. La chambre, si remplie de bonnes intentions, et qui, elle aussi, désire toutes ces choses, eut le malheur, dès le principe, de ne pas comprendre M. Mauguin, de se tromper sur ses intentions, et de se séparer de lui par suite d'une défiance injuste que son civisme ne méritait pas.

Des murmures lui répondirent, tandis que d'une main ferme il portait le scalpel sur les blessures du moment; et bientôt ce fut dans son sein un titre à la faveur, que de s'opposer à tout ce qu'il proposerait. Ces préventions funestes troublent l'ordre public, et agissent malheureusement sur les corps nombreux comme sur les particuliers isolés. La chambre décida l'abolition de la loi du sacrilége, imposée à la France par le clergé de Charles X; loi d'inquisition, et tellement odieuse parmi nous, que jamais le jury, dans son omnipotence, n'avait consenti à l'appliquer, malgré les cris et les intrigues des fanatiques. La pairie s'associa à cette bonne œuvre, quoique pût faire M. Dubouchage, pour maintenir des dispositions qui flétrissaient le code national.

Ce fut à cette époque qu'on décida l'adjonction d'un corps spécial d'artillerie à la garde parisienne : il fut composé de quatre batteries, auxquelles on confia vingt-quatre pièces de canon de douze, parquées dans la cour du Louvre. Un costume élégant distingua les artilleurs, qui ne tardèrent pas à l'être davantage par la chaleur de leur opinion constitutionnelle. Ceux-là non plus ne voulaient point transiger avec l'ancien régime ; et leur adhésion au nouveau fut si franche, si énergique, que celui-ci en eut une sorte de frayeur. Bientôt le bruit se répandit que la république comptait un bon nombre de partisans parmi les jeunes artilleurs de la garde nationale ; on le crut ; et le ministère se montra presque fâché de cette création.

Cependant la famille royale ne partageait pas une pareille idée ; car elle fit inscrire au nombre des canonniers de la première batterie S. A. R.

le duc d'Orléans, qui partagea avec ses camarades les travaux de détail, et dont le zèle et l'intelligence furent remarqués, esprit de flatterie à part. Le roi donna à la garde nationale une haute preuve de son attachement, en y plaçant ses trois fils aînés. Le duc de Nemours fit partie de la cavalerie, et le prince de Joinville devint chasseur dans la compagnie Dupaty, troisième du premier bataillon de la seconde légion.

Ainsi s'opérait chaque jour l'union intime du trône avec les citoyens. Tandis que l'on s'occupait de payer ceux-ci en honneurs et en récompenses nationales de leurs exploits dans les trois journées, une ordonnance royale du 26 août fut instituée pour désigner les individus auxquels des marques de la munificence française seraient accordées. Une commission était instituée par la même ordonnance : on la composa de MM. le général Fabvier, Audry de Puyraveau, Georges Lafayette, Joubert et Martin. On laissa à chaque Ecole, Polytechnique, de Médecine et de Droit, le soin de nommer un commissaire pris dans leur sein, et au préfet de la Seine le choix de quatre citoyens de Paris, qui furent MM. Ladvocat, tanneur, lieutenant-colonel de la douzième légion ; Bastide, marchand de bois, canonnier de la garde nationale ; Guinard, propriétaire carrier, capitaine d'état-major ; et Chevalier, commis-négociant. Ce dernier représentait les jeunes gens du commerce, et avait été désigné par eux, d'après la demande de M. Odilon-Barrot.

Cette commission, depuis ce moment, ne s'assembla que d'une façon très-irrégulière ; elle n'a pas encore terminé ou complété son travail : le temps ne lui a point manqué cependant. Il est à désirer qu'elle le fasse avec une impartialité entière ; qu'elle n'outre ni l'indulgence, ni la sévérité, et que surtout la calomnie ne trouve auprès d'elle aucun funeste accès, comme peuvent le faire craindre des préventions qu'elle manifeste déjà contre des individus dignes de sa justice. Elle doit à sa gloire et à la confiance du peuple de Paris, de se débarrasser de toute impulsion malveillante et mensongère. N'ayant rien à lui demander, je parle sans intérêt ; mais je connais des faits, et je désire qu'elle réponde à tout ce que la vertu de ses membres nous fait attendre de leurs décisions.

La nomination de cette commission avait eu

lieu en vertu de la loi promulguée, et dans laquelle le roi disait :

Art. Ier. Il sera décerné des récompenses à tous ceux qui ont été blessés en défendant la cause nationale, à Paris, dans les glorieuses journées des 26, 27, 28 et 29 juillet dernier. Les pères, mères, veuves et enfans de ceux qui ont succombé ou qui succomberont par suite de leurs blessures, recevront des pensions ou secours.

Art. II. Toutes les personnes dont les propriétés auront souffert par suite de ces événemens, seront indemnisées aux frais de l'État.

Art. III. Il sera frappé une médaille pour conserver le souvenir des événemens.

Art. IV. Une commission nommée par le roi fera les recherches nécessaires pour constater les titres de ceux qui ont droit, conformément aux articles précédens, aux récompenses, secours et indemnités. Le travail de la commission sera communiqué aux chambres. A l'appui du crédit qui sera demandé, l'état nominatif des citoyens qui auront mérité des récompenses, et la liste générale de ceux qui ont succombé, seront insérés au *Bulletin des Lois*, et publiés dans le *Moniteur*.

Il y eut, au commencement de septembre, parmi les coalitions d'ouvriers, celle des compagnons imprimeurs, qui présenta un caractère plus grave, en raison du degré d'instruction, d'intelligence, et du patriotisme de ceux dont elle fut composée; les hommes qui, lors de la révolution, avaient combattu pour la liberté avec tant de dévouement et de véhémence, prétendaient en être récompensés à leur fantaisie et en contravention à cette même liberté. Les presses mécaniques leur étaient odieuses; ils se figuraient que leur emploi diminuait le nombre de bras qui travailleraient sans elles, et plusieurs se résolurent à les briser.

Cet acte attentatoire à la propriété fut consommé dans quelques imprimeries de la capitale, que la garde nationale ne put protéger assez tôt : on se hâta de guérir d'un tel vertige des citoyens estimables qui voyaient mal, et que les ennemis de l'ordre poussaient dans une route blâmable. La douceur et la fermeté, employées collectivement, ramenèrent enfin le bon ordre; les ouvriers imprimeurs, dont la meilleure partie s'était tenue à l'écart pendant ces tentatives répréhensibles, comprirent que leur intérêt demandait non que les presses mécaniques fussent détruites, mais qu'on en augmentât l'emploi, afin qu'une plus nombreuse quantité d'ouvriers en tous genres pût trouver du travail: ils rentrèrent dans leurs ateliers, donnant ainsi une preuve éclatante de leur respect pour la loi, et de leur bonne conduite. Les citoyens armés dans cette circonstance continuèrent à faire preuve de prudence et de vigueur; la paix de la ville ne fut pas troublée, et la puissance demeura au gouvernement, qui sut se faire obéir par l'intermédiaire de la garde nationale, dont l'influence augmentait chaque jour.

C'était le temps des réparations et des réparations réelles. L'Académie française et les autres classes de l'Institut crurent qu'on exaucerait leur juste requête, celle d'adjoindre à leur corps ceux de leurs membres qu'une violation de principes en avait retranchés en 1816; on désigna des commissaires qui formèrent cette demande auprès du gouvernement.

La surprise fut grande et générale, lorsque, dans un ministère libéral, on accueillit avec défaveur cet acte de toute justice; lorsqu'on la repoussa, sous prétexte d'économie. En vain il fut répondu que les réintégrés se passeraient de traitement jusqu'à ce qu'ils pussent reprendre leur ancienne place, par le cas échéant de mort ou de démission possible de quelques-uns de leurs collègues. On persista dans la négative; on répondit même avec une sorte de dérision, que les académies pouvaient se rendre ces membres dont elles déploraient la perte, en les appelant aux premières places vacantes. M. Guizot feignit de ne pas voir qu'une nouvelle élection consacrait et ne réparait pas l'injustice; il se montra, dans cette circonstance, non le ministre d'un roi constitutionnel, mais le digne successeur du comte Viennot de Vaublanc: on eût mieux attendu de lui, du duc de Broglie et de M. Dupont (de l'Eure).

Cette affaire de l'Académie déplut beaucoup; on aurait voulu que, s'élevant au-dessus de toutes les considérations, le gouvernement ne vacillât jamais dans la route de la légalité; mais ce qu'on aura peine à croire, c'est que le ministère se montrait occupé uniquement de ne point déplaire aux étrangers; on ne craignit pas de dire que, dans les cabinets des souverains, il y aurait des répugnances à ce que tel ou tel, banni ou exclu rentrât dans les fonctions qu'il remplissait avant la restauration. Ceci fut mis en avant comme une considération d'ordre supérieur, auquel on ne pouvait avoir trop d'égard.

Voilà de quelle manière le ministère, tout occupé encore à se louanger lui-même à la tribune, entendait le système nouveau. Dieu garde un royaume du régime des professeurs! il vaut encore moins que celui des jurisconsultes. On avait besoin cependant d'asseoir franchement le régime constitutionnel, lorsque plusieurs portions du royaume s'agitaient encore; le Midi principalement, soit à cause de l'exaltation de ses sentimens religieux, soit par suite des mauvais administrateurs que lui imposait le ministère. On y avait envoyé des hommes qui apportaient des idées contraires à celles des masses, qui entendaient à leur manière la liberté, la tolérance. Aussi des émeutes avaient lieu sur divers points. Nîmes, par exemple, ne rentrait pas dans l'ordre voulu par la loi; il y avait des rassemblemens à Limoux, à Perpignan et dans d'autres villes. Montpellier se maintenait dans une sorte de dépendance inconstitutionnelle, qui peut-être existe encore, car on ne dit pas toute la vérité à la face de la nation. La Provence n'était guère plus tranquille; mais qu'importait aux meneurs; leurs parens, leurs amis étaient placés; cela suffisait sans doute; et pour eux la révolution était consommée.

C'était ainsi qu'on nous berçait de déceptions, que déjà on trompait le monarque, comme on avait joué ses prédécesseurs; mais son œil vigilant ne se laissait pas éblouir, et son oreille n'était volontairement fermée; il comprenait ce qu'on lui taisait, voyait au travers le voile qu'on étendait devant lui, et, cherchant de toutes parts des lumières, se préparait à changer de ministres au moment précis où la conviction deviendrait entière qu'il était mal servi par eux. La chose n'eut pas lieu encore, et la nation dut prendre patience; elle était si confiante en son roi, certaine que son roi répondrait toujours à sa confiance!

CHAPITRE XI.

J'ai dit que ce n'était pas seulement parmi le peuple des départemens et parmi les ouvriers de la capitale que surgissaient des semences de sédition; l'armée elle-même, si dévouée, si obéissante, s'était sentie travaillée de ces symptômes désorganisateurs. Terrifiée d'abord par la grande révolution effectuée sans elle, il lui avait semblé recevoir un affront, et peut-être, dans la première semaine, son opinion n'était pas franchement déclarée; peut-être elle regrettait une famille qui la caressait en apparence pour la mettre aux fers en réalité.

Mais bientôt, mieux éclairée sur ses vrais intérêts, reconnaissant que toute sa gloire, que son avenir, que son avantage, naîtraient de l'abaissement d'une caste privilégiée, elle embrassa avec chaleur la cause constitutionnelle, et même ne tarda pas à vouloir la devancer. Ce fut alors que les soldats, les sous-officiers, demandèrent compte, dans plusieurs régimens, à leurs supérieurs, de l'effectif de leurs services, qu'ils en repoussèrent plusieurs pour raisons diverses, et prétendirent choisir dorénavant leurs officiers.

Un tel désir contrariait l'essence de la monarchie; on ne pouvait le souffrir. D'une autre part, ils refusaient de recevoir dans leurs rangs les officiers de la garde royale, comme si c'étaient des parias que l'on dût repousser. Ils se vengeaient sur eux de la jalousie que cette garde leur avait inspirée, et, par ces exigences, compromettaient le service, qui demandait plus que jamais de l'ensemble et du bon accord: il fallut les combattre avec un mélange de fermeté et de condescendance, avec la raison et la douceur. Peu à peu on parvint à les ramener à des sentimens moins hostiles, à leur faire entrevoir que tous soldats étaient leurs camarades, n'importe les corps dont ils sortissent, et que, si le gouvernement avait de la tendance à récompenser leurs services, ce n'était pas à eux à lui imposer leurs choix. Le maréchal Gérard, ministre de la guerre, leur adressa à cette fin la proclamation suivante :

« Soldats,

» Dans la lutte glorieuse qui a régénéré la
» France, vous étiez restés dignes d'elle et de
» vous; fils de citoyens, citoyens vous-mêmes,
» vous aviez compris que le peuple, en défen-
» dant ses droits, combattait pour les vôtres;
» que vous et lui ne faites qu'un : votre attitude
» calme avait déjoué les projets des ennemis de
» votre patrie.

» Pourquoi faut-il que l'insubordination de
» quelques-uns d'entre vous soit venue porter
» atteinte à la paix publique, que l'armée a
» pour premier devoir de protéger !

» Soldats, cet amour de la discipline qui ne
» vous avait point quittés dans des momens si
» graves, vous le conserverez désormais comme
» la garantie de votre existence militaire.

» Le prince que la nation vient d'élever sur
» le pavois a servi dans vos rangs : l'un des
» premiers il s'arma pour la liberté publique.

» La France semblait ainsi destiner Philippe
» à consolider l'alliance de l'armée et du peuple:
» affranchis des priviléges de corps et du pa-
» tronage de la faveur, protecteurs des insti-
» tutions et protégés par elles, chers aux ci-
» toyens, redoutables seulement à l'ennemi,
» quelle noble carrière s'ouvre devant vous!
» Soldats, ils sont revenus ces temps où le
» mérite seul distribuait des grades; pressez-
» vous autour du drapeau qu'ont illustré les
» prodiges de vos pères; suivez avec confiance
» ces vieux guerriers qui ne doivent qu'à leurs
» services l'honneur et le droit de vous com-
» mander : vous apprendrez d'eux le généreux
» dévouement qui conquiert les récompenses;
» et désormais, sous le règne de Louis-Philippe,
» la loi qui nous les assure sera aussi une vé-
» rité.

» Paris, le 6 septembre 1830.

» Le ministre secrétaire-d'état de la guerre,

« Maréchal Comte GÉRARD. »

Il était nécessaire que l'armée n'arrêtât pas l'élan des Français. Il y avait dans l'Europe plus d'un prince que notre révolution importunait.

L'autocrate russe, l'empereur Nicolas, dans le premier mouvement de sa surprise colérique, nous avait presque déclaré la guerre, en ordonnant à tous ceux de ses sujets qui étaient parmi nous de quitter le royaume au bout de huit jours. Cet acte hostile nous indigna. Le ministère ne voulut y voir que de la mauvaise humeur, ou tout au plus de la prudence, et ne s'étonna pas non plus du froid accueil qui fut fait à Saint-Pétersbourg au premier aide-de-camp de notre roi, baron Athalin. Il portait une attention plus active sur les débats qui commençaient à s'élever dans la chambre élective, où l'accord qui avait régné jusques-là commençait à se relâcher.

Il y avait parmi les députés des esprits tout dans le mouvement de la révolution, qui avaient hâte d'obtenir les lois complémentaires de la charte, qui demandaient à grands cris celles des élections, de la garde nationale, de l'organisation municipale et départementale, de l'instruction publique, etc.

Il était d'autres députés moins impatiens de jouir de tous ces avantages, qui attendaient sans murmurer, se plaignant même de la vivacité de leurs collègues. Il y en avait enfin quelques-uns qui, malgré un serment récent, conservaient une fidélité blâmable à des grandeurs passées, et qui mettaient des obstacles à tout ce qui pourrait enchaîner la volonté de leurs anciens maîtres au moment d'un retour qu'ils ne cessaient de rêver.

Déjà les pressés tâtonnaient le ministère, qui jetait des cris sur l'exigence qu'on lui témoignait. Déjà une extrême gauche se dessinait dans l'assemblée, et Benjamin Constant y prenait place de nouveau ; déjà enfin cette division avait éclaté au sujet de la loi municipale qu'on prétendait offrir, en ravaudant celle dont on n'avait pas voulu pendant le ministère Martignac : c'était M. Humblot-Comté qui prenait cette triste initiative. Il eut pour antagonistes MM Audry de Puyraveau, de Tracy, de Corcelles, Eusèbe Salverte et Benjamin Constant ; il eut pour appuis MM. Delessert, de Montagon, Villemain et Dupin aîné. Le choc fut rude; les partis se dessinèrent, et il y eut dans la gauche presque une extrême droite : ce n'était point ce que l'on attendait de nos députés.

Il ne fallait point que, par une prudence intempestive, ils alarmassent les esprits qui voulaient aller en avant, avec sagesse sans doute, mais qui ne prétendaient pas s'arrêter. Il y avait un vrai péril à fournir des armes aux républicains, en spéculation encore, qui, mieux avisés que les bonapartistes, se réunissaient dans des clubs publics. La société des *Amis du Peuple*, dont les séances avaient lieu dans le manége Pellier, rue Montmartre, présentait déjà l'aspect de ces assemblées fameuses qui, sous la monarchie expirante de Louis XVI, préludèrent aux démagogies des jacobins et des cordeliers.

Des rassemblemens nombreux avaient lieu chaque soir : on faisait des motions; on agitait les questions les plus majeures; on soulevait une partie de la population, en attendant de mettre en feu tout le reste. L'autorité examinait avec inquiétude cette société naissante, et comme elle connaissait sa généalogie, elle savait vers quel but tendait son organisation; mais, timide encore, parce qu'elle tenait à se renfermer dans le cercle de la loi, l'autorité ne prenait aucune mesure décisive, afin de ne point contrarier le principe de liberté dans toute son étendue.

Cette tranquillité parut de la faiblesse à la société républicaine, qui ne tarda pas à s'imaginer, que parce qu'il y avait eu révolution, il devait y avoir anarchie; qu'une coterie était un pouvoir aussi bien que tous ceux reconnus par la nation : en conséquence, elle lança contre la chambre des députés, dont l'allure lui déplaisait, une affiche en forme de manifeste, qui ne parlait rien moins que de la renverser.

Cette pièce inconnue nous fut révélée par un article du *Moniteur* ainsi conçu :

« On a saisi aujourd'hui, par les soins de
» M. le préfet de police, une affiche, sans noms
» d'auteur ni d'imprimeur, par laquelle on
» provoque les gardes nationaux, les chefs
» d'ateliers et les ouvriers à se réunir pour
» renverser la chambre des députés. Une
» plainte a été portée par M. le procureur du
» roi, et des mandats d'amener ont été décernés contre les auteurs présumés de cette
» provocation. On assure que la cour royale,
» chambres assemblées, doit demain évoquer
» à elle la connaissance de cette affaire. »

Le cas était grave; c'était un acte de rébellion aux droits de la chambre : il ne tendait à rien moins qu'à remplacer le pouvoir légal par celui du premier venu, par la turbulence de quelques fanatiques, ou pour les vanités de quelques ambitieux. Le royaume était calme; une charte acceptée le régissait; on ne pouvait plus agir sans se rendre coupable. L'effet que produisit la note du *Moniteur* intimida ceux qui composaient cette société menaçante : ils se hâtèrent de faire passer à certains journaux une réponse explicative qui les justifiait en partie, et que, pour cela, je crois devoir transcrire ici :

« La société des *Amis du Peuple* avait fait
» imprimer une déclaration qu'elle voulait
» faire afficher. Le projet de cette déclaration
» avait été discuté, et le paragraphe qui le ter-
» mine avait été rejeté à une très grande ma-
» jorité. Cependant, quand la déclaration fut
» donnée à l'impression, le paragraphe final se
» trouva rétabli; mais le mal était réparable,
» puisque les affiches n'étaient pas posées, et
» qu'il n'y avait pas eu de publication. On
» s'occupait de cette rectification, lorsqu'un
» exemplaire fut remis par l'afficheur à M. le
» préfet de police, qui provoqua les poursuites.
» Du reste, les expressions mêmes du dernier
» paragraphe ne contiennent point une pro-
» vocation à la révolte; il n'a été nullement dans
» les intentions de la société de pousser aucune

» classe de citoyens à s'armer contre la chambre
» des députés. C'est par les voies légales, et non
» autrement, qu'elle a voulu obtenir la disso-
» lution de cette assemblée; elle pense que
» les classes laborieuses ont besoin d'ordre et
» de travaux; et, bien loin de les pousser aux
» excès, ces membres de la société se sont
» mêlés aux derniers rassemblemens pour rap-
» peler les ouvriers à leur devoir et au respect
» aux lois; ils se flattent d'avoir contribué au
» rétablissement de l'ordre. »

Cette explication confuse, qui n'expliqua rien, ne contenta que les partisans des *Amis du Peuple*. On leur demandait comment un passage repoussé à la majorité aurait été rétabli sans le consentement de cette majorité; comment elle en prenait la défense, puisqu'elle l'avait jugé répréhensible; pourquoi, d'ailleurs, elle se donnait l'initiative par des placards? La cour royale ne vit pas le cas tout innocent, et évoqua l'affaire, ainsi que le *Moniteur* l'avait annoncé.

Cette note, qui causa un certain scandale, contribua peut-être à faire repousser plus tard, par la chambre élective, la proposition que fit à cette époque Benjamin Constant, pour donner une pleine et entière indépendance à la profession d'imprimeur et à celle de libraire. La mesure était vraiment libérale et à la hauteur des circonstances : il n'existait plus ce gouvernement ombrageux à qui la presse et la vente des livres pesait ; ce gouvernement qui se trouvait attaqué dans tout ce qui s'adressait au clergé, aux idées productives, dans ce qui prêchait la tolérance et la liberté. Celui-là pouvait aimer à contenir l'imprimerie et la librairie dans des chaînes fortement rivées ; mais Louis-Philippe ne redoutait pas la manifestation de la pensée, non plus que les hymnes à la liberté, et ce qui inspirait du mépris pour les préjugés et le fanatisme. La chambre aurait donc pu accueillir avec transport un agrandissement de la loi, un affranchissement général de tout ce qui tient à rendre plus prompte la manifestation de la pensée. Eh bien ! la chambre recula devant des considérations petites et mesquines ; elle s'épouvanta de ce qui aurait dû lui plaire ; et, après avoir adopté la proposition, convertie en un projet de loi dans ses diverses dispositions, elle la rejeta dans son ensemble lorsqu'il fallut voter sur le fond.

Ce résultat inattendu mécontenta l'opinion publique, qui entendait la liberté dans la plus large étendue, qui demeura peu touchée du tort que l'on ferait aux imprimeurs existans. On murmura ; les journaux se plaignirent ; il fallut venir à s'excuser, pour ainsi dire, en face de la nation, qui, pour cette fois, ne donna pas raison à la chambre ; je dis cette fois, et avec dessein, car les départemens ne partagent pas, sur le compte de leurs députés, la manière de voir de la jeunesse réunie à Paris. J'avouerai avec cette franchise dont je me fais une règle invariable, que le royaume ne veut ni république, ni empire, ni monarchie absolue ; mais le règne de Louis-Philippe, appuyé sur la charte constitutionnelle ; qu'il croit avoir assez de liberté ; qu'il n'en demande pas au-delà ; que, satisfait de la retenue de ses députés, elle les soutiendra vigoureusement, et que, selon toute apparence, la dissolution de la chambre ramènerait à peu près les mêmes hommes, et certainement la même nuance d'opinion.

L'expérience le prouve ; le demi-renouvellement qui a eu lieu au mois de novembre dernier, s'est reposé sur les candidats éprouvés et déjà investis de la confiance publique ; les élections isolées qui ont eu lieu depuis ont suivi cette règle. Qu'on ne s'en étonne point, la lecture, le goût de l'instruction, l'amour de la paix, ont fait faire des progrès immenses à la civilisation : le patriotisme pur se méfie des exagérations; il sait que les *zelanti*, les ardens, ont toujours un arrière-but, celui de leur intérêt personnel; que ceux qui veulent tout émouvoir pour arriver aux premières places, ne sont pas de bons citoyens; que n'être jamais content annonce le besoin de troubler sans cesse.

La masse du peuple est éclairée ; elle demande maintenant à ceux qui l'excitent, d'où ils tirent la mission qu'ils se donnent; elle veut la discuter avec eux, et les repousse quand ils n'ont pour titre que leur fantaisie, se tenant pour heureuse et contente sous le roi qu'elle s'est donné, et qui est également propre à la maintenir dans une paix florissante et à la conduire à la victoire, si, par cas, notre honneur était compromis. Que les rêves cessent de ceux qui se flattent de nous agiter encore : la garde nationale, qui est le peuple, veille à la conservation de la patrie, en maintenant la solidité du trône constitutionnel.

Le ministère, qui sentait sa faiblesse au milieu de la force publique, imagina, pour se réhabiliter dans l'opinion, de présenter aux chambres un compte rendu de sa conduite depuis son installation, et ceci, à l'imitation des usages de l'ex-empire; mais la grandeur de Napoléon permettait aux membres de son conseil, non de s'enorgueillir pour leur propre compte, mais pour le sien ; ils parlaient en son nom, jamais au leur, et c'était en effet l'exposé de ses travaux, de ses entreprises, de ses victoires, de ses conquêtes, dont ils déposaient le tableau aux yeux des Français et de l'Europe subjuguée.

Ici la position devenait complétement opposée : les ministres d'un roi constitutionnel auraient à raconter leur propre ouvrage, le fruit de leur administration responsable, ce qu'ils avaient réellement fait; car c'était à eux, et pas au souverain, que la nation aurait à demander raison de leurs actes ; ils en prenaient véritablement la responsabilité, et le fardeau en était lourd. Quel que fût donc le soin que M. Guizot à la chambre des députés, et le duc de Broglie à celle des pairs, mirent à accommoder les choses à leur avantage, ils ne purent dissimuler entièrement cette grande vérité, que si d'abord la révolution s'était faite sans eux, elle avait continué de même; que eux ou d'autres au pouvoir, la nation aurait été également calme; que des agitateurs la troublaient impunément dans certaines parties, dans Paris même; que les ministres étaient impuissans pour les contenir; que l'intervention seule de la garde nationale y parvenait, et que cette troupe civique agirait ainsi dans l'intérêt de sa propre conservation, n'importe quels hommes tiendraient en leurs mains les divers portefeuilles;

Que leur influence n'avait pu encore contenir l'insubordination de l'armée, ce qui était une preuve évidente, ainsi que la précédente, qu'on ne les respectait pas, et que leur personne ne faisait aucun poids dans la balance;

Que le clergé, en pleine insurrection contre la volonté du royaume, n'était pas encore réduit; que le ministère avait autorisé des actes contre les choses, des bris de croix, des enlèvemens de signes extérieurs de culte, mais qu'il s'était arrêté devant l'opiniâtreté des prêtres à refuser les prières pour le souverain; que les fonctions du clergé étant de prier, toutes les fois qu'il ne le faisait pas, il était coupable et demeurait passible, soit de la perte de son traitement, soit des peines portées par la loi contre tout fonctionnaire qui ne remplit pas son devoir;

Que, malgré la volonté expresse de la nation désireuse en son ensemble de la paix et de la tranquillité, il existait çà et là des sociétés, des réunions qui inquiétaient les esprits, troublaient, par le fait seul de leur exercice, ce repos dont on voulait à tout prix; que le ministère, dans sa mollesse ordinaire, n'avait su prendre à cet égard que des demi-mesures, que ces assemblées continuaient toujours;

Que les ouvriers, dans Paris principalement, et ailleurs aussi, poursuivaient leurs coalitions menaçantes; que des exhortations ne remédiaient pas à ce mal; qu'il y avait mieux à faire et qu'on ne faisait pas; que les carlistes, impuissans à conserver, mais ardens à conspirer, travaillaient les têtes sur toute la surface du royaume; que, sous un sot prétexte de la liberté individuelle, en présence des premiers feux de la guerre civile, on laissait leurs chefs parcourir sans contrainte les départemens, y fomenter des troubles, y organiser une résistance cachée d'abord, qui plus tard éclaterait au moment convenu;

Que le commerce ne sortait pas de sa crise funeste; que les banqueroutes se multipliaient d'une manière effrayante; que les ateliers étaient ou fermés, ou dans un état de langueur cent fois pire; que rien n'était en mouvement de ce qui pourrait remédier à cette gêne affreuse et universelle;

Que les places, dans toutes les administrations, dans la magistrature, avaient été données sans choix et sans discernement; que la faiblesse, l'ignorance, l'inconsidération des fonctionnaires élus par les intrigues de femmes, par la position de leurs parens, par la désignation de comités prétendus qui, sans mission aucune, et sans que leurs membres fussent eux-mêmes les plus notables de leurs départemens, avaient usurpé un pouvoir dont le ministère aurait dû leur demander compte; que ces fonctionnaires, dis-je, incapables de se guider personnellement, l'étaient moins encore pour administrer ou rendre la justice au nom du roi;

Que ceci était certainement la faute du ministère; que la prudence la plus commune aurait inspiré à tout homme habile de ne donner que des commissions provisoires, afin d'avoir les moyens de retrancher les individus qui, dans ces premiers momens, auraient profité de la confusion générale.

Le ministère ne répondait victorieusement à aucune de ces objections, à aucun de ces reproches; tout son travail s'était borné à mener le courant, à louvoyer au milieu de la rapidité de la course de tous. Avait-il rendu la France plus respectable au-dehors? Non; car il s'était cramponné à la remorque pour retarder l'élan de la révolution; non, car toute la surface du royaume n'était pas changée, comme en 1792, en un vaste atelier de confection d'armes et d'équipement militaire; non, car il négociait timidement, au lieu d'entraîner par une attitude menaçante; non, car il supportait les lenteurs de certaines puissances, les insolences de telle autre, et enfin, qu'il s'agenouillait jusque devant l'Espagne; non, car il ne profitait pas du déchirement inespéré du royaume des Pays-Bas, qu'il ne nous mettait pas à la tête de toute tentative entreprise par les peuples pour établir un système constitutionnel; non, parce qu'enfin il choisissait pour ambassadeur un homme perdu dans l'opinion publique, et à tel point, que tout le bien qu'il pourrait faire ne contrebalancerait jamais le mal causé par sa nomination; non, car tout noyé dans de petites intrigues, de petits moyens, de petites cachoteries, il ne s'occupait qu'à cajoler la chambre élective, qu'à en recevoir des complimens, qu'à se congratuler tour à tour d'avoir sauvé la patrie, sans tenir nul compte des efforts du peuple, du dévouement de la garde nationale, qui avaient tout fait et qui feraient tout encore, parce que là étaient véritablemeut les lumières et l'énergie; que ce qui avait achevé de tout consolider était, non le ministère, mais le consentement de Louis-Philippe à régner sur nous.

Le ministère ne retira de l'exposé de sa conduite que les applaudissemens stériles de la chambre des députés; celle des pairs ne partagea pas cet enthousiasme d'élan, et en ceci fut de moitié avec la nation. Ces hommes qui se débattaient au milieu de nous depuis leur venue au pouvoir, ne furent pas plus à leur aise ni mieux vus; leur insuffisance éclata plus vivement, lorsqu'ils rendirent ce compte de clerc à maître : on vit positivement qu'ils ne s'étaient pas conduits en administrateurs hors de ligne, que le premier venu aurait fait autant qu'eux, et que si les choses allaient, c'était par leur force même, et nullement par l'impulsion d'un ministère crétin, à qui des intentions, bonnes sans doute, ne pouvaient tenir lieu de faits.

Trompé dans ses espérances, surpris du piètre résultat de cette démarche pompeuse, le ministère, décontenancé, marcha encore, il est vrai, mais en se traînant, mais par la difficulté de trouver de vrais administrateurs, qui sont rares au temps où nous vivons, ou peut-être par le trop d'exigence mutuelle de deux hommes que la nation appelait ensemble à la tête des affaires, et qui n'eurent pas assez de patriotisme pour se céder réciproquement la présidence du conseil.

CHAPITRE XII.

Il y a dans les nations un instinct qui ne les trompe jamais, qui les avertit de se méfier du charlatanisme, des phrases de l'ambition, de ceux qui prétendent ne pas en avoir, qui enfin leur fait lire clairement dans le cœur des tartufes politiques. La nôtre, depuis plusieurs années, savait à quoi s'en tenir sur les doctrinaires, hommes qui affichent des principes de conduite administrative, et qui au fond ne savent ni ce qu'ils feront, ni ce qu'ils devaient faire; par leurs élégans, pour la plupart, ils déguisent sous des phrases sonores la pénurie de leurs pensées, l'impuissance de leur avenir, car ils sont gens à promettre des merveilles, et mis à la preuve, ils se réduisent en ballons gonflés de vent.

La France vit donc avec peine confier aux doctrinaires le soin de continuer la révolution : ce fut l'erreur du moment; erreur pardonnable, car ces messieurs sont depuis quinze années tellement occupés à se louanger les uns et les autres, qu'on a pu finir par croire qu'ils méritaient une partie de cet enthousiasme calculé ; se servir d'eux encore, maintenant qu'on les a vus à l'œuvre, serait pis qu'un tort et autant qu'une faute : j'espère qu'on ne s'y reprendra pas.

Il est aussi, dans le temps de crise politique, une règle positive dont on ne s'écarte qu'avec péril : c'est qu'il ne faut rien faire de ce qui arrêterait le mouvement avec trop de brusquerie; que par conséquent il convient d'employer, non des bras faibles ou timides, mais des hommes vigoureux qui ne craignent pas d'arriver au port au milieu du fracas de la tempête. Ils y parviendront, car ils iront droit au but; tandis que les autres causeront, selon toute apparence, la perte du vaisseau, en le faisant louvoyer au milieu des écueils apparens ou cachés.

On s'aperçut d'abord combien le ministère avait montré de faiblesse dans la question de l'inamovibilité de la magistrature ; question d'ailleurs grave, difficile à résoudre, et dont certainement il n'aurait pas fallu livrer la solution à l'avidité des premiers solliciteurs. Lors de la prestation solennelle du nouveau serment, il fut prêté par la presque unanimité des juges dévoués à la congrégation et à la monarchie déchue; on ne put repousser des magistrats sur qui l'on ne devait pas compter, et dont la conscience facile se prêtait à tous les gouvernemens. Pourquoi ne pas imiter l'exemple sage de Napoléon, qui, en instituant la sienne, lui imposa un précaire de cinq années, pendant lesquelles il se promettait de juger leurs mœurs, leur capacité, leur probité? On pouvait également remettre à un terme plus ou moins long, mais fixé, l'institution définitive qui les rendrait à leur inamovibilité. Ce fut, dans plusieurs villes du royaume, un étrange scandale que la cérémonie de prestation du serment : des huées, des sifflets, des interpellations personnelles flétrirent des juges qu'on devait traiter avec considération, et qu'un mépris humiliant frappa sur leur siége. Pourquoi n'avait-on pas prévu ceci?

On avait pareillement besoin de refondre en entier le corps diplomatique : des grands seigneurs, des hommes de *noms*, n'étaient plus nécessaires à la France pour traiter de ses affaires avec les divers cabinets ; il fallait au contraire des hommes de force, tout appartenant au mouvement, qui, avec plus d'urbanité, avec des manières plus faciles, rappelassent pourtant les ambassadeurs de la république, au langage rempli d'énergie, et qui savaient faire connaître impérieusement la volonté du peuple souverain. La politesse est bonne en tout, hors en diplomatie ; ceci n'est pas un paradoxe, c'est l'exposé d'un fait ; la politesse, dans ce cas, est funeste au peuple dont l'envoyé l'emploie ; il faut de la rudesse pour couper court aux ruses obséquieuses ; il faut aller droit au but, sans s'embarrasser dans de vaines circonlocutions ; mais il faut aussi que la nation, placée derrière, ait la détermination bien arrêtée de soutenir son diplomate : alors il est rare qu'il manque le but de sa mission.

La finesse des cabinets se connaît en force, et là où elle en voit, elle s'accommode ; mais là où, au travers de fades complimens, de galanteries officielles, de courbettes diplomatiques, elle remarque de l'hésitation, de l'embarras, de la défiance de soi-même et du peuple qu'on gouverne, alors elle se roidit, se montre exigeante, crie pour faire peur et se lance dans de grandes entreprises qui lui réussissent quelquefois, au lieu qu'elle se maintient dans la prudence en face de ceux qui ne la ménagent pas.

Il convenait donc de renouveler en entier notre corps d'ambassadeurs, de le choisir parmi des hommes d'un caractère éprouvé, et de les envoyer négocier, avec la certitude que si le gouvernement français voulait la paix, il ne balancerait pas à déclarer la guerre pour peu qu'on se montrât exigeant à son égard. Le ministère ne suivit pas cette route, il en prit une autre: il expédia des enfans ou de bonnes gens glorieux de leur mission, peu au fait des intérêts généraux de l'Europe, mais très-recommandés au ministre des affaires étrangères : ce fut un travail tout de coterie; il en est résulté que la France a reçu partout des désagrémens, et qu'elle n'est représentée nulle part, pas même à Rome, par exemple, où un ambassadeur à grands moyens serait si bien à sa place dans la circonstance actuelle; pas même en Suisse, où une révolution totale aura lieu en notre présence et sans notre participation. On ne saurait énumérer les fautes du ministère, qui chaque jour, depuis sa chute, monte à la tribune pour se régaler de l'encens qu'il se prodigue, et dont certes nous ne faisons pas les frais.

Mais en revanche, si le ministère négligeait l'extérieur et l'intérieur, il s'occupait à poursuivre avec chaleur des journaux marrons qui prétendaient exister en dépit de la loi existante, et qui n'existaient que pour persécuter les membres du conseil. Le parquet de Paris engloba dans une mesure générale les rédacteurs de l'*Aigle*, de l'*Indépendant*, du *Patriote*, du *Tocsin*, de la *Révolution*, tous paraissant sans cautionnement, sans gérant responsable et sans aucune des formalités exigées des autres gazettes : ce fut une manière d'énergie qui produisit peu d'effet; mais les petits hommes se contentent de petites choses, et les accommodent en grandes, faute de mieux.

Ils avaient mieux à faire, c'était de laisser mourir de leur belle mort des entreprises qui, malgré le mérite de leur rédaction, périraient faute d'abonnés; car en France, depuis quarante ans, le nombre de ceux qui achètent des feuilles périodiques est à peu près le même; chacun a sa gazette privilégiée; on en change rarement, à cause de la collection commencée, et par conséquent, à moins de chances extraordinaires, tout espoir de réussite est interdit à ceux qui viennent glaner dans ce champ.

Mais il convenait de se montrer éveillé, et par suite on persécuta des journalistes : c'était d'ailleurs une sorte de satisfaction accordée à ceux qui abhorrent la liberté de la presse; et le ministère conciliant tenait à contenter un peu tout le monde.

La chambre des députés perdait beaucoup de temps à résoudre des questions de personnes; elle n'en finissait pas avec sa vérification des pouvoirs. M. Dudon, entre autres, l'arrêta longtemps, bien qu'elle sût M. Dudon en fuite et peu soucieux de venir occuper sa place ; au demeurant, ce député élu se servait d'un titre faux pour apprécier son droit à l'éligibilité : le bien dont il se donnait les impositions appartenait entièrement à la fille de sa femme, sans que lui y eût aucun droit : ceci était encore connu; mais il suffisait à la chambre de causer, et la séance était suffisamment remplie.

Les moindres actes troublaient la cité : au milieu de cet abandon général, il existait des fermens qui inquiétaient l'administration et les citoyens ; on prenait des prétextes honorables pour entretenir une agitation qui n'était pas dans le mouvement révolutionnaire, pour prolonger à travers les rues des promenades innocentes dans la pensée, et qui effrayaient le commerce des boutiques, toujours facile à s'alarmer. Je rangerai dans cette catégorie l'apothéose que des jeunes gens décernèrent aux quatre malheureux sous-officiers de La Rochelle, victimes d'une de ces conspirations factices en réalité, et trop communes sous le règne de Louis XVIII.

Amenés à Paris, condamnés avec rigueur et exécutés sur la place de Grève, ils avaient laissé une mémoire vénérable, et leur souvenir attristait parfois les bons citoyens. On leur devait une réhabilitation glorieuse; mais c'était au gouvernement à prendre l'initiative, et à décider quels honneurs leur seraient rendus. Il y eut des cœurs impatiens d'un retard apporté à cette réparation, et qui voulurent y suppléer : des affiches, des notes insérées dans plusieurs gazettes, annoncèrent que le mardi 21 septembre, un cortége formé de la réunion de plusieurs sociétés, et de la garde nationale en partie, conduirait en grande pompe les bustes de ces quatre sous-officiers dans les divers quartiers de Paris, et puis les déposeraient au Panthéon.

On craignit que cette cérémonie toute particulière, et sans aucun caractère public, n'amenât du tumulte à sa suite; l'administration essaya de la détourner, en offrant de lui donner la solennité dont elle pouvait être susceptible, si on consentait à la retarder. Il y eut des pourparlers, des arrêtés rendus, des désistemens, des persistances, des explications accordées et repoussées; bref, on s'agita, se tourmenta, et la frayeur, sans motif, gagna une portion de la ville. Nombre de ceux qui, dans le principe, s'étaient réunis au projet d'apothéose, se rétractèrent, afin de ne pas contribuer à alarmer le public; ils furent surtout frappés de l'objection sage qu'on leur fit, en leur montrant que si chacun avait le droit de solenniser ainsi les objets de son affection, il faudrait à chaque instant des cérémonies funèbres, pour Louis XVI, pour toutes les victimes de la révolution, pour le maréchal Ney, pour Napoléon lui-même; que les uns sanctifieraient Robespierre ou Malesherbes, Carnot ou Fouché, et puis qu'il faudrait des pompes triomphales pour le 14 juillet, le 6 octobre, le 31 mai, le 18 fructidor, le 18 brumaire, sans compter les anniversaires de chacune de nos grandes victoires ; bref, que les jours du mois seraient insuffisans aux fêtes, par le nombre de dévotions particulières.

Mais ces représentations ne convinrent pas à tous ; il y eut des enthousiastes qui ne voulurent pas renoncer au plaisir de se montrer dans les rues à leurs parens, à leurs connaissances, ou qui crurent bon et utile l'acte convenu. Ceux-là, au nombre de six cents environ, dont quarante ou cinquante au plus portaient l'uniforme de la garde nationale, et quelques-uns celui de l'École polytechnique, tous ayant un crêpe au bras, se réunirent, au jour précisé, dans le local du Tivoli d'hiver, rue de Grenelle-Saint-Honoré ; de là, et à deux heures, ils se rendirent dans la cour du Louvre : le cortége alors se divisa en quatre pelotons, chacun portant une bannière sur laquelle était écrit le nom des quatre jeunes gens de La Rochelle : Raoul, Pomier, Bories et Goubin, tombés pour la cause de la liberté sous la hache du bourreau, le 21 septembre 1822. Les citoyens marchaient trois par trois. La loge des *Amis de la vérité* ouvrait la marche, pendant laquelle le roulement du tambour voilé se faisait entendre.

Du Louvre, le cortége se dirigea par les quais pour se rendre à la Grève, en passant par le Palais de Justice, et en suivant la route par laquelle ces infortunés avaient été conduits à la mort. Parvenu sur la place de l'Hôtel-de-Ville, le cortége forma un grand carré, au centre duquel un orateur monté sur une table, tribune aux harangues peu convenable, prononça un discours assez long, dans lequel, après avoir donné à la mémoire de ces militaires les éloges mérités par leur patriotisme, il protesta, au nom de la société, de son amour pour l'ordre, que ne veulent jamais troubler les *Amis du peuple.*

Après ce discours, et en parcourant diverses parties de la ville, le cortége s'en revint au Tivoli d'hiver. Cette solennité ne jeta pas tout l'éclat qu'on s'en était promis. L'installation au Panthéon ayant été ajournée, et le gouvernement n'ayant pris aucune part à la fête, elle ne parut que comme une sorte de bouderie de quelques individus : on peut même ajouter qu'elle fut vue avec défiance par la majeure quantité des habitans de Paris domiciliés, qui craignaient dans ces mouvemens intempestifs qu'il ne se glissât des provocateurs de désordre, tant la masse de ceux qui ont quelque chose à perdre est décidément portée à repousser tout déchirement, toute secousse inutile !

Elle témoignait toujours au nouveau roi sa satisfaction, lorsque seul, sans suite, sans distinction quelconque, il allait se promener dans Paris, accompagné seulement d'un officier de sa maison. La foule affamée de le voir se pressait d'abord sur son passage, l'interceptait même de manière à ne plus lui permettre de continuer sa course. Mais peu à peu chacun comprit que la liberté d'aller devait être commune à tous, et qu'il ne convenait pas d'en priver un roi pas plus que le dernier de ses sujets, et qu'on lui manifestait plus agréablement du respect et de l'amour en le laissant tranquille : aussi, par degré, on s'accoutuma à ne plus troubler son incognito, et à comprimer à sa vue la curiosité et le dévouement.

Mais si la présence du roi inspirait de pareils transports, il n'en était pas de même des sentimens que l'universalité de la garde nationale portait à la réunion des *Amis du peuple*, rue Montmartre, manége Pellier. Elle voyait dans cette société, malgré les dénégations de ses membres, un noyau propre à redonner à Paris les anciens clubs jacobins qui en avaient été la terreur. Les souvenirs sanglans de ces époques d'anarchie effrayaient tous les hommes bien pensans; ils s'épouvantèrent encore plus, lorsque la foule, toujours avide de récréations qui ne coûtent rien, se porta aux soirées de la société des *Amis du peuple*, et cela en assez grandes masses pour inspirer des craintes aux propriétaires des magasins de la rue Montmartre et de celles d'alentour.

Plusieurs chefs d'établissemens, d'ateliers et de manufactures, s'adressèrent à l'autorité pour qu'elle fît fermer ce lieu de rassemblement. L'autorité qui ne voulait pas être accusée de tyrannie, hésitait sur ce qu'elle devait faire, et chaque soir le nombre des individus rassemblés devant le manége Pellier augmentait rapidement : des cris dangereux étaient poussés. Là, venaient et les ouvriers qui boudaient encore, et les ambitieux subalternes qui prétendaient réussir en se faisant redouter, et les francs démagogues, et la jeunesse confiante qui se figure voir le bien partout où est l'exagération. Déjà d'autres clubs de ce genre allaient s'établir, ou même s'établissaient ; il fallait prendre un parti : le ministère hésitait encore, ce qu'il n'eût point dû faire ; la garde nationale l'entreprit, et le conduisit à sa fin. Voici de quelle manière le *Courrier Français* raconte cette circonstance de l'histoire de Paris.

« Ce soir, 25 septembre, la *Société des Amis du peuple* s'est réunie dans le manége Pellier, où elle a déjà tenu plusieurs séances. Dès six heures du soir, la foule encombrait les approches de ce vaste local, et à sept heures, quand la séance s'est ouverte, la cour qui précède le manége pouvait à peine contenir les curieux qui s'y pressaient. Du sein de cette foule un individu s'est élancé vers la porte en brandissant un parapluie et en criant : *A bas les clubs ! à bas les clubs !* A l'apparition de cet homme, une grande confusion a régné dans la partie réservée au public, et beaucoup de personnes ont jugé prudent de sortir de la salle ; ce qui n'était pas chose facile, car la foule augmentait à chaque minute. La partie de la rue Montmartre où se trouve le manége a été bientôt remplie de curieux, dont un grand nombre, à la vue de nombreuses patrouilles de la garde nationale, a crié avec une nouvelle force : *A bas les clubs ! à bas les clubs!* Il faut dire que les mêmes citoyens qui manifestaient tant de répugnance pour les réunions populaires, s'exprimaient avec une indignation plus vive contre la lettre de M. de Kergorlay.

» Pendant ce temps, voici ce qui se passait dans l'enceinte réservée aux membres de cette société :

» Lorsque le président eut obtenu un peu de silence, des discussions ont commencé, et ont eu pour objet des questions d'économie politique. L'un des membres proposa, entre autres choses, que l'assemblée présentât une demande au roi, pour obtenir que des entrepôts de commerce fussent établis dans plusieurs villes de France. Cette proposition fut adoptée sans discussion. On s'occupa ensuite de former la société en bureaux. Comme on procédait à cette division, un capitaine de la garde nationale entra dans la salle, demandant à parler au président. Il fit connaître que la réunion de la société était une occasion de trouble en dehors, qu'un grand nombre de personnes étaient réunies devant la porte et dans la rue, et il invita les membres de l'assemblée à se séparer, dans l'intérêt du bon ordre, ajoutant que ce n'était point une injonction, mais une simple invitation, qu'il faisait.

» Un des sociétaires prit la parole, et protesta du droit que l'assemblée avait de se réunir; mais il déclara en même temps que comme tous ceux qui en faisaient partie étaient amis de la paix publique, ils ne voulaient point servir de prétexte à la malveillance, et qu'ils consentaient à se retirer.

» Il n'avait point achevé sa phrase, qu'un chef d'état-major de la garde nationale vint, de la part du général Lafayette, répéter à peu près dans les mêmes termes l'invitation que le capitaine avait faite.

» Le président répondit, ainsi qu'on l'avait déjà fait, que l'assemblée se séparerait uniquement par respect pour le bon ordre. La séance fut en effet immédiatement levée : il était neuf heures.

» En dehors, la garde nationale, au nombre d'environ quatre à cinq cents hommes, avait formé une double haie en face de la porte, tandis que de fortes patrouilles circulaient dans la rue Montmartre, et dissipaient les attroupemens. Chacun est sorti, par ce moyen, sans aucun désordre. » (Courrier Français, *dimanche 26 septembre* 1830.)

Dans cette citation que je rapporte, les couleurs sont adoucies, et l'affaire présentée avec les ménagemens que des citoyens estimables, mais engagés dans une fausse route, méritaient dans le moment; mais aujourd'hui que les faits s'éloignent, l'impartialité commande de raconter les choses comme elles se sont passées réellement. Le club était à tort certainement un objet d'effroi pour la classe tranquille de la population parisienne. Déjà des pétitions de notables du troisième arrondissement avaient signalé leur répugnance à tolérer une pareille réunion, et, ainsi que je l'ai dit, l'autorité, retenue, n'agissait pas dans son droit. Bientôt les hommes qui veulent la prospérité du royaume, comprirent qu'il fallait, non pas se contenter de plaintes vaines, mais agir au défaut de l'administration.

Une partie rassemblée devant le local de la société des *Amis du peuple* en demandait la clôture à grands cris, criant : *A bas les clubs! à bas le nid des Jacobins! pas de factieux! point d'anarchie! vive le roi! vive la charte et la royauté constitutionnelle!* L'autre, en costume de garde nationale, s'empara des issues, empêcha les sociétaires en retard d'entrer dans le manége, en répondant à toutes les questions et aux protestations qu'ils faisaient : *on ne passe pas*, et députa en même temps vers la société en séance plusieurs officiers qui lui enjoignirent, au nom de la loi et du peuple, de se dissoudre à l'instant. On cria au despotisme, à l'oppression ; on parla de résistance sublime à un acte de tyrannie; mais la députation ayant dit que si on n'obéissait pas de plein gré, la force serait employée, et que dans ce cas on ne répondrait pas de l'exaspération des citoyens réunis dans la rue, et indignés contre ce qui rappellerait les formes d'une république dont ils ne voulaient pas, les sociétaires comprirent qu'une discussion prolongée aurait de vrais dangers pour eux : ils se décidèrent à partir, surtout lorsqu'un envoyé du général Lafayette fut venu les prévenir qu'ils ne trouveraient pas une protection légale dans des lois qui étaient contraires à tous rassemblemens tumultueux.

C'est de ce jour que la république expira dans les rues de Paris, où on se flattait de la faire revivre; il demeura prouvé que le vrai peuple, qui en avait connu et appris les excès, n'en voulait à aucun prix, et que tous ses vœux étaient en faveur du gouvernement monarchique, d'une charte et d'un roi-citoyen. Ce fut un dur désappointement pour les rêveurs et les intrigans; il fallut renoncer à une chimère dont on attendait de douces réalités. Il y eut quelques arrestations qui amenèrent dans les prisons de la police des gens sans aveu ou de vrais tapageurs. Un de ceux-ci qui criait le plus pour la république, portait dans sa poche une pétition au ministre de l'intérieur, contenant la demande d'une sous-préfecture. Ceci devint la petite pièce du grand drame dénoué avec tant d'énergie par la garde nationale, qui, dans cette circonstance, put disputer en quelque sorte à M. Dupin et à ses collègues l'honneur d'avoir une fois de plus sauvé la patrie.

Il est certain que, sans la défense des citoyens armés, ce club, sur le modèle duquel plusieurs autres se seraient établis, aurait singulièrement embarrassé la marche des affaires, et porté le trouble au milieu du calme dont on jouissait.

CHAPITRE XIII.

Tandis que des républicains, ou soi-disans amis des institutions populaires, se donnaient, sans fruit, en spectacle dans le manége Pellier, les carlistes saluaient avec transport l'*acte héroïque* du comte de Kergorlay, qui, bien assuré de la longanimité de la nation, grâce à l'épreuve que ceux de son bord avaient faite pendant la grande semaine, tâcha de sortir de son obscurité par un acte de courage que rien ne commandait. Il était pair de France de Louis XVIII, et, à ce titre, mécontent doublement de la révolution. En conséquence, voulant protester contre la volonté nationale, il adressa au président de la chambre des pairs la lettre suivante, qu'il fit insérer dans la *Quotidienne* du samedi 25 septembre, et qui m'a paru une pièce trop importante dans l'histoire de Paris, pour ne pas l'insérer dans celle de cette ville pendant les cinq derniers mois de 1830.

« MONSIEUR LE PRÉSIDENT,

» Quatre-vingt-sept pairs ont consenti, le 30
» août dernier, à déclarer personnellement dé-
» chus du droit de siéger dans la chambre dont
» ils sont membres, tous ceux qui n'auraient
» pas, dans le délai d'un mois, prêté serment
» à un roi nouvellement élu et à une charte
» nouvelle.

» J'ignore en vertu de quel droit cette élec-
» tion et cette charte se sont faites.

» Quant à moi, j'ai prêté avec sincérité un
» serment sérieux à nos rois et à la charte consti-
» tutionnelle que l'un d'eux donna à la France.
» En leur prêtant ce serment, j'ai toujours com-
» pris qu'il engageait ma fidélité non-seulement
» à eux, mais aussi à leurs légitimes successeurs
» et à la nation même, à la loi fondamentale
» qui règle depuis tant de siècles la succession
» à la couronne parmi nous.

» En prêtant serment à mes rois, j'ai cru le
» prêter à des hommes, sujets comme moi-
» même à l'erreur, et je n'ai pas cru que les

» erreurs qu'ils pourraient commettre me
» dussent délier de mes sermens, ni envers eux,
» ni envers leurs légitimes successeurs; je n'ai
» pas cru non plus qu'elles m'autorisassent à
» concourir à un acte de violence qui voudrait
» dépouiller mes concitoyens de la salutaire
» institution de l'hérédité du trône. J'ai tou-
» jours considéré cette institution comme la
» seule solide garantie de toutes nos libertés,
» et je refuse de concourir à sa destruction,
» parce que je suis toujours également con-
» vaincu que cette destruction ne peut que
» frayer parmi nous la route à toutes les ty-
» rannies.

» La charte que tous les pairs ont jurée,
» porte, en son article 13, que la personne du
» roi est inviolable; que les ministres sont res-
» ponsables. Ce principe fondamental de la
» charte ne permet pas que le roi soit person-
» nellement pris à partie pour les griefs aux-
» quels son gouvernement aurait pu donner
» lieu : la responsabilité de ses ministres est la
» voie constitutionnelle ouverte pour obtenir
» le redressement de ces griefs.

» Une fiction constitutionnelle ne permet
» pas qu'on impute au roi les fautes de son

» gouvernement. La réalité des choses permet
» bien moins encore qu'on les impute au royal
» enfant mineur, qui est étranger aux actes de
» son aïeul, et qui, par l'effet de la double ab-
» dication de S. M. Charles X et de son auguste
» fils, devint, à cet instant même, le 2 août
» dernier, le roi auquel ma fidélité est en-
» gagée.

» Les chambres, sans rien pouvoir alléguer
» contre le droit de monseigneur le duc de
» Bordeaux, ont transféré, le 7 du mois der-
» nier, la couronne à son premier sujet. Je ne
» m'associerai point à un serment auquel je me
» serais cru coupable de concourir.

» A défaut d'ancien droit, on a allégué en
» faveur du roi qu'ont élu les chambres, que
» lui seul pouvait sauver la France. Je pense,
» au contraire, qu'il était de tous les Français
» le plus incapable de la sauver, parce que de
« tous les Français il est celui à qui l'usurpa-
» tion à laquelle on le convie dût sembler la
» plus criminelle.

» Un de ses ancêtres gouverna mal la France,
» mais fut du moins parent et agent fidèle pen-
» dant la minorité d'un roi enfant, dont la vie
» seule le séparait du trône. Cet exemple méri-

» ritait d'être préféré, comme règle de con-
» duite, à des souvenirs moins distans.

» Quant à la charte, j'ai à son sujet deux
» convictions constantes : l'une, qu'un roi qui
» a juré une charte n'a pas le droit de la violer;
» l'autre, qu'alors même que des modifications
» à une charte seraient utiles, des chambres
» qui ont juré cette charte n'ont pas le droit
» de donner pour base à ces modifications l'ex-
» pulsion de leur roi.

» J'attendrai donc, avant de prêter serment
» à une charte modifiée, que les modifications
» qu'y pourraient désirer les Français appa-
» raissent à leur vœu sous l'autorité de leur roi
» légitime, élevé par sa noble mère dans le
» sentiment intime de ses devoirs envers son
» peuple. L'enfant royal vivra pour le bon-
» heur de la France et nous sera un jour
» rendu.

» Il y a, toutefois, un des articles de la
» charte nouvelle sur lequel, aujourd'hui
» même, je ne crois pas devoir garder le si-
» lence.

» Deux cent dix-neuf députés déclarèrent,
» le 7 août dernier, le trône vacant, firent une

» nouvelle charte, dont un article excluait de
» la chambre des pairs tous ceux qu'avait nom-
» més Charles X, et offrirent la couronne au
» lieutenant-général du royaume. Quatre-
» vingt-neuf pairs adhérèrent, le même jour, à
» la nouvelle charte et à l'élection du nouveau
» roi, déclarant s'en rapporter à sa prudence
» sur l'expulsion de leurs collègues.

» Les pairs exclus ont à la pairie les mêmes
» droits que tous les autres. J'ai été élevé à la
» pairie par Louis XVIII, et je reconnais à ceux
» qui l'ont reçu de Charles X le même droit
» que le mien.

» Mais leur exclusion porte, en particulier,
» relativement à l'accusation des ministres de
» Charles X, qui se prépare, le caractère le plus
» sinistre. Les juges naturels des ministres
» sont, non pas quelques pairs, mais tous les
» pairs. L'article 62 de la charte que tous les
» pairs ont jurée, porte que nul ne peut être
» distrait de ses juges naturels. L'article 63
» ajoute qu'il ne pourra, en conséquence, être
» créé de commissions et tribunaux extraor-
» dinaires.

» J'ignore comment on pourra soutenir que
» l'exclusion arbitrairement donnée à un quart

» environ des membres d'un tribunal ne le
» transforme pas en commisaion ou en tribunal
» extraordinaire, et je sais de quels noms sont
» inévitablement flétries dans la postérité les
» condamnations à mort, lorsqu'elles sont por-
» tées par des tribunaux de cette espèce. Je ne
» m'associerai donc pas par un serment à un
» acte d'exclusion qui transforme la cour des
» pairs en une commission ou tribunal extraor-
» dinaire, et qui stigmatise à l'avance les con-
» damnations à mort qu'elle pourrait porter,
» de la qualification d'assassinat juridique.

» La postérité est d'autant plus sévère à dé-
» cerner cette qualification lorsque les juges
» ont à la condamnation des accusés un intérêt
» apparent. Or, les pairs qui ont adhéré, dans
» la séance du 7 août dernier, à la déclaration
» de vacance du trône, ne se prétendent déliés
» du serment qu'ils avaient prêté au roi Charles X
» et à la charte constitutionnelle, que parce
» qu'ils imputent à cet infortuné prince d'avoir,
» par le conseil de ses ministres, violé cette
» charte lui-même. Ces mêmes pairs ont donc
» un intérêt apparent à trouver coupables ces
» ministres dont l'accusation se prépare, et je
» ne m'associerai point par un serment à un
» système qui donne à des ministres, pour

» juges des hommes qui se sont créés à eux-
» mêmes des intérêts apparens à les con-
» damner.

» Je viens d'exposer les motifs de mon refus
» de prêter le serment qui m'est demandé; j'ai
» cru devoir les déclarer à mes collègues. Je
» vous prie donc, M. le Président, de vouloir
» bien donner à la chambre, dans sa séance
» d'aujourd'hui, lecture de la présente lettre,
» et je la prie elle-même, ici, d'en ordonner
» l'insertion dans son procès-verbal.

» Un membre de la chambre des pairs, dé-
» claré déchu de son droit d'y siéger, parce qu'il
» demeure fidèle à son serment, ne peut se
» croire véritablement déchargé par-là de son
» obligation de délibérer dans la chambre dont
» il est membre; sa volonté ne le rend point
» complice de l'obstacle qui l'empêche de rem-
» plir ce devoir : il cède à l'abus de la force
» matérielle.

» Je suis, etc.

» Le comte FLORIAN DE KERGORLAY,
» pair de France.

» Paris, rue Saint-Dominique, n° 102, le 25 septembre
» 1830. »

C'était moins une lettre que la déclaration de tout un parti. Le comte de Kergorlay déplaçait la question, afin de se donner un droit apparent. Le peuple avait eu celui de chasser une famille qui régnait seulement en vertu de la charte, car jamais la nation n'avait reconnu volontairement cette légitimité imposée par des baïonnettes étrangères; il y avait seize ans qu'elle protestait contre : accordant cependant aux Bourbons un titre : la charte donnée, acceptée et devenue contrat synallagmatique. Or, le pacte violé en son ensemble par une des parties, l'autre était dégagée, entièrement dégagée de tout lien, et rentrait dans la plénitude de la puissance dont elle n'avait cédé l'exercice que conditionnellement.

Ce droit populaire, n'eût-il été qu'une conquête, était consacré par trente ans d'usances; il y avait prescription pour la légitimité, morte de ses fautes, de ses excès, et par principal, de ceux de Charles X lui-même, qui avait, avant quatre-vingt-neuf, perdu sa famille, qui recommençait la même série des fautes dont la conséquence fut sa fuite et la chute du trône royal. Faudrait-il les supporter et le souffrir lui-même ? Certes, non, l'on ne le devait pas, et en le chassant une troisième fois, la politique prudente, l'intérêt de la France, qui passe avant tout, exigeait que ses descendans fussent bannis avec lui. Que pouvait-on attendre d'un enfant élevé dans ses maximes? que la continuité de son règne, que les conspirations pareilles de la congrégation et de la cour contre l'indépendance et la pleine liberté de la France. La légitimité n'étant pas admise comme principe, le choix d'un nouveau prince fut naturel et juste; on le prit parce qu'il répondait à toutes les exigences de la nation, et que ses vertus étaient la garantie de notre bonheur à venir.

Les carlistes tressaillirent de joie à la lecture de cette lettre; la *Quotidienne* se hâta de l'insérer dans ses colonnes anti-nationales. Le ministère public crut à son tour qu'une telle pièce renfermait un délit, et la dénonça. L'affaire passa des tribunaux ordinaires à la chambre des pairs, qui fut constituée cour de justice pour juger M. de Kergorlay : le procès s'instruisit avec une solennité de forme peu commune. Une forte partie de pairs qui avaient prêté le serment manifesta un tendre intérêt au pair qui ne le prêtait point; tous paraissaient enchantés de cet acte d'énergie dont ils n'avaient pas été capables, et la fidélité qui avait sauté le pas tint grand compte de la résistance de celle qui ne transigeait point avec son opinion. Un arrêt survint plus tard (le recueillement du vote des pairs ayant duré deux jours), qui condamna M. de Kergorlay à un mois de prison. On ne put faire moins, et le *minimum* parut encore d'une rigueur extrême : il y a un penchant manifeste en France pour les coupables de bonne compagnie; on ne leur impute que des erreurs et pas de fautes, que des coups de tête et pas de crimes; mais, en revanche, on est sans pitié pour la canaille, qui doit supporter le poids de l'impartialité des juges.

Le peuple vit avec peine l'issue du procès Kergorlay : il aurait souhaité que le nouveau principe fût soutenu avec plus de véhémence, et qu'un véritable appel à la révolte n'obtînt pas tant de douceur. Cependant, toujours soumis à la loi, il respecta la décision des pairs, et se contenta de se promettre que désormais il veillerait au choix de ceux auxquels il confierait une portion de la puissance législative. M. de Kergorlay se hâta de se soumettre au jugement sans appel de ses pairs.

Bien avant ce jugement, et le dernier dimanche de septembre, le roi passa en revue les troupes de la garnison de Paris. Il se rendit au

Champ-de-Mars, accompagné des ducs d'Orléans et de Nemours et d'un nombreux état-major; la garde nationale à cheval fermait le cortége. S. M. était à cheval. La joie du peuple, à la vue du roi, était toujours de l'enthousiasme; mais l'aspect imprévu d'une cérémonie militaire qui n'avait pas eu lieu depuis long-temps, fit éclater plus encore son attachement et son bonheur. Le roi s'avançait devant le front de chaque régiment : arrivé au premier drapeau, on le vit s'arrêter. Le ministre de la guerre appela les officiers et sous-officiers proposés pour l'avancement : ceux-ci sortirent des rangs; les yeux étaient fixés sur eux, et l'on entendit sortir de la bouche de Sa Majesté ces paroles qui étaient déjà une récompense :

« C'est avec plaisir que sous ce drapeau je
» vous accorde l'avancement des braves; vieux
» soldat moi-même, je sens tout le plaisir que
» je vous fais, et je m'en réjouis. »

A ces mots, l'explosion éclata de toutes parts; les acclamations des spectateurs et des soldats se confondirent; tous se félicitant de voir acquitter ainsi les dettes du passé, et réparer les erreurs d'un autre temps.

C'était ainsi que le nouveau monarque conquérait les cœurs et ajoutait une force plus énergique à celle que son acquiescement au pacte constitutionnel lui donnait à la couronne; appuyé sur le vœu unanime de toute la nation et de l'armée, il sera inébranlable sur un trône que tout soutient.

Ce même jour, un dîner solennel fut offert par la cavalerie de la garde nationale aux douze légions, à l'état-major et à l'artillerie. Chaque légion était représentée par onze gardes nationaux entremêlés de gardes à cheval. Le général Lafayette, commandant en chef, présidait au banquet, assisté de MM. Laffitte, president de la chambre des députés; Odilon-Barot, préfet de la Seine, et Girod (de l'Ain), préfet de police: le général Mathieu Dumas était au nombre des invités. Des drapeaux tricolores en grand nombre formaient une décoration élégante et qui flattait les yeux des citoyens. Ce repas présenta l'aspect d'une véritable fête de famille; on s'y livra à une gaîté patriotique et tempérée: des toasts civiques furent portés au roi, à la nation, etc., et tous accueillis par des applaudissemens unanimes.

Mais des fêtes, des revues, des solennités, n'occupaient pas entièrement les esprits; une plus grande cause les tenait attentifs en ce moment, celle du procès des ex-ministres de Charles X, encore en suspens devant la chambre des députés jusqu'après le rapport de la commission nommée pour rédiger le projet de l'acte d'accusation. Ce fut M. de Bérenger qui, dans la séance du 23 septembre, remplit cette mission importante au nom de ses collègues, MM. Daunou, Caumartin, Madier de Monjau, baron Pellet, baron Lepelletier d'Aulnay, Bertin Devaux, Mauguin, Salverte et du sien.

Cette pièce, rédigée avec autant d'indépendance que d'impartialité, renfermait un plan complet d'accusation contre des hommes qui, pour conserver leurs fonctions, avaient complotté la perte de la patrie. Une chose surprit : le défaut de preuves écrites. On se demanda comment, dans des ministères, évacués subitement, et dans une préfecture de police dont on avait fui non moins vite, on n'avait rien trouvé qui pût porter des lumières sur la conspiration permanente ourdie contre la France depuis tant d'années; on s'en étonna avec de bonnes raisons : il fallait, ou que les ministres déchus eussent pensé à tout aux heures dernières de leur chute, ou que leurs successeurs eussent été bien malheureux dans leurs recherches. Le rapport de M. Bérenger ne fournit aucune lumière inattendue, n'étaya d'aucune preuve nouvelle la culpabilité des prévenus : il parut qu'on ne leur imputait que ce que l'action publique empêchait de nier.

Jamais procès plus majeur ne fut appuyé de moins de témoignages civils : tous disparurent ou avaient disparu ; et si n'eût été le *Moniteur* dans sa partie officielle, le plus grand attentat contre les droits d'un peuple aurait été commis sans pouvoir être puni.

La chambre des députés écouta avec une attention religieuse l'accusation qu'elle devait admettre ou rejeter, et renvoya la discussion sur ce point à la séance du 27 courant, afin que les députés eussent le loisir de méditer le rapport et de bien se préparer à porter avec connaissance de cause le jugement à intervenir.

Au jour indiqué, et la séance ouverte, M. de Martignac, prenant la parole, entreprit avec une générosité dont le public lui tint compte, la défense d'un ministère formé pour détruire ce que le sien avait élevé. Il épuisa les lieux communs d'une faconde brillante, déplaça la question, prodigua des sophismes élégans auxquels répondaient victorieusement les cris des blessés et les pleurs des familles de ceux que ces ministres avaient fait mitrailler brutalement en juillet dernier.

MM. Gaëtan de Larochefoucauld et Briqueville motivèrent leur vote pour la mise en accusation; M. Berryer essaya, au moyen d'une éloquence pathétique et concise, d'atténuer le tort de ses anciens patrons, et repoussa toute mesure qui tendrait à les mettre en jugement.

Le baron de Podenas, dont les intentions sont sans doute excellentes, mais qui malheureusement ne parle point comme il pense, dit aussi son mot, que l'on trouva long, et conclut dans le sens du rapport.

MM. de Lardemelle, Arthur de La Bourdonnaye, Lemercier, Francheville, Labbey de Pompières, de Lamezan, prirent part à la discussion et opinèrent en sens divers. Ce dernier dit :

« J'ai eu des relations avec un des ministres signataires des ordonnances. Ce ministre est M. de Montbel. J'ai mis en présence la conduite de toute sa vie et les circonstances fatales dans lesquelles il s'est trouvé, et auxquelles il a pris une si malheureuse part. Depuis long-temps je recueillais ses plus intimes pensées, et j'atteste que le malheur de sa patrie était loin de son cœur. Vous savez tous avec quel dévouement il se livra à la défense d'un autre ministère; vous savez tous combien il a toujours montré de noblesse et de générosité, et vous êtes convaincus qu'un tel homme ne pouvait susciter des incendies, et qu'il n'aurait même jamais signé les ordonnances, s'il n'y avait pas vu un danger personnel. Les meilleures intentions en politique et les plus hautes vertus peuvent conduire au résultat le plus funeste. On a dit depuis long-temps *væ victis*, malheur aux vaincus; moi, je dirai toujours modération et générosité aux vainqueurs : tels sont mes sentimens, ma politique. Pardonnez-moi de n'avoir pu résister à la consolation d'honorer le malheur. »

M. de Tracy répliqua par un discours chaleureux, empreint de philantropie et de patriotisme, qui plut à l'assemblée, qui le manifesta par les bravos. M. de Bérenger parla ensuite au nom de la commission. D'autres orateurs vinrent ensuite. Les débats épuisés, il fut convenu qu'on procéderait au scrutin séparé d'accusation ou d'acquittement pour chacun des ex-ministres. On ne décida ce jour que la mise en jugement du président du conseil. Le nombre des votans était de 291 ; il y eut pour lui 47 boules noires, et contre 244 boules blanches. Il fut décidé que la chambre le prendrait à partie.

Le lendemain, on continua le même travail, dont le résultat fut : M. de Peyronnet : votans, 286 : pour son acquittement, 54; pour sa mise en jugement, 232. M. de Chantelauze : votans, 297 : acquittement, 75; mise en jugement, 222. M. Guernon de Ranville : votans, 289 : acquittement, 74; mise en jugement, 215. M. d'Haussez: votans, 274 : acquittement, 66 ; mise en jugement, 213. M. Capelle : votans, 263 : acquittement, 64; mise en jugement, 202. M. de Montbel : votans, 256 : acquittement, 69; mise en jugement, 187.

Ceci terminé, la chambre arrêta la résolution suivante :

« La chambre des députés accuse de trahison MM. de Polignac, de Peyronnet, de Chantelauze, de Guernon de Ranville, d'Haussez, de Capelle et de Montbel, ex-ministres, signataires des ordonnances du 25 juillet,

» Pour avoir abusé de leurs pouvoirs, afin de

fausser les élections et de priver les citoyens du libre exercice de leurs droits civiques ;

» Pour avoir changé arbitrairement et violemment les lois du royaume;

» Pour s'être rendus coupables d'un complot attentatoire à la sûreté intérieure de l'État ;

» Pour avoir excité la guerre civile en armant ou en portant les citoyens à s'armer les uns contre les autres, et porté la dévastation et le massacre dans la capitale et dans plusieurs autres communes :

» Crimes prévus par l'article 56 de la charte de 1814, et par les articles 91, 109, 110, 123 et 125 du Code pénal.

» En conséquence, la chambre des députés traduit MM. de Polignac, de Peyronnet, de Chantelauze, de Guernon de Ranville, d'Haussez, Capelle et de Montbel devant la chambre des pairs.

» Trois commissaires pris dans le sein de la chambre des députés seront nommés par elle au scrutin secret et à la majorité absolue des suffrages, pour, en son nom, faire toutes les réquisitions nécessaires, faire et soutenir et mettre à fin l'accusation devant la chambre des pairs, à qui la présente résolution et toutes les pièces de la procédure seront immédiatement adressées. Fait en la chambre des députés, le 28 septembre 1830, etc. ».

Ainsi, les députés répondaient à l'attente de la nation, et donnaient une grande tâche à remplir à la chambre des pairs, qui demeura investie du jugement à porter contre les ministres signataires des fatales ordonnances. On eut la certitude que le crime politique ne serait pas toléré; et l'effervescence populaire, impatiente du châtiment, commença à se calmer, en attendant le jour de la justice qu'elle se figura devoir être prochain.

A la séance du 29, les trois commissaires institués par la résolution de la veille furent nommés à la pluralité des voix. Le choix de la chambre tomba sur MM. de Bérenger, Madier-Monjau et Persil. Comme je l'ai dit antérieurement, ce dernier, à la même époque, fut investi de la charge de procureur-général en la cour royale de Paris, vacante par la nomination de M. Bernard, qui l'exerçait, à la place de conseiller à la cour de cassation.

La chambre des pairs ne tarda pas non plus à se constituer en cour souveraine ; elle le fit cette fois sans attendre, selon l'ancien usage, une ordonnance royale qui l'y autorisât. Elle comprit toute l'omnipotence de sa position, et comment, en vertu de la charte constitutionnelle, elle devenait forcément un tribunal, par le seul fait qu'il existait une mise en accusation résolue par la chambre des députés. Ce fut le 4 octobre qu'elle commença à siéger à ce nouveau titre, se formant d'abord en comité secret pour régler la forme d'instruction et le mode de poursuite et de jugement. Une commission nommée dans le sein de la chambre procéderait à l'instruction. Cette formalité devant être tout-à-fait indépendante de la première instruction suivie par les députés, celle-ci avait servi à la mise en accusation ; celle-là servirait à la mise en jugement ; la commission se bornerait à un simple rapport sans conclusion, car la cour des pairs n'était pas libre de ne point mettre en jugement. La commission ayant fait son rapport toujours en séance secrète, la cour des pairs ouvrirait une audience publique où les commissaires de la chambre des députés viendraient développer et lire l'acte d'accusation. Il ne devait pas y avoir d'autre ministère public. Les pairs voteraient à huis-clos, selon la coutume de tous les tribunaux, et porteraient l'arrêt en public.

Ce furent là les réglemens préliminaires qui furent arrêtés. La cour des pairs procéda avec calme et réflexion, donna des commissions rogatoires pour recueillir des lumières en toutes les parties de la France, ramasser tous les documens, tous les témoignages qui purent lui servir, et du moins en apparence épuiser tous les moyens de parvenir à connaître la vérité, que la constitution mettait en son pouvoir. Une commission spéciale, composée de MM. Pontécoulant, Bastard de l'Étang, etc., fut chargée d'interroger les ministres accusés, et de prendre note de leur récollement. Je retarde à entrer dans de plus grands détails sur cette affaire mémorable, au moment que viendra de l'ouverture des débats; ce que je rappelle ici suffira peut-être à fournir les premières notions. Il y avait long-temps que des ministres oppresseurs n'avaient été punis; et à part l'époque de la révolution où toutes les notabilités furent amenées confondues devant un tribunal de mort, il fallait remonter au règne de Louis XIV et à la procédure intentée contre le contrôleur-général Fouquet, pour trouver un ministre mis en jugement en responsabilité de ses œuvres.

CHAPITRE XIV.

Tandis que l'on réglait les préliminaires du procès des ex-ministres, un plus simple, appelé devant la chambre de police correctionnelle, causa un grand scandale par la manière hautaine avec laquelle un des accusés, devenant accusateur à son tour, prit à partie les juges, se refusant de les reconnaître en cette qualité. Il s'agissait de l'action intentée contre certains membres de la *Société des Amis du peuple* : M. Hubert, président; M. Thierry, secretaire; M. Caffin, propriétaire du local de réunion, et M. David, imprimeur de la proclamation incriminée, et dont j'ai parlé plus haut.

La cause fut appelée à la sixième chambre du tribunal civil, le 2 octobre, M. Dufour étant président; et M. Daguesseau-Ségur, avocat du roi, ayant mission de porter la parole, ce magistrat demandait une remise à huitaine, sur des motifs de convenance que les prévenus ne voulurent pas admettre, ayant insisté à ce que le jugement fût rendu sans désemparer. Le tribunal fit droit à leur insistance, et après l'audience épuisée, on passa à l'examen de cette affaire. Les débats ouverts, qui n'offrirent qu'un intérêt secondaire, l'avocat du roi soutint l'accusation, et conclut à l'application de la peine, en ce qui touchait MM. Hubert et Thierry, à trois mois de prison et cent francs d'amende; à seize francs d'amende contre M. Caffin; et contre M. David, à trois mille francs d'amende.

Jusque-là rien d'extraordinaire n'avait troublé le calme de l'audience; mais un incident survint qui présenta un cas peut-être inconnu dans les fastes de la magistrature. Les juges qui étaient sur leurs siéges, avaient tous rendu, pendant plusieurs années, la justice au nom de Charles X; zélés pour sa cause, ils n'usaient d'aucune indulgence pour les délits politiques, et condamnèrent sans pitié tous ceux qui faisaient des appels à la liberté, et qui tonnaient contre le fanatisme. La nouveauté du gouvernement véritablement constitutionnel ne permettait pas qu'on oubliât leur ancienne conduite. On admirait avec quelle facilité ils passaient d'un système à un autre, et il fallait tout le respect que l'on porte à la justice, pour se retenir de manifester à haute voix un étonnement naturel de les voir encore appliquer les lois.

Un des prévenus, M. Hubert, demanda la parole, et, d'une voix forte, prononça le discours suivant :

« Messieurs, dit-il, c'est un étrange spec-
» tacle de voir citer devant vous, deux mois
» après la révolution du 29 juillet, des per-
» sonnes qui n'ont pas été étrangères au succès
» de nos grandes journées. Que ceux qui n'ont
» pas reculé devant cette funeste anomalie en
» portent la peine; quant à moi, je n'aurai pas
» l'inconcevable faiblesse de vous accepter
» pour juges, et de me défendre devant vous.
» Ami de l'ordre nouveau créé par la révolu-
» tion, je ne dois pas compte de mes opinions aux
» hommes que nous avons vaincus. Assez long-
» temps vous n'avez pas laissé passer une se-
» maine sans envoyer en prison un ami de la

» liberté. Les temps sont changés; juges de
» Charles X, récusez-vous. Le peuple vous a
» dépouillés de la toge, en rendant la liberté à
» vos victimes; vous-mêmes avez sanctionné la
» sentence, en fuyant pendant qu'il se battait.
» Voyez ce ruban tricolore dont nous sommes
» parés; il y a deux mois encore que vous l'eus-
» siez flétri comme des insignes de sédition;
» osez-vous avec la même confiance juger ceux
» qui les ont portés au mépris de vos ven-
» geances; osez-vous affronter sur vos siéges
» dont les fleurs de lis ont été arrachées, ceux
» qui ont chassé l'idole à laquelle ont été sacri-
» fiés tant de proscrits!

» Si, à défaut de justice, un sentiment de
» convenance pudique ne vous porte pas à
» vous abstenir, condamnez-moi; mais au
» moins vous ne me jugerez pas, car je me
» respecte trop pour reconnaître en vous
» un tribunal légitime. Je puis aller en prison
» par votre ordre; je ne puis me dégrader jus-
» qu'à vous soumettre une justification que
» vos antécédens vous mettent hors d'état de
» comprendre. »

Il a fallu entendre ces phrases audacieuses,
cette philippique d'un vainqueur indigné

d'avoir à se justifier devant des vaincus, pour concevoir l'impression qu'elles produisirent sur ce tribunal confondu. Qui n'en a pas été le témoin, se peindra mal la physionomie foudroyée des juges, la stupéfaction du procureur du roi, et l'outrageante hilarité de l'auditoire. Jamais pareil spectacle n'avait été offert dans le temple de la justice. On s'attendait à ce que les juges puniraient une agression si directe, si humiliante : il n'en fut rien ; ils demeurèrent impassibles, se turent, et le président manquant de courage, ou s'enveloppant dans une dignité bien supérieure, ne prit la parole que pour annoncer qu'il la donnait à l'avocat de M. Thierry.

Cette conduite fut peut-être de la prudence. La salle et une partie de celle des pas-perdus, étaient remplies de la foule des amis de M. Hubert, et de ceux qui avaient combattu avec lui; il eût été possible qu'une tentative de punition faite à son égard eût amené une catastrophe dans le palais. Mais qu'importe : le magistrat doit avoir son énergie. Duranti, Brisson et Molé ne reculèrent pas en des situations plus périlleuses : les deux premiers y laissèrent la vie, et non pas la majesté de la judicature.

L'audience fut continuée; les autres avocats plaidèrent. Un arrêt intervint, qui condamnait M. Hubert à trois mois de prison, à trois cents francs d'amende; M. Thierry, à un mois de prison, à cent francs d'amende; M. Caffin, à seize francs d'amende, et qui renvoie M. David de la prévention. La cour royale, instruite de cette scène sans pareille, manda, par forme de discipline, M. Dufour devant le premier président, pour rendre compte de sa conduite en cette circonstance; les explications qu'il fournit parurent satisfaisantes, et on ne blâma pas sa modération.

Cependant un tel exemple donné excitait les caractères fougueux, les imaginations ardentes. On se flatta d'attaquer avec succès le pouvoir, puisque la magistrature ne savait pas se défendre; et de ceci on passa à une conspiration sérieuse qui éclata en sa première partie, un peu après le milieu de ce mois. Tout aidait à l'agitation des esprits. La demande de M. Mauguin, faite à la chambre des députés, pour qu'elle eût à faire ou à exiger une enquête sur la position du pays, alarma la susceptibilité ministérielle. La chambre crut y voir une attaque à son existence; elle se souleva contre, en majorité. Des discours remplis d'aigreur furent prononcés; des paroles dures échappèrent même dans la chaleur de la discussion, à laquelle prirent part, en faveur de M. Mauguin, MM. Eusèbe Salverte, de Laborde, Benjamin Constant. Celui-ci prononça une harangue admirable par sa vivacité, sa tournure piquante, et l'art avec lequel il en coordonna les diverses parties. Je regrette de ne pouvoir rapporter une portion de ce qui fut dit pour et contre la proposition dans cette séance, où, parmi les adversaires de M. Mauguin, on distingua MM. Dupin aîné, Casimir Périer, Viennet et de Tracy.

Le député qui avait engagé la lutte la termina par un acte de modération, après en avoir fait un de patriotisme : il retira sa proposition, en disant à la fin de sa réplique : « L'opposition
» vous demande la protection de ses intérêts;
» elle ne veut pas un autre ordre de choses; où
» en trouverait-elle un meilleur? Quant à moi,
» j'accepte l'augure que vous nous avez offert,
» et sur votre promesse je retire ma proposi-
» tion. »

Le chagrin que manifesta dans son ensemble la chambre des députés en cette circonstance, ne plut pas à ceux qui voulaient imprimer plus d'activité au mouvement national; ceux-là ne virent pas avec moins de chagrin l'opposition que mit la majorité des députés à la mesure d'affranchissement des journaux prososéé par M. Bavoux. On eût dit que l'on craignait la liberté de la presse; on repoussa les améliorations proposées; on ne voulut rien diminuer de la pesanteur des charges, de l'énormité des impôts. Et M. André, rapporteur de la commission, non plus que M. Jars, qui l'appuya vivement dans ses conclusions au maintien de la règle établie, ne se mirent pas en paix avec les feuilles périodiques et les petits journaux.

Le commerce souffrait beaucoup des événemens qui avaient eu lieu naguère; déjà trop gêné dans ses opérations pendant les derniers mois du règne de Charles X, il était accablé par la méfiance des capitalistes, qui ne trouvaient aucun papier bon, aucune maison sûre : l'argent, en conséquence, disparaissait, et avec lui l'impossibilité de faire des escomptes : aussi les banqueroutes, ou commandées par la nécessité, ou le résultat de la mauvaise foi, se succédèrent rapidement; les négocians les plus honorables ou les plus mal famés, suspendirent ensemble leurs payemens; une terreur panique ferma toutes les bourses; les fonds publics, après plusieurs oscillations, descendirent plus tard à quatre-vingt-quatre francs (les cinq pour cent), et à cinquante-cinq (les trois); ce fut une calamité réelle.

Les commerçans, au milieu de leur détresse, s'adressèrent au gouvernement qui, rempli à son égard de bonne volonté, proposa aux chambres le prêt sur dépôt de soixante millions aux manufacturiers ou marchands de toutes classes, soit à Paris, soit dans les départemens : c'était le cas de faire un sacrifice large, d'ailleurs d'autant moins onéreux cependant, que, par les conditions imposées aux emprunteurs, on retrouverait dans le gage fourni bien au-delà des sommes confiées. La chambre des députés se montra ménagère à contre-temps : elle retrancha la moitié du chiffre demandé par le ministère, consentit à voter un crédit de trente millions, qu'elle s'obstina à ne point dépasser. Il en résulta que le secours ne put être complet et par conséquent remplir son but; il ne servit guère, ne sauva personne et accéléra la perte de plusieurs.

On présenta peu après deux lois : l'une sur

l'organisation définitive de la garde nationale, moins toutefois le titre des peines, que le roi fit retirer, trouvant les châtimens trop rigoureux, puisqu'en certains cas ils allaient jusqu'à priver les coupables de leurs droits civiques. Ce projet de loi dormit assez long-temps entre les mains de la commission chargée de l'examiner; on le completta depuis; et comme la chambre s'en occupe encore, je ne le comprendrai pas dans le compte rendu de ses travaux pendant la fin de 1830.

Un second projet de loi fut celui des récompenses nationales, très-détaillé, fort complet, et que certains membres auraient voulu voter comme d'urgence et par acclamation; mais la majorité des députés en décida autrement, et avec raison : il exigea que les règles établies pour la discussion des lois fussent suivies. Redoutant les conséquences d'un précédent dangereux, on remit donc ce projet à une commission qui dut le vérifier et en faire plus tard le rapport accoutumé.

Tandis que la triple puissance législative continuait ses travaux, il y avait dans les esprits, sur toute la surface du royaume, une agitation permanente qui ne décroissait pas : c'était, d'une part, l'appel fait par les Belges en révolution, à leurs compatriotes en demeure à Paris, qui en était une des causes. On avait promené dans notre capitale le drapeau brabançon; une multitude de jeunes gens s'étaient empressés de se ranger autour lui, soit qu'ils fussent Flamands d'origine, soit qu'ils appartinssent à la France. Les premiers partaient isolément, mais en masse, pour courir à la défense de leur patrie; les seconds se réunirent sous les ordres du vicomte Adolphe de Pontécoulant, fils du pair de France de ce nom. Nommé colonel par le choix de ses compagnons, ce militaire, rempli de chaleur et d'enthousiasme, inspira, par sa conduite et par l'aide dont il fut pour les Belges, un sentiment plus extrême dans le cœur de ceux-ci, d'amour et de reconnaissance pour la nation française.

A l'autre extrémité du royaume, et au pied des Pyrénées, une poignée de braves Espagnols, renforcés de quelques-uns de nos concitoyens, formaient l'entreprise téméraire de délivrer l'Espagne du joug monacal qui l'écrase, et d'y relever avec honneur la pierre de la constitution. Milans, Mina, le colonel Valdès étaient à la tête de l'expédition; mais ils n'agissaient pas d'un même accord : chacun avait son plan, sa fantaisie, ses principes, lorsqu'il aurait fallu une union parfaite, un ensemble de mesures et de sentimens, qui seul aurait tout fait réussir. Le gouvernement français manifestant d'ailleurs la crainte de troubler la paix de l'Europe, en favorisant une agression quelconque, ne leur fournissait aucun secours, et même, par ses actes, entravait leurs opérations.

Malgré ces obstacles, les Espagnols réfugiés entrèrent forcément sur le territoire de leur patrie; mais on était prévenu de leur attaque: la frontière se trouva garnie des meilleures troupes royales, des plus attachées au pouvoir absolu. La population des lieux voisins, toute saturée de fanatisme religieux et de vénération pour le pouvoir absolu du roi, ne prit aucune part à l'invasion à main armée de leurs compatriotes constitutionnels. Le colonel Valdès, qui le premier avait fait sa trouée, fut le premier battu complétement.

Mina, à cette nouvelle, ne balança pas à braver un sort pareil; il se présenta avec l'espérance que la grandeur de son nom retentirait dans les cœurs de ceux qui avaient partagé ses fatigues et ses succès; mais les échos des cœurs arragonais furent muets pour lui; il rencontra partout de l'indifférence ou une résistance meurtrière; cerné, traqué, poursuivi avec véhémence, point soutenu, pas même plaint, il fut forcé de battre en retraite, de rentrer précipitamment en France, et d'abandonner le but de tous ses désirs et de ses longs travaux. Les insurgés ne furent pas heureux davantage dans le département des Pyrénées-Orientales, et cette entreprise, si patriotique et tant libérale, échoua complétement. L'Espagne, dans sa population des campagnes, et dans la portion infinie de celle des villes, n'est pas mûre encore pour la liberté; elle aime ses chaînes; on ne la soulèvera jamais qu'au nom de Dieu, pour le compte du roi et du consentement de ses moines : il faudrait autrement toute l'autorité de la France et tout le concours de sa coopération franche et constante.

Ces mouvemens qui, avec des succès bien divers, avaient lieu aux deux extrémités opposées du royaume, alimentaient cependant le feu de la sédition dans le sein de Paris. Les bonapartistes, les républicains et les carlistes se réunissaient contre la paix publique et l'ordre établi: les deux premiers partis, avec le dépit que la révolution de juillet ne leur eût pas été profitable; le dernier, dans la pensée de ressaisir le pouvoir qu'il avait perdu. Chacun cabalant en secret, réunissait ses efforts apparens à ceux des deux autres; on travaillait les prolétaires au nom de Napoléon, de la constitution de 1793, et de *sa majesté* le duc de Bordeaux.

Nobles de 1808, jacobins de la convention, congréganistes de 1820, allaient de compagnie dans les ateliers, dans les rues écartées, semer le feu de la sédition. On leur donnait beau jeu : le ministère, avec son imprévoyance accoutumée et sa vue courte, poursuivait, de concert avec les chambres, son plan d'abolition de la peine de mort pour les délits politiques. Des pétitions arrivaient à cet effet de tous côtés; on en escamota même une de la part d'un très-petit nombre des blessés de juillet, et on crut avoir fait merveille.

Mais à la connaissance de ces petites manœuvres en rapport seulement avec la petitesse des hommes qui les dirigeaient, un cri de colère partit du centre de Paris; un cri de rage y répondit, et le peuple, mitraillé par l'ordre des ex-ministres, s'indigna de l'intérêt et de la persistance que ceux à la tête des affaires mettaient à vouloir les sauver : ceci amena des murmures, des récriminations, enflamma les haines, exaspéra les têtes. Les agens des trois partis s'empressèrent de profiter de la chance favorable qu'on leur offrait; ils la saisirent, soufflèrent le mécontentement, et n'y parvinrent que trop : on entendit partout des imprécations s'élever et contre les chambres, et contre un ministère en pleine vétusté après moins de quatre-vingts jours d'existence ; on alla même, tant la colère exaspérait, jusqu'à soupçonner les intentions du roi.

Des groupes nombreux et menaçans recommencèrent à se former dès le milieu d'octobre; ils allaient çà et là recrutant les gens sans aveu, les désœuvrés, les ouvriers fâchés encore, les curieux, qui par leur masse augmentaient la foule et la rendaient plus respectable. Des hommes bien mis ou déguisés parcouraient les rangs, donnaient de l'argent à ceux qui en manquaient, attisant la mauvaise humeur des autres, parlant de trahison, de vengeance à prendre, de châtimens à exercer : ils désignaient le palais des pairs, celui de la chambre élective, la demeure auguste de Louis-Philippe.

A leur appel, les mal-intentionnés accouraient, la mauvaise humeur devenait de là férocité; qui, parlait de rétablir la république sanglante; qui, invoquait le nom du grand capitaine en faveur de son jeune fils; d'autres voix, plus timides et non moins chaleureuses, répétaient celui du duc de Bordeaux. La physionomie de Paris prenait une teinte sombre; on s'inquiétait d'une émeute qui ne paraissait pas complétement encore; il y avait quelque chose de sinistre et d'alarmant dans ses avant-coureurs; la police cherchait le danger au milieu du malaise général, et ne le rencontrait point; ses mesures manquaient d'ensemble et d'énergie.

La garde nationale, conservatrice de la propriété et des lois, reprenait avec persévérance son pénible service : les légions passaient sur pied le jour et la nuit; on entendait à chaque heure et dans tous les quartiers le roulement du tambour, le son des cors militaires; on battait le rappel, la générale, la marche constamment; l'agitation croissait en conséquence de ces actes préservatifs; la terreur venait à la suite; on fermait les boutiques, on se barricadait chez soi. La foule néanmoins remplissait les rues; les écoles n'étaient pas tranquilles : il y avait de la guerre civile et des crimes prêts à surgir au milieu de tout cela.

La fermentation augmenta dans la journée du 18 octobre; il régna une effervescence dans les esprits : des hommes habiles, dans toutes les circonstances, à profiter de ce qui égare l'opinion publique, ne manquèrent pas à saisir celle-ci : ils entreprirent de diriger ces individus, qui, vivant journellement dans l'ombre, répandent l'effroi parmi leurs concitoyens, lorsqu'ils tentent de se montrer au grand jour. Ceux-ci se présentèrent aux environs du Luxembourg et du Palais-Royal, faisant entendre des cris de mort contre les ex-ministres, et des menaces pour ceux qu'ils désignaient comme voulant arracher les délégués de Charles X au supplice qu'ils méritaient si bien.

Des placards virulens, incendiaires, séditieux, étaient affichés en divers lieux, sans signature, sans nom d'imprimeur, et souvent écrits à la main. Au milieu de ce monde circulaient les provocateurs, hommes pour la plupart de la police ancienne de Franchet et de Delaveau, quelques séminaristes déguisés, des officiers mécontens, et de toutes les couleurs politiques;

mais point n'étaient là de citoyens actifs. Ce mouvement demeurait tout en dehors des sentimens de la partie saine de la population. La garde nationale, les fortes patrouilles circulaient, divisant les rassemblemens, arrêtant les chefs, exhortant les autres; forte de son bon droit, de son union, de sa grandeur, elle rendait un service éminent; elle sauvait véritablement la patrie par sa contenance ferme et modeste à la fois.

Cependant ses soins, son intervention armée ne rétablissaient pas le bon ordre; les groupes augmentaient d'étendue et d'audace; les agens des trois partis se poussaient de plus en plus à la pleine sédition. Vers les huit heures du soir, un rassemblement nombreux se porta vers le Palais-Royal, en criant : *Mort aux ministres!* il se présentait véritablement animé d'un mauvais esprit, et on pouvait croire que son dessein était plus criminel encore.

Le poste du Palais-Royal, occupé alors par les grenadiers de la troisième légion, arrêta la vivacité de cette sorte d'attaque, en s'emparant des issues du palais et de la place. Au château-d'eau, ils arrêtèrent un gros de plus de quatre-vingts mutins, malgré les efforts du reste des séditieux, qui, épouvantés des mesures que l'on prenait enfin, s'échappèrent en désordre vers les rues Saint-Denis et Saint-Martin, ou plutôt allèrent se réunir aux autres factieux destinés à marcher sur Vincennes.

Cette expédition entrait dans le plan des meneurs, qui réunirent à cet effet trois ou quatre mille bandits accompagnés de curieux, car les curieux abondent; et ceux qui avaient bravé la mort pour voir les combats des trois journées, ne se montrèrent pas plus timides là où il n'y avait qu'à marcher pour satisfaire une sotte passion. L'attroupement formé se mit en route, poussant des hurlemens affreux, des imprécations contre toute autorité; il tâcha d'enfoncer, en passant, les portes de l'établissement des pompes funèbres, pour se procurer des torches dont on avait besoin, et qu'on n'avait qu'en petite quantité.

Contenus surtout par la garde nationale du quartier Saint-Antoine, ces forcenés essayèrent de la désarmer, mais ne purent y parvenir : on croisa la baïonnette; on se mit en défense, et leurs chefs ne voulurent pas se détourner de l'entreprise principale, en continuant une lutte avec la force armée parisienne, qui aurait attiré sur ce point la majeure partie de celle de Paris : ils poursuivirent donc leur chemin, en répandant l'épouvante dans les rues populeuses de ce vaste faubourg, ne recrutant que des misérables, que la lie enfin de la plus vile canaille, et par-là peut-être plus dangereux.

Un poste de troupes de ligne placé à la barrière du Trône fut surpris et enlevé avant qu'il eût pu se mettre en défense. Le rassemblement arriva devant Vincennes à dix heures et demie, formé de toutes ses masses alors réunies, éclairé par des torches lugubres, et poussant plus que jamais d'affreuses imprécations. On voyait là plus dans l'ombre qu'éclairés par une pâle lumière, des visages atroces empreints de la soif du sang et de la faim du pillage; des hommes ivres de vin et de fureur, qui comptaient courir à la victoire, et qui se flattaient de la décider par leur seul aspect; des femmes de mauvaise vie et des plus bas étages, des enfans, des filous de tout âge, des indifférens attirés par le monde et le bruit, achevaient de renforcer cette armée révolutionnaire, dans la mauvaise acception de ce mot.

Arrivés tous à quelque distance du château, ils firent halte pour se rallier, convenir de leurs faits, et agir en conséquence. Ils savaient qui commandait à Vincennes; ce n'était plus ce général émigré, accoutumé à rendre la place à tous ceux qui la lui demandaient, mais l'intrépide Daumesnil, celui qui, par deux fois, soutenu seulement de l'énergie de son caractère, avait conservé le poste confié à sa loyauté héroïque contre les deux invasions étrangères. C'est un de ces cœurs de bronze qui, loin de s'amollir, se retrempent dans les dangers, qui ne sont jamais plus grands que lorsque la fortune les abandonne, et qui, en se passant de son appui, parviennent à triompher d'elle-même. Celui-ci, certes, ne ternit pas sa gloire en se laissant dominer par ceux qui venaient à lui.

CHAPITRE XV.

Les assaillans, malgré leur délire, avaient une idée très-nette du général Daumesnil; ils savaient qu'il ne fallait pas agir envers lui comme envers un homme ordinaire, et qu'il y avait tout à craindre d'un tel caractère lorsqu'on le poussait à bout. On pouvait voir d'ailleurs qu'il n'était pas non plus facile à surprendre; car les remparts étaient garnis de monde, et l'épaisseur de la nuit laissait briller d'un éclat sinistre les mèches violâtres des canonniers placés auprès de leurs pièces : aussi la marche rapide de la colonne fut arrêtée tout à coup lorsque la première sentinelle cria : Qui vive?

Placée en dehors, cette sentinelle pouvait être désarmée, ou insultée au moins; il n'en fut rien; la terreur que son chef inspirait fut sa sauvegarde. Cependant les factieux, parvenus à la première barrière, s'apprêtaient à la franchir, en s'échelonnant en ordre de bataille...... Tout à coup un roulement de tambour se fait entendre; le son d'une trompette répond à ce signal dont le motif est inconnu. Les plus braves, au nombre d'une vingtaine, demeurent seuls au poste où ils sont; les autres tous ensemble reculent, s'évadent et s'éparpillent comme une volée de pigeons.

Le baron Daumesnil fit dire alors à ceux-là qu'il allait venir leur parler. Le pont-levis s'abaissa. Le général se rendit à la première barrière, et là, trop pressé par leur nombre, il les invita à s'éloigner, et ceci d'un ton qui ne souffrait pas de réplique. Nul ne raisonna, tous obéirent. Alors il leur demanda ce qu'ils voulaient.

« La mort des ministres, répondit le chef apparent, qui seul avait un cheval au milieu de cette multitude, et que l'on connut plus tard. Il faut, poursuivit-il, qu'ils nous soient livrés, afin que justice en soit faite. »

« Enfans, répliqua M. Daumesnil, je suis une vieille moustache qui n'a pas fait son service à l'ombre des états-majors; cette jambe de bois en est la preuve : ainsi, je ne serai guère intimidé par un peu de bruit. Les hommes dont vous parlez sont sous ma surveillance et ma responsabilité; qu'on m'apporte un ordre des autorités compétentes, je m'y conformerai; sans cela, on n'obtiendra rien. Je sais comment je dois me défendre; les ennemis de la France le savent aussi. J'ai deux fois défendu Vincennes contre eux; je ne le rendrai pas à la troisième. Il n'est aucun d'entre vous qui se flatte de m'y contraindre. Si on emploie la force, si la mienne n'en peut triompher, je me ferai sauter avec le donjon et tout Vincennes. Ne m'obligez pas à en venir là ; car la moitié du faubourg Saint-Antoine périrait par cette même explosion. »

Le calme du général, la simplicité mise à prononcer ces paroles énergiques, la certitude qu'on avait de ce qu'il était capable de faire, altérèrent la violence de la multitude, et déconcertèrent les meneurs. L'ascendant irrésistible d'une vie honorable et d'un grand caractère produisirent là encore leur effet accoutumé. Ces hommes furibonds s'écoulèrent en silence; craignant qu'il n'exécutât sa menace, ils balancèrent.... et furent soumis. M. Daumesnil, reprenant la parole, leur assura que bonne justice serait faite, et que ce qu'ils avaient eux de mieux à faire était de se retirer.

Un cri s'élève : *Vive la jambe de bois! vive Daumesnil le brave!* On tombe à ses genoux, on baise ses mains, son corps mutilé par la guerre, son front couvert des lauriers de la victoire. On lui cède; on ordonne la retraite, ne lui demandant pour toute condition que de leur accorder un tambour qui batte la marche à leur tête, et deux gardes nationaux pour les accompagner. Le général, en homme habile, ne les refusa pas, et le rassemblement, faisant volte face, reprit le chemin de Paris. Il ne se dissipa point néanmoins. Les provocateurs, sous prétexte d'aller chercher auprès du roi l'autorisation de livrer les quatre prisonniers à la vengeance de la populace, entraînèrent celle-ci vers le Palais-Royal, dans le but secret d'y commettre un grand crime.

On se méfiait de la nuit; et, sans avoir pris des précautions extraordinaires, les postes d'urgence étaient plus nombreux que de coutume. Il y avait au Palais-Royal, avec la garde urbaine, la troupe de ligne, des détachemens des deuxième, troisième et quatrième légions. Vers une heure du matin, une rumeur sourde et éloignée annonce quelque événement. Le bruit approche. On voit à la lueur mourante des torches qui s'éteignent une masse énorme de turbulens précédés d'un chef à cheval qui la dirige, s'avancer, armés de toutes sortes d'instrumens hostiles, de quelques fusils, de longues barres de bois blanc avec lesquelles on peut atteindre hors la portée de la baïonnette.

Il y avait là tous les élémens d'une subversion totale de l'ordre public; des projets de meurtre, de vol, d'incendie; des créatures hideuses qui aiment le sang, des furieux qui le répandent. On vociférait: *la mort, la mort! à bas les pairs, les députés!* On demandait le roi, on voulait lui parler. La garde nationale, se mettant en ligne, croisa la baïonnette, et présenta un front de fer à ces séditieux, en même temps que deux cents hommes de la sixième légion, surnommée l'*Intrépide*, et un fort détachement de la première, gagnaient sur les flancs de cette foule dans les deux côtés de la rue Saint-Honoré vers le Louvre. Cette manœuvre en repoussait une partie dans les petites rues adjacentes, où on les arrêtait subitement.

M. Marmier, seul colonel de légion présent, et qui avait pendant toute la soirée donné des marques de zèle, de fermeté et de prévoyance, fut à l'instant revêtu du commandement supérieur. Il en profita pour prendre des mesures conservatrices, et qui pussent achever de comprimer le mouvement insurrectionnel. Tous les postes, tous les recoins du Palais étant encombrés de prisonniers, dont quelques-uns n'hésitaient pas à se servir de couteaux et de poignards pour se défendre, il convenait de les placer en lieu de sûreté. M. Girod de l'Ain, qui se trouvait présent, demanda qu'ils fussent amenés à la préfecture de police. On les y conduit au nombre de cent quarante-sept, au moyen d'une escorte de trois cents gardes nationaux, que M. de Marmier précédait l'épée à la main. Ils parvinrent jusqu'à la prison sans avoir été entamés par la populace, et on put les écrouer ainsi que le sieur B...., leur chef, qu'on avait jeté à bas de son cheval, et saisi malgré sa résistance.

Le reste des gardes nationaux, de concert avec la ligne, poursuivaient les débris de l'attroupement qui, déconcerté par la vigueur avec laquelle on les recevait, mollit dans son attaque, et ne tarda pas à se dissiper entièrement. Ce fut une nuit pénible, cruelle pour le cœur du roi et de sa noble famille ; mais les dangers qu'elle vit éclore ne troublèrent en rien la fermeté du chef du gouvernement.

Un jour non encore calme succéda à cette nuit d'alarme. Vers huit heures du matin, des groupes pénétrèrent dans les cours du Palais-Royal. Ils se mirent à crier de nouveau : *Mort aux ministres ! A bas les chambres !* La garde civique, la ligne mêlée parmi eux, les contenait, mais ne les chassait pas. Des malfaiteurs pouvaient être parmi ce monde, décidés à commettre un grand forfait ; les amis sincères du gouvernement en conservaient des craintes.

A neuf heures environ, le roi, accompagné du duc d'Orléans, du général Gérard, du général Lafayette, descendit dans la grande cour du Palais. Il y trouva, outre la quantité de peuple qui l'encombrait, des détachemens des cinquième et sixième légions de la garde à cheval, des grenadiers et des voltigeurs du 31ᵉ de ligne. A la vue de Sa Majesté, la foule se précipita à sa rencontre, en frappant l'air de ses acclamations, en oubliant son mécontentement de naguère. Le roi seul s'avança au milieu des spectateurs, et s'adressant à la garde nationale à pied :

« Mes chers Camarades,

» Je viens vous remercier du zèle que vous
» avez développé cette nuit pour maintenir
» l'ordre public, pour préserver le Palais-Royal
» d'une bande d'agitateurs insensés, dont les
» ridicules tentatives retomberont sur eux-
» mêmes, par l'effet du bon esprit et de la
» promptitude avec laquelle vous les avez ré-
» primés. Ce que je veux, ce que nous voulons
» tous, c'est que l'ordre public cesse d'être
» troublé par les ennemis de cette liberté réelle,
» de ces institutions que la France a conquises,
» et qui seules peuvent nous préserver de l'a-
» narchie et de tous les maux qu'elle entraîne
» à sa suite. Il est temps de faire cesser cette
» déplorable agitation; il est temps que le main-
» tien de l'ordre public fasse renaître la con-
» fiance; que cette confiance rende au com-
» merce son activité, et assure à chacun le libre
» exercice de tous les droits que le gouverne-
» ment ait de protéger et de garantir avec
» votre concours, avec votre patriotisme, avec
» l'assistance du respectable général et du brave
» maréchal que je me réjouis toujours de voir
» auprès de moi; nous accomplirons cette noble

» tâche. Toujours dévoué à mon pays, toujours
» fidèle à la cause de la liberté, mon premier
» devoir est de maintenir le règne des lois, sans
» lequel il n'y a ni liberté ni sécurité pour per-
» sonne; de lui assurer la force nécessaire pour
» résister aux attaques par lesquelles on cher-
» che à l'ébranler. Vous continuerez vos géné-
» reux efforts pour seconder les miens, et vous
» pouvez compter sur moi comme je compte
» sur vous. »

Le roi s'adressant ensuite à la garde nationale à cheval :

« Mes Camarades,

» Je viens vous dire combien j'apprécie vos
» efforts pour le maintien de la tranquillité
» publique, pour la défense de nos libertés
» qu'on voulait nous ravir en nous plongeant
» dans le désordre. Il est temps que ces pertur-
» bations finissent; il est temps de nous mon-
» trer dignes du nom de Français, en défendant
» nos institutions contre les attaques de l'anar-
» chie, après avoir si glorieusement triomphé
» de celles du despotisme. C'est ainsi que nous
» consoliderons nos libertés; c'est ainsi que sera
» réalisée cette espérance, que j'ai proclamé

» avec tant de joie que *la charte serait dé-*
» *sormais une vérité.* »

A mesure que Sa Majesté parlait avec cette chaleur d'une âme vertueuse que l'injustice oppresse, et cette énergie d'un courage qui ne recule pas en face du danger, tous ceux qui l'entendaient éprouvaient une nouvelle émotion d'amour et de dévouement. A l'aspect aussi de ce prince si ferme, si tranquille au milieu des passions soulevées, et qui le menaçaient encore quelques minutes auparavant, la fidélité des uns en prenait un nouveau véhicule, la perfidie des autres en était comprimée. Il y avait assurément dans cette foule plus d'un individu rempli de mauvaises intentions. Il ne s'en trouva pas un seul pour les manifester par un mot ou par un acte. Des bouches enthousiastes criaient : *Vive le roi!* des mains amies pressaient les siennes; chacun à sa manière l'assurait d'un attachement sans fin; on courait après lui pour le lui dire, pour le voir, pour le revoir encore. Et jamais monarque ne gagna tant en si peu de minutes sur le cœur de son peuple.

Le roi, traversant le péristyle, vint dans la première cour, où il y avait réunis un piquet de garde nationale et un poste du 31ᵉ régiment de ligne, il voulut aussi leur parler, et dit :

« Mes Camarades de la Garde nationale
» et de la Ligne,

» J'ai vu avec autant de plaisir que de satis-
» faction que vous aviez cette nuit rivalisé de
» zèle, et que vous aviez si promptement ré-
» primé le mouvement insensé qui a troublé la
» paix et le repos de la capitale. Toujours dé-
» voué à mon pays, à la défense de ces libertés
» que j'ai juré de maintenir et auxquelles je
» serai toujours fidèle, je dois, nous devons
» tous repousser ces indignes attaques, de quel-
» que masque qu'elles se couvrent, et répondre
» à ce que la France a le droit d'attendre de
» nous. Je m'y dévouerai tant que je vivrai, et
» j'ai la confiance d'y réussir. »

Ici, comme dans l'autre cour, le succès du roi fut complet; des bravos multipliés, des assurances de vaincre ou de mourir pour sa personne retentirent de toutes parts. Il eut toute la gloire de cette journée, où sa conduite magnanime contrasta si fortement avec celle des princes pusillanimes auxquels il venait de succéder. Ceux-là avaient fui le péril, il s'y exposait; ils n'avaient pas même osé haranguer leurs troupes, et lui s'adressait face à face à tous les citoyens. La différence à faire entre eux fut comprise de tous. On s'appuie avec orgueil sur un monarque constitutionnel qui ne se targue pas de monter à cheval dans les circonstances à venir, mais qui paraît à pied au centre de la multitude et en présence d'un poignard caché.

Tant de grandeur d'âme causa un si violent désespoir aux carlistes principalement, que *la Quotidienne*, pour se revancher, osa, par la plus infâme et vile calomnie, insérer dans ses colonnes perfides que Louis-Philippe, ayant quitté la capitale, s'était retiré à Neuilly. Mais notre roi n'est pas Charles X : le mensonge était avéré; on en exigea le démenti formel, en même temps que le rédacteur fut traduit devant les tribunaux. La feuille, atteinte de mal-rage, prétendit alors que le roi, dans l'un de ses discours, avait dit : *Je me retirerai à Neuilly si les excès continuent.* Cette version, aussi fausse que la première, fut également flétrie, et il ne resta à *la Quotidienne*, de cette attaque odieuse et criminelle, que l'impuissance manifestée de ne pouvoir attribuer à notre prince la lâcheté des siens.

Le mouvement manqué et formé dans le triple but de sauver les prisonniers de Vincennes en feignant de prétendre leur mort, d'établir l'anarchie au profit d'un parti quelconque et d'assassiner la famille royale, l'agitation cessa dans la rue et passa dans les intérieurs, où elle se maintint jusqu'après la révolution ministérielle, qui eut lieu au commencement du mois prochain. Elle fut stimulée principalement par certains passages de la proclamation que M. Odilon-Barrot, préfet de la Seine, publia le 19 octobre, et où il disait entre autres choses :

« ....Une *démarche inopportune* (l'abolition
» de la peine de mort pour délits politiques,
» proposée à la chambre des députés) a pu faire
» supposer qu'il y avait concert pour inter-
» rompre le cours ordinaire de la justice à
» l'égard des anciens ministres. Des délais qui
» ne sont autre chose que l'accomplissement
» de formalités qui donnent à la justice un ca-
» ractère plus solennel, sont venus accréditer
» cette opinion.... »

Cette phrase parut mal sonnante aux oreilles de la majorité du ministère, qui avait penché pour la *démarche inopportune*. De concert avec les députés, elle en eut de la colère, qui prit surtout plus de gravité dans la personne de M. Guizot, dont l'orgueil pindarique ne pouvait souffrir de contradiction. Un combat s'établit donc dès ce moment dans le conseil, divisé ainsi que je le raconterai plus tard. Je veux maintenant achever ce qui me reste à retracer des événemens de ces journées des 18 et 19 octobre 1830, qui eurent du rapport avec d'autres journées non moins fameuses de la première époque de notre révolution. Ici comme alors on attaqua le monarque dans son palais, et ici on put le défendre avec plus de bonheur.

La journée du 19 s'écoula sans nouvelles émotions dans le quartier du Palais-Royal, grâce à la démarche populaire et courageuse du roi, et à la contenance ferme de la garde nationale, qui fit sans relâche des patrouilles nombreuses qui rétablirent la tranquillité. Il n'en fut pas de même dans quelques autres parties de la ville, où les provocateurs tentaient de maintenir l'irritation; le faubourg Saint-Antoine se montrait particulièrement agité. M. Bouvatier, maire du huitième arrondissement, M. Perret, adjoint, et M. Delarue, colonel de la huitième légion, qui, dès la soirée précédente, n'avaient pas quitté la mairie, se multiplièrent pour calmer ce nouveau ferment. La proclamation du préfet de la Seine, lue par leurs soins, produisit un bon effet : leur énergie acheva le reste. Le soir, il y eut d'autres attroupemens dans le faubourg Saint-Marceau, sur la place de la Bastille, le long des boulevards et des quais ; mais enfin les mesures prises avec vigueur parvinrent à achever de comprimer cette insurrection qui s'annonçait sous les aspects les plus graves.

C'était pour tous les partis vaincus une défaite nouvelle que le maintien de l'ordre ; ils ne pouvaient former des espérances que dans la combustion de la capitale, et dans les excès qui accompagnent les triomphes de l'anarchie. Les carlistes surtout s'étaient distingués dans la circonstance : ils répandirent l'argent à pleines mains, sans résultat cependant, sans même avoir inspiré à la populace aucun regret en faveur de la branche aînée des Bourbons.

Les Bonapartistes non plus n'avaient rien gagné ; ils devenaient de plus en plus faibles ; le souvenir du père ne servait pas aux prétentions des partisans du fils. La république, non moins bien représentée dans la sédition par toutes les basses classes des prolétaires, avait inspiré horreur et dégoût. Non, ce n'était pas là le peuple vainqueur, la nation souveraine qui venait de déposer ses droits dans les mains d'un prince digne de les lui conserver ; c'était le *caput mortuum* de la société, les restes impurs des assassins de septembre 1792, ou plutôt leurs émules, car ceux-là n'existaient plus. La nuit du 18 octobre révéla à quelles hordes on voulait livrer la France, et cette certitude noua cent fois plus fortement encore les liens qui attachaient le peuple et le roi.

La conduite de M. le général Lafayette fut admirable en cette occasion, non moins que dans les autres; il manifesta un dévouement complet à Louis-Philippe, l'appuya de toute son influence, et contribua beaucoup à rétablir la paix. Son état-major le seconda avec un zèle digne d'éloge, comme aussi on ne saurait trop en donner à cette garde nationale si éclairée, si imposante, et qui trouve dans son union parfaite une force contre laquelle toute attaque partielle se brisera. La troupe de ligne enfin montra aussi la vivacité de son patriotisme ; elle acheva de prouver aux citoyens qu'elle possédait leurs sentimens, et tenait à gloire de combattre pour la même cause.

Presque au sortir de cette convulsion politique, Paris eut à s'occuper, ainsi que plusieurs départemens, de l'élection de nouveaux députés. Je me suis interdit de m'occuper de ces actes partiels, qui ne peuvent entrer que dans une histoire générale; je me contenterai de signaler la réélection, à Paris, de MM. Mathieu Dumas, Schonen et Chardel, qui avaient accepté des fonctions publiques. M. Barthe fut nommé en quatrième à la place de M. Bavoux, et par-là monta le premier degré, qui deux mois après devait le conduire au ministère.

Dans le reste de la France, presque tous les candidats de la gauche furent réélus; et quant à ceux du côté droit, qu'on ne pouvait rappeler aux fonctions législatives, on les remplaça par des hommes modérés qui manifestèrent, dès leur entrée à la chambre, combien ils étaient peu disposés à se ranger sous aucune bannière d'exagération; les centres se recrutèrent beaucoup; je ne sais ce que les extrêmes gagnèrent. La chambre s'était ajournée sans prorogation jusqu'au 3 novembre, afin de donner à ceux de ses membres soumis aux chances d'un nouveau vote, le temps d'aller vaquer à leur réélection. Pendant ce temps, le ministère qui aurait dû respirer, se trouva au contraire plus que jamais exposé à la tourmente, qui, après l'avoir ballotté pendant plusieurs semaines, finit par consommer son naufrage.

Une révélation piquante amusa ceux qui se tiennent dans le parterre, avec la réserve de siffler les acteurs qui jouent mal ou qui font des fautes : ce fut la connaissance que l'on donna au public d'une recommandation de M. Guizot, donnée par écrit, en faveur d'un candidat à la députation. On trouva dans cet acte quelque chose de la physionomie de l'ancien régime : cette manière d'imposer à un collége l'ami d'un ministre, ne parut pas trop constitutionnelle. Il en résulta une sorte de scandale, et à tel point, qu'il fallut expliquer, accommoder, tortionner le fait de la signature, qui, malgré tout ce qu'on put dire, n'en avait pas été moins donnée. Il serait assez singulier que les *Gaulois* agissent, en position pareille, de la même manière que les *Francs*. En général, le peuple doit se défier des philosophes de circonstance, qui blâment, et qui font ce qu'ils ont blâmé.

CHAPITRE XVI.

Depuis long-temps le public, non moins que les initiés, s'apercevait de la faiblesse du ministère, de son indécision, de son peu de goût à marcher dans le sens de la révolution constitutionnelle. Le maréchal Gérard, accoutumé depuis quinze ans aux douceurs de la vie privée, les avait regrettées vivement après le premier coup de collier donné; plus capable de faire de grandes choses sur un champ de bataille, que de combattre avec plaisir à la tribune; meilleur à tracer un plan de campagne, qu'à supporter les dégoûts de l'administration, il ne conservait son portefeuille que par déférence pour le roi, et par égard pour ses collègues.

MM. Molé et Louis, hommes d'un tout autre régime, ne convenaient pas à celui-ci; ils voulaient rapporter parmi nous les formes de l'empire, et supportaient impatiemment la familiarité libérale. Ils devaient se retirer, puisqu'ils n'étaient ni au niveau des hommes, ni en rapport avec les circonstances de l'Europe.

La nullité du duc de Broglie perçait au travers de ses bonnes intentions : des amis zélés par amitié pour sa belle-mère, tâchaient, depuis quinze ans, de lui faire une réputation politique qu'il avait perdue dès son entrée au ministère. C'était un galant homme, un parfait citoyen, mais pas un ministre de révolution, même monarchique : il aurait fait merveille sous le règne de Louis XVIII ; il se trouva exigu sous celui de Louis-Philippe ; et quoique son nom fût partout, on ne signalait nulle part son œuvre : celui-là non plus ne convenait pas aux exigences du présent.

Le général Sébastiani, s'essayant au ministère, n'y était pas encore tassé : aussi passait-il inaperçu, peut-être par calcul, car il paraissait avoir envie de jouer un rôle marquant.

M. Guizot, rhéteur très-spirituel, faisait de la pédagogie en politique, et nous régentait à la manière des maîtres d'étude, c'est-à-dire mal;

son habileté en spéculation ne se trouvait plus dans la pratique. Il parlait bien et travaillait peu; perdu jusque par-dessus la tête dans deux ou trois coteries, environné de gens à faire pitié, mené par ceux qui l'approchaient, il n'était en bonne position qu'à la tribune; et comme on l'y applaudissait, il se figurait administrer convenablement : mais tout périclitait dans ses mains, ses avis manquaient d'étendue, ses mesures de perspicacité.

Enfin, M. Dupont de l'Eure, sorte de Dieu Terme du libéralisme, agissait dans son immobilité, en représentant à lui seul, dans le ministère, l'époque actuelle dans toutes ses conséquences. Ce n'était pas la plus forte tête du conseil, mais c'en était au moins la plus opiniâtre, et il emportait par ténacité ce qui lui était impossible d'obtenir par persuasion ; il y avait là une sorte de ligue dirigée contre lui, et dans laquelle se rangeaient deux des quatre ministres sans portefeuille qui assistaient aux délibérations.

Il n'était pas seul cependant, MM. Lafayette et Laffitte prenaient parti pour lui : le premier avec pleine franchise, le second avec modération, mais cependant d'une manière assez ardente. Les deux partis étaient fort inégaux en nombre; mais l'influence de position appartenait au plus faible. Les doctrinaires, selon leur usage, manquaient de nerf : ils parlaient sans agir; les autres ne disaient presque rien, et la masse travaillait pour eux.

Cette guerre sourde durait sans résultat : on se disputait, mais on n'en venait point à une querelle ouverte. Un tel état mixte ne pouvait durer : la proclamation du préfet de la Seine décida la rupture, et le combat à mort s'engagea dans le sein du conseil. MM. Guizot et de Broglie avaient été les promoteurs ardens de l'abolition de la peine de mort, au moins pour les délits politiques; ils n'avaient pas aperçu combien le moment était mal choisi pour proposer une réforme si importante au code pénal. Surpris de la résistance qu'elle éprouvait, reconnaissant enfin aux agitations de la capitale qu'ils avaient commis une faute, dans laquelle ils avaient entraîné la chambre élective, ils furent d'autant plus piqués, que M. Odilon-Barrot leur reprocha cette *démarche inoportune*. Le mot leur parut dur; l'amour-propre du professeur en fut étrangement blessé : il stimula celui de M. de Broglie, et tous les deux apportèrent au conseil une ordonnance prête à être signée, de démission du préfet de la Seine.

M. Dupont de l'Eure s'y opposa vivement, en demanda le motif, et l'ayant su, approuva le fonctionnaire, et déclara que la démarche en effet était bien qualifiée, que lui ne l'approuvait pas, et que la marche des choses avait attesté d'une façon éclatante son inopportunité positive.

Les deux ministres, encore plus offensés, prétendirent que la chambre était outragée avec eux, et qu'il fallait ou qu'elle et eux fussent renvoyés, ou que M. Odilon-Barrot quittât sa place. M. Lafayette intervint, et quoi qu'il eût été en principe pour l'abolition de la peine capitale, il fut pour le préfet en ce cas particulier. La sagesse du roi pencha de ce côté, et la question se compliqua. Je ne peux mieux faire connaître les causes premières de ces divisions, qu'en rapportant un fragment de la réponse au manifeste de MM. Guizot et de Broglie, inséré dans le *Journal des Débats* du 26 octobre, et que le *Courrier* du lendemain publia.

« La proclamation de M. Odilon-Barrot a pu servir d'occasion, de texte aux différens qui se sont élevés en dernier lieu dans le conseil; mais ces différens remontent plus loin; ils tiennent à la composition même du ministère, aux opinions bien notoirement opposées de quelques-uns de ses membres.

» On savait que depuis long-temps M. le ministre de la guerre n'approuvait pas la marche du cabinet. Renfermé autant que possible dans les affaires de son département, il ne se prêtait que difficilement à un système qui n'était conforme ni à ses vues, ni à ses principes. On assure dans le public qu'il avait été question plusieurs fois de sa retraite, qu'il avait offert sa démission; *mais alors une considération puissante s'élevait contre cette résolution : sa popularité était le principal appui d'une administration naissante et mal affermie ;* on savait que la rectitude de ses principes ne se serait pas pliée aux résolutions d'un cabinet dont les intentions lui eussent été suspectes. Sa présence était donc, dans l'opinion, une sorte de garantie des bonnes dispositions de ce cabinet : si on l'en eût vu sortir, le public aurait pensé qu'il n'y avait plus rien à espérer de ses collègues. Dans l'état d'irritation qui se manifesta à plusieurs reprises, cette idée eût pu avoir des dangers; il s'agissait donc de la paix publique, c'était une considération toute puissante : elle triompha.

« Cependant, quand il devint évident que le danger pour la paix publique se trouvait dans un système qui, marchant d'indécision en indécision, de faute en faute, conduisait la France à un déplorable état de désorganisation, de plus longs ménagemens eussent été coupables; les dissentimens, un moment apaisés, durent se reproduire. La proclamation de M. Odilon-Barrot les fit éclater avec quelque vivacité; au fond ils se fussent manifestés également sans cette proclamation. Une démarche imprudente, dangereuse, irréfléchie, avait été faite : le cabinet, qui avait d'abord adhéré, crut, dans l'intérêt de la paix publique, devoir déclarer qu'elle n'aurait pas de suite; c'était reconnaître aussi formellement qu'il soit possible de le faire, que cette démarche était inopportune : le préfet de la Seine l'a dit en termes exprès, c'est là toute la différence, tout le grief, etc.

On en voulait moins au fond à M. Barrot qu'à M. Dupont de l'Eure ; sa présence dans le conseil gênait ceux qui voulaient *continuer* la restauration. Ils crurent qu'opiniâtré à soutenir son ami le préfet de la Seine, il se retirerait plutôt que de l'abandonner. S'il partait, on donnerait sa place à M. Dupin, qui demandait sa récompense d'avoir sauvé la patrie, et qui, sans cesse à la porte d'un ministère, s'impatientait qu'on ne la lui ouvrît pas.

Le calcul était bon; mais pour qu'il réussît, il fallait l'assentiment du roi, et le roi comprit que le départ de M. Dupont de l'Eure serait une calamité; tandis que, sans voir la France ébranlée, on pouvait congédier ceux qui se refusaient à marcher avec lui. Le roi déclara donc qu'il ne signerait pas l'ordonnance de démission du préfet de la Seine. Les ministres qui l'exigeaient n'eurent qu'à donner la leur. M. Louis ne pouvait plus rester, ceux-là partant; non plus que M. Molé, et le maréchal Gérard qui, ne demandant pas mieux que de trouver une occasion pour prendre sa retraite, saisit celle-là avec empressement.

Cette détermination ne convenait néanmoins à aucun de ceux qui la mettaient à exécution, et d'une autre part, il arriva, comme en des autres occasions, que ceux qui restèrent, se trouvèrent fort embarrassés pour recomposer sur-le-champ un nouveau conseil.

Il y avait derrière la toile trois hommes qui devaient les premiers être appelés à en faire partie : MM. Dupin aîné, Casimir Périer et Laffitte. Le premier avait tous les talens nécessaires, moins la popularité, si indispensable dans le moment ; sa nomination eût été le signal certain d'une révolte. Les deux autres, avec du mérite, possédaient entièrement cette faveur de la multitude, avec laquelle on parvient à tout dans les temps d'orages politiques, et on les croyait aptes à servir utilement l'État dans les plus hautes fonctions. Une volonté auguste, bien réfléchie, et fondée avec connaissance de cause, aurait désiré les employer tous les trois, et on n'eût pu faire mieux ; mais, ainsi que je l'ai dit, il était impossible alors de se servir de M. Dupin, auquel le public de Paris faisait payer chèrement des concessions que son urbanité avait faites, ou auxquelles la supériorité de son esprit n'attachait aucune importance.

Les deux seconds restaient seuls ; ceux-là plaisaient ; on les aurait vus avec joie à la tête de l'administration ; mais comment les faire entrer ensemble ? Il fallait un président du conseil : aucun ne sollicitait ce titre pour soi, mais ne consentait pas à ce qu'il échût à l'autre ; chacun d'ailleurs demandait à porter ses amis avec lui au ministère, et ils n'avaient pas des amis communs. Ce fut la grande difficulté qu'on ne put vaincre, quoiqu'on la circonvînt dans tous les sens. Des causes particulières appelaient M. Laffitte à cette présidence, à laquelle M. Périer croyait avoir également des droits. Nul ne cédait : les jours s'écoulaient, le conseil était désorganisé, les doctrinaires partis, et les choix nouveaux ne s'étaient pas faits encore.

On parlait de divers personnages à adjoindre à ceux-là : le portefeuille de la guerre flottait entre le maréchal Soult, duc de Dalmatie ; les généraux comtes Clausel et Lamarque. Celui de l'instruction publique était disputé par MM. Benjamin Constant, Mérilhou et Bignon qui en devenait si digne. On appelait tour à tour dans le public à celui de l'intérieur les comtes de Pontécoulant, d'Argout et de Montalivet. Le premier avait fait ses preuves ; on connaissait du mérite au second ; le troisième se recommandait par la mémoire de son père, excellent administrateur, honnête homme, rempli de vertu et de loyauté. On destinait les finances à MM. Laffitte, Casimir Périer ou d'Argout; la marine à MM. Duperré, de Rigny ou Truguet; les affaires étrangères à MM. Sébastiani, Bignon, Pontécoulant, et même Molé, que l'on conserverait faute de mieux. Mais tout à coup une combinaison nouvelle portait M. Périer ou M. Laffitte à l'intérieur, M. Maison aux affaires étrangères, le général Gérard continuant à administrer la guerre, etc.

Enfin, pendant huit jours on épuisa toutes les combinaisons possibles; on mit en jeu les inventions politiques les plus variées, les plus disparates, sans parvenir à obtenir un résultat satisfaisant. Les doctrinaires triomphaient de ces embarras, se flattant d'en profiter encore; ils n'abandonnaient point le Palais-Royal, assiégeaient le roi, lui montraient que leur cause, loin d'être perdue, gagnait chaque jour par les nouvelles élections qui amenaient à la chambre des députés des hommes de leur bord. Ils avaient raison en ceci; mais ils ne faisaient pas remarquer également qu'il y avait en dehors de la chambre élective une nation tout entière, à laquelle les doctrines ne conviennent pas.

Cependant cette position prolongée devenait

intolérable; elle augmentait l'inquiétude générale : on voyait dans la difficulté de former un ministère, non la vérité consistant dans la lutte de quelques amours-propres, de certaines exigences peu raisonnables, mais la frayeur des hommes d'état qui craignaient sans doute de s'associer à un gouvernement incertain dans sa marche et faible dans ses appuis. Cette pensée fâcheuse se propageait; il devenait important de la faire cesser. Un refus dernier et positif de M. Casimir Périer ne laissa plus d'espérance de le gagner. Alors il fallut prendre un parti décisif, celui de composer un conseil, de quelque façon que ce pût être.

Le maréchal Gérard, qui voulait partir à toute force, fut si vivement sollicité de demeurer un peu de temps, qu'il ne put résister. C'était une popularité expirante qu'on tenait à conserver, et on avait raison, quoique peut-être il eût négligé le personnel de l'armée. Enfin, le conseil fut organisé de la manière suivante le 2 novembre, jour des Morts; ce qui était, pour les esprits faibles, de mauvais augure.

M. Laffitte, *ministre des finances, président du conseil;* M. Dupont de l'Eure, *garde-des-sceaux, ministre de la justice;* le maréchal Gérard conservant le portefeuille de la guerre; le comte Sébastiani, *ministre de la marine et des colonies;* le maréchal Maison, pair de France, *ministre des affaires étrangères;* le comte de Montalivet, pair de France, *ministre de l'intérieur;* M. Mérilhou, *ministre de l'instruction publique, président du conseil-d'état.* Trois sous-secrétaires d'état devaient être attachés aux ministères des finances, de la guerre et de l'intérieur.

Les mêmes difficultés qui avaient empêché certains membres du conseil privé d'entrer au ministère, ne permirent pas qu'ils conservassent leur titre de ministres d'état sans portefeuille; en conséquence, leurs attributions furent supprimées, et MM. Bignon, Dupin aîné et Casimir Périer cessèrent de faire partie du conseil.

La nouvelle organisation ne satisfaisait pas tout ce qu'on avait promis au parti du mouvement; des engagemens étaient pris avec lui: ils consistaient à donner à Benjamin Constant une part active à l'action ministérielle, en l'investissant du titre de président du conseil-d'état. Mais parmi les membres du nouveau ministère, aucun ne se souciait de l'avoir pour collègue; sa supériorité les importunait tous; on le craignait, et par suite on tenait peu à le placer en avant; si bien que, sans en rien témoigner, sans qu'on pût même soupçonner quelque chose des dispositions secrètes de ceux qui le comblaient d'éloges et de marques d'attachement, il n'était pas moins vrai que l'on travaillait à écarter un homme d'un mérite transcendant, afin qu'il ne l'emportât pas à la longue sur des collègues, tous gens habiles, quoiqu'à un moindre degré que lui.

Voici comment on manœuvra à son égard. Il y avait déjà de la vieille diplomatie dans ce jeune conseil.

L'ordonnance de sa nomination fut apportée toute prête à être signée, avec celle qui instituait le ministère; mais on parla de tant d'objets divers, la séance se prolongea si fort en dehors de la durée ordinaire, que, contraint à la terminer brusquement, *on oublia* de faire signer par le roi la pièce qui appelait Benjamin Constant à la présidence du conseil-d'état. La seconde, qui contenait la nomination des autres membres, fut remise à un commis du ministère de la justice pour la copier; et lui, *par distraction*, ajouta à la qualification donnée à M. Mérilhou de ministre de l'instruction publique, celle de président du conseil-d'état, comme on l'avait chargé de faire pour le duc de Broglie.

Cela fait, on envoie la transcription de l'ordonnance au *Moniteur*, qui l'insère dans la partie officielle. A son apparition le lendemain, c'est à qui témoignera le plus de surprise de *cette erreur* qu'on réparera certainement à la première réunion du conseil. On l'*oublie* encore; ceci donne l'éveil. M. de Lafayette se met en campagne, et Benjamin Constant aussi. On jure de tout réparer, mais il faut attendre quelques jours, par égard pour M. Mérilhou. Le temps presse, et point de nomination de présidence du conseil-d'état. Nouvelles démarches, nouveaux colloques, mauvaise humeur du mystifié, qui se décide à écrire à qui de droit une lettre vigoureuse, terminée par la menace de se replacer dans l'opposition.

Oh! pour cette fois Benjamin Constant sera satisfait; l'ordonnance qui le concerne est dressée; M. Dupont de l'Eure lui dit à la chambre des députés que M. Mérilhou l'a toute prête dans son portefeuille. M. Mérilhou, interpellé, l'affirme; elle est libellée très-convenablement: il y a peut-être une différence avec la première que connaissait Benjamin Constant; mais qu'importe; l'essentiel s'y trouve. Celui-ci préside seul le conseil-d'état. Sur ce, on entre en séance. Il y a dans la chambre des députés des orateurs qui laissent reposer l'attention de leurs collègues. Benjamin Constant, tandis qu'un de ceux-là pérore, écrit un mot à M. Mérilhou pour qu'il lui communique l'ordonnance en question. Le ministre la lui fait passer; il l'examine. La rédaction louche d'un article qui se rapportait à des décisions antérieures, sans les préciser, le frappe. Il sort de la salle, va à la bibliothèque du corps-législatif, et trouve que l'article est conçu de manière, en lui laissant la présidence du conseil-d'état, à lui enlever la présentation des membres, à le priver de tout ce que ces fonctions ont de réel.

Piqué d'un tel procédé, le dépit s'en mêle : voilà un autre petit billet en route vers le ministre de l'instruction publique. Benjamin Constant lui déclare qu'il ne veut point de la présidence aux conditions imposées, et que M. Mérilhou trouvera facilement parmi ses commis un homme capable d'être à la tête de ce corps depuis sa nouvelle organisation. Sur ce, nouveaux mouvemens; autres courses, autres projets de concorde : on va, on vient, les semaines s'écoulent, et Benjamin Constant meurt.

Je présume qu'on ne contestera aucun des détails que je donne touchant cette intrigue cachée, car on ne voudra pas s'exposer à des révélations plus importantes, et qui contrarieraient des popularités factices qui touchent à leur terme. Je viens de dire ce qui a eu lieu ; les témoins existent ; ils parleraient, s'il le fallait.

On aurait bien voulu également empêcher M. Casimir Périer d'être nommé président de la chambre des députés, fonction que M. Laffitte dut abandonner lorsqu'il devint membre du ministère ; mais il fallait opter entre lui et M. Guizot, et le choix ne pouvait être incertain. M. Périer, qui avait refusé ce poste honorable au commencement d'août dernier, par faiblesse de santé, se trouva assez vigoureusement rétabli en novembre pour en remplir les fonctions.

Les membres de ce nouveau ministère avaient une grande tâche à remplir, celle de réparer les fautes des doctrinaires, et de ramener le vaisseau de l'État dans la voie de la révolution.

M. le maréchal Maison n'était peut-être pas tout ce qu'il fallait pour accomplir ce point important. Peu au fait des formes diplomatiques, quoiqu'on l'eût employé dans certaines négociations, il devait se trouver et il se trouva neuf dans un poste qui demande de la dextérité, de la finesse, une haute présence d'esprit. Il possédait, lui, des qualités positives, de la franchise, de la bonhomie qui n'étaient nullement à leur place au ministère des affaires étrangères.

M. de Montalivet, âgé de vingt-sept ans, aimant le travail, ses jeunes amis et le nouveau trône, avait été porté là par le choix du roi et par les menées de ceux auxquels il déplaisait de l'avoir pour surintendant de la liste civile et des domaines de la couronne. M. Mérilhou, honnête garçon, rempli d'envie de bien faire, fit mal constamment : c'est un de ces hommes qui se noient dans une goutte d'eau, qui grossissent un cheveu de manière à en faire un câble, et qui, par envie de ne point perdre de temps, l'éparpillent de manière à ne jamais l'employer. Il donna l'étrange spectacle d'un ministre constitutionnel se jouant de la patience de ceux qui avaient à faire à lui. Tel revint chaque jour, pendant deux ou trois semaines, sans parvenir à une audience promise et toujours retardée : quatre-vingts personnes attendaient ; le ministre en recevait deux, et leur donnait tout le temps qu'il aurait fallu savoir distribuer entre les autres. Mais à ces torts qui étaient réels et qui nuisent tant à l'importance personnelle d'un ministre, M. Mérilhou unissait de la douceur, de l'aménité, une simplicité complète, un patriotisme positif, des connaissances, fruit d'études profondes, un amour sincère de nos institutions. On pouvait compter sur ses sentimens, et dans la situation actuelle c'était un point important.

Le 3 novembre, la chambre des députés fit sa rentrée : elle débuta par vérifier les pouvoirs de ses nouveaux collègues. M. Le Voyer d'Argenson voulut prêter un serment conditionnel, en invoquant la souveraineté du peuple. Ceci causa quelque émotion ; il y eut des paroles échangées, peu convenables peut-être. M. Guizot fut accueilli par ceux de son bord avec des marques d'un attachement sincère. On travailla avec chaleur pour le porter à la présidence ; ce fut sans succès. M. Casimir Périer avait un autre crédit dans la chambre. Il y en avait qui voulaient nommer M. Royer-Collard. Le ministère forma le projet d'avoir à cette place un homme qui fût en dehors des partis qui se formaient contre lui, et tourna ses efforts en faveur de M. Girod de l'Ain, sorti en même temps de la préfecture de police pour entrer à la cour de cassation. Mais rien ne put vaincre le chagrin de la chambre au sujet de la chute des doctrinaires qu'elle affectionnait. D'une autre part, elle non plus ne jugea pas convenable de se rejeter à eux trop ouvertement; et pour tout concilier dans sa manière de voir, elle se déclara en faveur de M. Casimir Périer, homme d'état, de résolution et de tête, propre à tout, et qui aurait dû, dans la circonstance actuelle, avoir plus de condescendance pour les nécessités de la France.

La chambre avait à peine repris le cours de ses séances, lorsqu'un incident alarma sa susceptibilité, en paraissant attaquer son omnipotence. Un de ses membres, M. Charles de Lameth, effrayé tout à coup de la marche des choses, et se séparant de ses anciennes opinions, avait manifesté à la tribune des inquiétudes sur l'état du pays, et signalé l'existence de complots et de conspirations dont il désignait presque les excitateurs. Ce propos inopportun était offensant pour le parquet du ministère public, accusé indirectement de ne pas faire son devoir. M. Comte, procureur du roi, crut convenable de faire citer M. de Lameth par-devant le juge d'instruction, pour qu'il eût à déposer des faits graves venus à sa connaissance.

Cet acte simple et naturel devint une sorte de crime dès qu'il eut été porté à la chambre des députés; on le taxa d'audace, d'empiétement inconstitutionnel; on blâma le magistrat qui agissait, et on parla de prendre contre lui des mesures sévères. Il ne manqua pas de défenseurs dans le sein de l'assemblée qui répondirent de l'excellence de ses intentions; lui-même écrivit une lettre explicative que la passion de quelques députés refusait d'entendre, malgré des précédens qui en autorisaient la lecture. Ce fut une véritable perturbation qui déplut au public; il voyait avec peine que la chambre montrât tant de susceptibilité pour un cas qui en méritait si peu; qu'elle parût surtout tellement exigeante envers un homme dont les opinions libérales ne dataient pas de la veille, et qui avait combattu pour la liberté dès 1814, et même sous le règne éphémère de

Napoléon dans les cent-jours. On aurait voulu que la chambre, en censurant la démarche, ménageât la personne : elle ne le fit point.

Ceux qui ne l'aimaient pas, voyant sa conduite, osèrent affirmer qu'elle n'était pas fâchée d'atteindre dans sa colère un de ceux qui poussaient la nation en avant. L'émotion enfin s'apaisa ; on cessa de trouver M. Comte coupable ; on se contenta de le taxer de légèreté. Il put faire écouter sa justification ; elle fut complète, d'autant plus qu'en tonnant sur lui, on avait laissé à l'écart le juge instructeur, au nom duquel la citation avait été dressée. La distraction était forte et donna beaucoup à penser.

CHAPITRE XVII.

Le mois de novembre s'écoula plus tranquillement que celui d'octobre : le peuple de Paris, se confiant aux promesses du nouveau ministère, attendit avec calme que la chambre des pairs eût achevé d'instruire le grand procès qui intéressait la nation. Les divers partis, battus dans les journées du 18 et du 19 octobre, reprenaient des forces pendant un calme qui ne leur convenait pas. Déjà ils préparaient les menées, les intrigues, les mesures, qui les aideraient à recommencer l'agitation dernière, aussitôt que les ministres de Charles X seraient mis en jugement.

Les bonapartistes, déconcertés plus que les autres, avaient entamé des négociations avec la cour de Vienne. Ils envoyèrent en Autriche M...., ayant la mission de s'entendre avec l'empereur, pour qu'il se décidât à soutenir les prétentions de son petit-fils à la couronne impériale de France. Cet ambassadeur incognito ne réussit pas dans son voyage ; il parvint cependant jusqu'au duc de Reischtatd, qui lui dit en propres termes :

« Monsieur, votre démarche, et celle de ceux qui vous envoient, me flatte beaucoup; je croyais que le peuple seul me réclamait en France : il m'est heureux d'acquérir la preuve que je suis rappelé également par la première classe de la société. Je ne puis cependant me rendre aux vœux de ceux qui me désirent ; le temps n'est pas encore venu. Lorsqu'il arrivera, je connais mes devoirs ; je les remplirai dans toute leur étendue. »

Cette réponse ne satisfit point le ministre plénipotentiaire, qui reçut en même temps l'ordre de la police de Vienne de sortir de la ville : il s'en alla rendre compte de ce qu'il avait tenté, et son rapport découragea quelque peu les espérances de ceux qui avaient cru que l'Autriche accueillerait à bras ouverts leurs propositions.

Les carlistes non plus ne se tenaient pas en repos : rentrés dans leur rôle naturel des compagnies secrètes, ils conspiraient dans les salons avec une ferveur particulière à cette classe. J'ai vu un plan de révolte organisée de la manière suivante :

Charles X et le Dauphin, par un acte solennel passé à Édimbourg en présence d'une nombreuse assistance, renouvelleraient leur abdication : cela fait, le duc de Bordeaux serait proclamé, séance tenante, roi de France, sous le nom d'Henri V, et sa mère déclarée régente. On notifierait immédiatement ces actes à tous les cabinets de l'Europe, et, sans aucun retard, le roi *in partibus*, quittant l'Écosse dans la compagnie de sa mère, se rendrait en Espagne, et irait d'abord établir sa cour à Pampelune ou à Barcelonne, de manière à pouvoir se rapprocher facilement de nos frontières.

En même temps la Guienne, le Languedoc, la Provence, le Poitou et la Bretagne, seraient convoqués dans *les trois ordres* en états-généraux à Toulouse; tandis que de toutes parts les royalistes carlistes prendraient les armes, soutenus par quatre-vingt mille Espagnols. Ce mouvement se combinerait avec l'entrée sur le territoire d'une armée autrichienne et piémontaise, débouchant par la Haute-Provence et le Dauphiné, et on serait soutenu vers le Nord au moyen de la marche combinée de la Russie, de la Prusse et des souverains de la Haute-Allemagne.

Le clergé promettait merveille; sa coopération déciderait la levée de boucliers des départemens du Midi et de l'Ouest. On ne doutait pas, on ne doute pas encore, que le succès ne couronnât ou ne couronne cette entreprise, à laquelle on renonce moins que jamais, et pour laquelle on travaille avec une ferveur extrême. Que le gouvernement se tienne pour bien averti : les carlistes ne remueront point tant que la paix subsistera, ou si la victoire revient à nos armées; mais au premier revers, aussitôt le mouvement fanatique s'effectuera sur toute la lisière de la Méditerranée, des Pyrénées et d'une portion de l'Océan. On ne prend aucune des mesures qui pourraient le contenir; on use de trop de ménagemens d'un côté, et on souffre trop d'irritation de l'autre : il faudrait ne rien permettre de ce qui vexe de nombreuses populations, afin d'enlever tout prétexte aux irritations de la malveillance.

Les républicains, de même que les deux autres partis, attendaient : il leur paraissait impossible que le procès des ministres ne les aidât beaucoup dans l'exécution de leur plan; que l'indulgence de la pairie n'allumât la colère du peuple en général et de la garde nationale en particulier. Or, ce cas arrivant, la conflagration serait universelle, et le gouvernement en position d'être renversé.

Ainsi, chacun s'observait, et la paix intérieure gagnait. Cependant M. Casimir Périer, porté à la présidence, remerciait ses collègues par un discours d'apparat, et rassurait le ministère quelque peu encore. Le roi de Naples, François, mourait, et son fils, âgé de vingt ans, montait sur le trône sous le nom de Ferdinand V. Ce nouveau prince n'apportait, par son avènement, aucune chance favorable à la France dans ses relations avec l'Italie; il était probable que le système ennemi des constitutions continuerait à prévaloir dans ce royaume; que l'Autriche y conserverait son ascendant passé, et que peut-être nous aurions un ennemi de plus en cas de guerre ; mais on ne s'en inquiétait pas : le poids des Napolitains dans la balance politique est léger, et plus encore dans celle de la guerre.

On donnait en ce moment plus d'attention au procès du comte Florian de Kergorlay, qui s'instruisait devant la chambre des pairs, et dont j'ai parlé ailleurs. On fut choqué, et de l'indécence de la défense, et de l'impassibilité du président, qui laissa outrager, sans mot dire, la personne sacrée du roi. On vit dans cette affaire le parti carliste se montrer à découvert. Il y aurait de graves reproches à adresser à certains personnages; mais leurs efforts partent de mains trop faibles pour qu'ils puissent renverser le trône constitutionnel, eux qui n'ont point su combattre pour la conservation de celui de Charles X.

Le maréchal Gérard avait bien voulu, par pure complaisance, rester au ministère de la guerre au moment où le cabinet avait été renouvelé; mais il ne prétendait point se perpétuer dans une position qui ne lui convenait pas. Il insistait chaque jour pour que sa démission fût agréée, pour qu'on lui donnât un successeur. C'était là le point difficile; il y avait des notabilités qui convenaient à la France et pas à certains individus; on aurait bien voulu se passer d'elles; n'avoir pas à choisir, par exemple, entre le duc de Dalmatie, les généraux Clausel et Lamarque. Il fallait pourtant se décider. Le roi sentait la nécessité d'une capacité supérieure à la tête d'un tel ministère; il voyait la possibilité d'une guerre à venir, et, pour en diriger les préparatifs, il exigeait un homme dont la réputation fût faite et les talens reconnus.

Son insistance décida la nomination du maréchal Soult, dans lequel on trouva tout ce qui pouvait inspirer la confiance, encourager l'armée et inquiéter les ennemis : tête forte et vivement éclairée; science administrative poussée au plus haut point; chef d'école en tactique; célébrité militaire; valeur à toute épreuve, impétueuse et froide tout à la fois; enfin, réunion des qualités exigées par les circonstances, qui plaisent aux masses et qui dominent les événemens.

La nomination du maréchal duc de Dalmatie plut aux citoyens, à l'armée, peu aux hommes influens, et point aux étrangers, qui virent en lui un redoutable antagoniste pour leurs projets à venir. Dès son entrée au ministère, tout prit une nouvelle face : il imprima une marche rapide aux affaires, aux préparatifs, qui se ressentirent de son influence et de sa vivacité; il hâta les travaux aux diverses extrémités du royaume : les levées d'hommes, l'équipement, la confection des armes et des objets en tout genre, nécessaires à des corps qui doivent combattre, à l'attaque ou à la défense des places fortes.

Les militaires accoururent à lui, certains de son impartialité, de son vif désir de rendre une justice complète; il força les bureaux de sortir de leur lenteur accoutumée; le premier à la besogne, le dernier à la quitter; prêchant d'exemple, exigeant des autres ce qu'il faisait lui-même, il doubla dans peu de temps nos ressources, inspira une nouvelle ardeur aux soldats, et put répondre des chances de la guerre, que lui seul voyait dans le ministère, ou que plutôt il était seul à vouloir croire à son existence.

En même temps que lui, le comte d'Argout, pair de France, entra au ministère. On lui donna le portefeuille de la marine, et le comte Sébastiani passa au ministère des affaires étrangères, à la grande surprise du maréchal Maison, qui, ayant offert sa démission, s'étonna qu'elle fût acceptée. Des propositions avaient été faites à d'autres hommes d'état, qui refusèrent, craignant de prendre place au conseil au moment où on allait présenter des lois qu'ils n'avaient pu discuter, et dont ils n'approuvaient pas toutes les dispositions.

On présenta aux chambres plusieurs lois, toutes appropriées à la circonstance, entre autres celles qui, détournant quatre-vingt-cinq millions du fonds commun de l'indemnité, les appliqua aux nécessités de la guerre. Cette mesure sage indigna le parti carliste, et je crois devoir entrer à ce sujet dans quelques détails.

Une loi avait imposé à la nation un milliard destiné à refaire en partie les émigrés des biens que des mesures révolutionnaires leur avaient enlevés. Le principe aurait été juste, si on avait indemnisé en même temps les porteurs de reconnaissances de rentes sur les villes, les provinces, les corps quelconques, les personnes lésées par perte de leurs charges, ou remboursées en papier sans valeur; en un mot, si la masse des Français qui avait fait des pertes eût pris sa part de ce festin; mais comme il n'était offert qu'à l'émigration, à part une petite exception, il se présentait avec un principe odieux.

La cour, qui, la première, dans tous ses

membres, participerait en sa plus grande partie à cette distribution, ne se trouvait pas encore assez bien traitée. Alors elle imagina un fonds prétendu de réserve, qui devait, en apparence, servir à refaire ceux qui, faute de titres, auraient été lésés dans le partage général, et en réalité, à augmenter la part des courtisans : c'était un leurre pour les émigrés, et une réalité pour ceux que la faveur protégerait; on donnerait ces quatre-vingt-cinq millions à qui on voudrait, soit en capital, soit en rentes. La chose était si positive, que déjà Charles X établissait des pensions de quatre, six, dix mille francs sur le fonds commun. Ceux qui l'administraient ne le nieront pas, car les brevets existent encore, et on peut les mettre sous les yeux du public. Le ministère trouva donc simple de détourner une aussi forte somme d'une destination étrangère à son premier emploi, et de l'appliquer tout entière aux armemens de guerre, qui réclamaient impérieusement toutes les ressources disponibles de l'État.

Ce fut avec une vraie colère que les débris de l'ancienne cour virent disparaître ce qu'ils regardaient comme à eux : ils attaquèrent avec aigreur et injustice une décision patriotique tout au profit de la révolution, et qui fut approuvée de l'universalité des citoyens : il nous importait peu que les flatteurs de la royauté tombée fussent soldés à si grands frais, et beaucoup que la défense du territoire fût complétée par cette somme déjà sortie de la bourse commune, et qu'on trouvait si à propos.

La fin du mois fut moins calme à Paris que son commencement : les écoles de droit et de médecine parurent agitées, et manifestèrent leurs sentimens politiques à l'égard de ceux de leurs professeurs nommés par les ex-ministres, en infraction de la loi des concours. Dans l'école de médecine, on siffla outrageusement M. Cruveilhier, dont tout le mérite ne consistait pas sans doute dans la faveur des hommes d'alors; on menaça le docteur Récamier de la même peine : on parut déterminé à ne vouloir dans les chaires que ceux qui les avait gagnées légitimement : c'était une prétention bien révolutionnaire.

Dans l'école de droit, on se prononça avec énergie contre M. Portets, que l'on repoussait par les mêmes motifs qui guidaient les élèves de celle de médecine. Le professeur rencontra un ami chaleureux dans M. Ducauroy, chargé d'expliquer le droit romain, qui, dans une séance de son cours, s'exprima avec sévérité et un peu d'exagération peut-être contre la prétention des élèves de juger leurs supérieurs. De légers murmures furent l'unique réponse des étudians ainsi attaqués; ces murmures ou des excitations postérieures engagèrent M. Ducauroy à revenir la prochaine fois sur le même point.

Mécontent des huées qu'il s'attira par cette insistance intempestive, et soupçonnant un jeune homme des auditeurs de ne pas appartenir à l'école, il envoya vers lui un huissier d'intérieur pour qu'il lui montrât sa carte. L'élève, ayant déjà rempli cette formalité à la porte d'entrée, ne crut pas devoir se soumettre à la volonté du professeur : ses camarades l'entourèrent dans sa résistance. M. Ducauroy envoya chercher M. Blondeau, le doyen, qui, après avoir entendu les parties, dit que l'étudiant était dans son droit. Cette opinion augmenta la colère de son collègue qui l'avait fait appeler, et qui alors, avec assez de petitesse, lui disputa le droit de faire la police à son cours. Ceci redoubla la force de l'orage; les sifflets commencèrent à se faire entendre. M. Ducauroy tâcha, de s'expliquer, et, ne pouvant y parvenir, leva la séance.

A la prochaine, il parut dépouillé de sa robe professorale, et dit aux élèves qu'il craindrait de la souiller s'il l'exposait à leurs insultes. Ces paroles imprudentes provoquèrent un tumulte que la présence du doyen, accompagné de MM. Demante, Duranton et Royer-Collard, ne put apaiser. Il fallut que M. Ducauroy se décidât à la retraite. C'était cependant un jurisconsulte éclairé, savant et constitutionnel, mais qui tenait aux formes et à la déférence des étudians. M. Mérilhou crut devoir venir à son aide : il se rendit en cérémonie à l'école de droit, harangua les élèves, les engagea à se tenir en repos.

Ses paroles pathétiques produisirent de l'effet; on lui promit de ne plus troubler la paix des cours, et il se retirait en triomphe, lorsque l'idée lui prit d'engager M. Ducauroy à monter dans sa voiture. Cette marque de bienveillance en parut une de mauvaise volonté, et tout aussitôt une grêle de pommes et d'œufs tombèrent sur l'équipage du ministre, en cassèrent les glaces, le barbouillèrent d'une étrange sorte. Un superbe chasseur, placé sur le derrière, eut ses vêtemens galonnés entièrement salis. La vitesse des chevaux sauva au ministre les suites de cette avanie qu'il ne méritait pas, car son intention était bonne, et la susceptibilité des élèves aurait pu la lui épargner. Eux aussi aimaient, comme M. Mérilhou, la liberté, l'égalité; mais ils l'entendaient d'une autre manière, et cela par nécessité, car ils étaient peuple, et lui ministre.

Ce fut à peu près vers ce temps que M. Guizot trouva pour la deuxième ou troisième fois le moyen de faire à la tribune de la chambre des députés son éloge : d'abord pendant son ministère, et puis au temps de la restauration; ces deux choses-là coulaient de source chez lui; il ne pouvait oublier son élévation dernière, et pas davantage que, soit avec la confiance de l'abbé de Montesquiou en 1814, soit plus tard avec celle du duc Decazes, il avait pris une part active aux fautes de cette restauration : il était donc naturel qu'il cherchât à l'excuser, car la condamnation de cette époque était à peu près la sienne; la sienne à lui qui, après la grande victoire, s'était imaginé pauvrement que ce qu'on avait de mieux à faire était de continuer cette restauration.

Le ministère anglais tomba vers la même époque que celui de France, un peu plus tard néanmoins, mais dans ce même mois; ce ministère d'aristocratie pure, présidé par lord Wellington, général heureux à la tête des armées, et homme médiocre dans la direction d'un conseil. Ce fut sous son influence que la Grande-Bretagne descendit du haut rang où elle était montée, soit en se rendant l'auxiliaire des fureurs du parricide don Miguel, soit en ne prenant qu'avec regret sa part de gloire de la bataille de Navarin, soit enfin en ne pouvant empêcher ni les progrès de la Russie dans la Perse et au sein de la Turquie, ni notre expédition brillante d'Alger, et qui serait devenue si profitable, si le prince de Talleyrand n'eût pas été en ambassade à Londres; ni enfin la révolution de France, ni celle de Belgique, de Brunswick, de Saxe, etc.

Lord Wellington, manquant de capacité politique, ne sut rien ménager de ce qui était utile aux intérêts de son pays; uniquement occupé de maintenir les priviléges aristocratiques, de les soutenir chez lui et dans l'Europe, il ne remédia pas à l'épuisement moral et financier de la Grande-Bretagne; il ne sut pas non plus contenir ce frein séditieux qui la dévore, et recula devant la populace de Londres, lorsque peu avant sa retraite il détourna le roi Guillaume IV d'aller dîner à l'Hôtel-de-Ville.

Cet événement dont on fit une conspiration, pour sauver l'honneur du ministère anglais, amena la mésaventure de celui-ci. Trop discrédité désormais pour pouvoir se présenter avec avantage devant les chambres, il tomba en présence d'une faible majorité ennemie. Celui qui le remplaça, et qui est présidé par lord Grey, renforcé de la science de M. Brougham, se présente sous un aspect plus populaire et composé de sorte à rendre à l'Angleterre cet éclat que la faiblesse de l'administration antérieure lui a fait perdre.

Tandis que le ministère Wellington finissait, que celui de Paris se modifiait de nouveau, le pape Pie VIII terminait à Rome sa carrière. Ce pontife vénérable, moins politique que pieux chrétien, n'avait point paru trop contraire à notre révolution; il s'était expliqué avec franchise, en ordonnant au clergé français de reconnaître sans balancer Louis-Philippe, et de prier pour lui. En vain les puissances nos ennemies avaient essayé de le rendre, pour notre roi, ce qu'il était pour le tyran du Portugal; leurs efforts échouèrent; le saint pontife répéta plusieurs fois :

« Charles X entend mal la religion, c'est un parjure; et quand il a violé la charte, il a dégagé légitimement les Français de leur serment de fidélité. Je crois son successeur bien en son droit, puisqu'il est monté sur le trône du consentement de son peuple. »

Cette sagesse devait avoir sa récompense. Pie VIII mourut, et son successeur n'est pas encore nommé : puisse-t-il avoir sa douceur ferme, ses vertus éminentes, et son amour de l'ordre et de la paix !

Sa mort ne produisit pas chez nous l'effet qu'elle aurait produit sans doute ou plus tôt ou plus tard, car la nouvelle nous en arriva au moment où nous faisions une perte immense; où un trépas funeste atteignait un de nos meilleurs et sans doute le plus éloquent de nos citoyens : Benjamin Constant, qui depuis 15 ans luttait sans relâche en faveur de la liberté, et qui, comprenant la révolution dernière, se maintenait avec génie à la tête du mouvement national.

Miné depuis long-temps par plusieurs maladies, entre autres, par une paralysie de l'épine dorsale, il ne pouvait pousser loin sa carrière si belle et si patriotique. Un mal moral achevait de le dévorer. La fausse route que nos affaires paraissaient prendre, et peut-être aussi l'ingratitude, envers lui, des hommes qui étaient à la tête de l'administration, qui se disaient ses amis, et qui le repoussaient néanmoins par effroi de sa supériorité positive; le refus dernier de l'Académie française de l'admettre dans son sein, contribua aussi à lui porter le coup mortel : il éprouva un chagrin amer de cette exclusion, qui lui était donnée au moment où il semblait naturel que cette compagnie, en honorant ses travaux littéraires, récompensât aussi ceux qu'il avait entrepris pour la nation avec tant de talent, de succès et de persévérance.

Alité depuis plusieurs jours, il déclinait rapidement; il voyait ses forces s'affaiblir, et il espérait encore la vie et des combats politiques dans cette tribune aux harangues où il avait recueilli tant de lauriers. Tout à coup il fait appeler son secrétaire. Écrivez, lui dit-il, ce que je vais vous dicter : « *Cet homme qui depuis douze ans avait tant mérité de la patrie...* Il s'arrête, repète huit ou dix fois la même phrase. Puis se tournant vers ses amis qui l'entouraient avec un silence douloureux........ *le reste à demain....* ensuite, retombant sur son oreiller, il rend le dernier soupir le 8 décembre, étant âgé de soixante-cinq ans.

La nouvelle de cette grande perte plongea l'universalité de la ville de Paris dans un profond chagrin; on se rappela avec quelle intrépidité modeste Benjamin Constant avait défendu nos droits, notre indépendance; comment, par la persistance d'une guerre assidue à l'absolutisme, au fanatisme, aux préjugés, il s'était bien lavé de quelques vacillations d'opinion; comment, toujours le premier à l'attaque, il s'en retirait le dernier. La reconnaissance des citoyens se promit d'éclater, par la magnificence patriotique des obsèques qu'on lui décernerait; elles furent devancées par une proposition de loi faite à la chambre des députés, relative aux honneurs du Panthéon réservés à nos grands hommes. Ce projet de loi, qui ne tarda pas à être adopté, disait :

Article Ier. En exécution de la loi du 10 avril 1791, le Panthéon sera consacré de nouveau à recevoir les restes des citoyens illustres qui ont bien mérité de leur patrie.

Art. II. L'inscription, AUX GRANDS HOMMES LA PATRIE RECONNAISSANTE, sera rétablie sur le fronton.

Art. III. Les honneurs décernés seront, ou un mausolée, ou une inscription gravée sur une table de marbre.

Art. IV. Les honneurs ne seront accordés qu'en vertu d'une loi, dix ans au moins après le décès des citoyens qui en seront l'objet.

Art. V. Néanmoins, au 29 juillet 1831, premier anniversaire de la révolution de 1830, les restes de Foy, de La Rochefoucauld-Liancourt, de Manuel et de Benjamin Constant, seront transportés au Panthéon.

Art. VI. Seront gravés sur les murs du Panthéon les inscriptions suivantes.

« *Aux citoyens qui ont péri pour la liberté.* »

« *Aux guerriers morts pour la patrie.* »

« *Aux héros des journées de juillet.* »

Leurs noms seront gravés au bas de ces inscriptions.

Art. VII. La présente loi sera gravée sur les murs du Panthéon.

Art. VIII. Il sera pourvu par des ordonnances à l'exécution de la présente loi.

CHAPITRE XVIII.

Pendant que ce projet de loi était apporté aux chambres, les préfets de la Seine et de police, prenant l'initiative, couvraient les murs de Paris de l'arrêté municipal suivant.

« La mort de Benjamin Constant sera un sujet de deuil pour toute la France; mais elle sera encore plus vivement sentie par la population de Paris, dont il fut long-temps l'éloquent et le courageux représentant, et par notre brave et loyale jeunesse, dont il fut toujours le défenseur et le patron. L'autorité municipale de Paris éprouve le besoin de s'associer, dans cette circonstance, aux témoignages de la douleur et de la reconnaissance publiques. En conséquence, et après nous être concertés avec la famille du défunt, nous avons arrêté ce qui suit :

Art. I. Les restes de Benjamin Constant seront remis, le 12 décembre 1830, à neuf heures précises, par ses parens, aux députations choisies par les écoles, et seront portés au cimetière de l'Est, pour y être déposés provisoirement à côté de ceux de Foy et de Manuel.

Art. II. Le corps municipal, revêtu de ses insignes, accompagnera le cercueil.

Art. III. Une souscription sera ouverte dans les douze mairies, et sera consacrée à l'érection d'un mausolée qui rappellera les services rendus par Benjamin à la France, et particulièrement à la ville de Paris.

Art. IV. Un comité élu par les souscripteurs déterminera l'emploi de la souscription, et réglera l'emplacement, la forme, les suscriptions du mausolée. »

Comte TREILHARD,
ODILON-BARROT, *signés*.

J'emprunterai au *Constitutionnel* les détails de la cérémonie funèbre.

Elle commença à onze heures du matin, le dimanche 12 décembre. Une députation de la chambre des députés, où l'on remarquait M. Casimir Périer, tous les ministres, le conseil d'état, trois aides-de-camp du roi, qui avait envoyé aussi deux de ses voitures ; le corps municipal, ayant en tête le préfet de la Seine ; des députations des écoles polytechnique, de droit, de médecine, de pharmacie, de commerce, des beaux-arts, de la société de la Morale chrétienne, de la société Parisienne et du collége Bourbon, parmi lesquelles ont été choisis les citoyens chargés de porter le corps de l'honorable député ; une députation de la ville de Saumur ; des compagnies entières de la garde nationale, se montant au moins à trente mille hommes, tous en costume et sans armes ; des députations des bataillons de la banlieue et des autres communes ; les Alsaciens présens dans la capitale ; une députation de chaque mairie de Paris ; l'artillerie et l'état-major de la garde nationale, ayant en tête le général Lafayette. Le cortége s'avançait précédé par des compagnies de troupes de ligne, et d'un escadron de hussards d'Orléans. Plus de cent mille spectateurs formaient la suite, et jamais souverain n'a reçu des obsèques plus magnifiques, et surtout plus imposantes.

Le corbillard était d'une simplicité extrême; le cercueil, pour tous insignes, avait été couvert de palmes civiques et de couronnes de laurier; les quatre coins du poêle furent portés d'abord par MM. Laffitte, Casimir Périer, Odilon-Barot et Lafayette, et puis successivement par des délégués de diverses députations. Un obstacle imprévu arrêta le cortége pendant une heure et demie, à la sortie du faubourg Saint-Honoré. Les jeunes gens des écoles avaient demandé avec instance à porter eux-mêmes le cercueil: tout à coup une des poignées du brancard se casse, et la marche est interrompue. Il fallut envoyer chercher un char funèbre, et l'accommoder, car le cercueil était immense, d'après le vœu témoigné par le défunt, qui avait demandé *à être à son aise*, et qui était couché sur un matelas.

La route suivie fut celle du boulevard; on alla ainsi jusqu'au temple protestant, où l'on arriva après trois heures et demie. Les prières pour les morts achevées, quelques voix réclamèrent pour que l'on prît la route du Panthéon; mais les magistrats ayant parlé, les agitateurs gardèrent le silence, et l'on chemina vers le cimetière du Père-Lachaise, que l'on n'atteignit qu'à la nuit close.

Une musique funèbre, le son lugubre du tamtam, les regrets de la foule, la clarté effrayante des torches, donnèrent à cette partie de la cérémonie quelque chose de doublement solennel. Des discours furent prononcés, mais entendus de peu de monde ; enfin, la France ayant pris congé de l'un de ses meilleurs citoyens, cette foule immense, qui elle-même faisait la police, se dispersa sans trouble, sans tumulte, sans aucun excès, tant elle était remplie d'un sentiment profond et douloureux !

Ce mois de décembre, cette fin d'une année si fertile en grands événemens, ne devait pas s'écouler avec autant de tranquillité que le mois de novembre. Le grand procès des ministres de Charles X allait avoir lieu. L'instruction seconde, ordonnée par la chambre des pairs, était terminée ; la prison construite dans le Luxembourg pour recevoir les coupables, était prête : il n'y avait plus qu'à ouvrir les débats.

En conséquence, le 10 décembre, à cinq heures du matin, le comte de Montalivet, pair de

France et ministre de l'intérieur, accompagné du général Fabvier, commandant la place de Paris, de MM. Alphonse Foy, Joubert, Thomas et Ladvocat, commissaires de la garde nationale, partirent en voiture pour se rendre à Vincennes. Les troupes qui devaient former l'escorte les ayant devancés, les formalités pour l'extradition des prisonniers remplies, les huissiers de la chambre des pairs, venus de leur côté, exhibèrent l'ordre de la translation : alors le général Daumesnil remit à qui de droit les quatre individus confiés à sa garde.

M. de Chantelauze, très-malade en ce moment d'une affection rhumatismale, ne put être transféré avec ses collègues ; mais le soir même il les rejoignit. Le général Daumesnil l'ayant pris dans sa voiture, le conduisit sans mal-encombre et sans gardes jusqu'au Luxembourg.

Les trois autres ministres étaient dans deux voitures avec les quatre commissaires. Le ministre de l'intérieur précédait à cheval à la tête du cortége. On traversa le faubourg Saint-Antoine, le quai de la Bastille, le pont d'Austerlitz, les boulevards intérieurs. On entra par la porte de l'Observatoire dans le jardin du Luxembourg, à cette même place où le maréchal Ney avait été fusillé. Le peuple partout se tint tranquille; il respecta la force de la loi: vingt-cinq gardes nationaux à cheval, vingt artilleurs, et quatre-vingts chasseurs du huitième régiment composaient l'escorte.

Ces quatre accusés furent renfermés dans une prison particulière construite pour eux dans le local du Petit-Luxembourg, et qui coûta soixante-dix mille francs à établir. On avait pris toutes les précautions convenables pour la sûreté des détenus. Le commandement général appartenait au colonel Feisthamel, chef de la dixième légion de la garde nationale, et à M. Ladvocat, officier sous ses ordres. Les diverses légions devaient monter la garde tour à tour avec un supplément de garde urbaine et de troupe de ligne. Des mesures sévères interdisaient toute communication avec le dehors; des sentinelles en nombre veillaient à la police intérieure; enfin, dans la chambre de chaque détenu il y avait une guérite dont l'entrée était extérieure, mais par laquelle, au moyen de plusieurs jours garnis de carreaux épais, on voyait dans l'intérieur ce qui se passait. La garde nationale se refusa à venir occuper ce poste, que l'on donna à la garde municipale.

Le peu d'étendue de la salle des pairs ne permettait pas d'appeler aux séances du procès un grand nombre d'assistans. Voici les dispositions que prit à ce sujet le comte de Sémonville, grand-référendaire : le corps diplomatique, devant être placé dans l'enceinte même, sa tribune put être livrée au public; on accorda quarante places aux députés, vingt aux fils aînés des pairs, soixante aux douze légions de la garde nationale à pied, trois à la garde nationale à cheval, trois à l'artillerie, quatre aux accusés, quatre aux défenseurs, huit à l'école polytechnique, deux à chaque tribunal, douze aux douze mairies, et quarante aux divers rédacteurs de journaux.

L'ordre des débats fut réglé pareillement.

Le greffier devait faire la lecture de la résolution de la chambre des députés, et du dernier arrêt rendu à huis-clos par la chambre des pairs. Cette lecture faite, un des commissaires exposerait brièvement l'objet de l'accusation, et conclurait par requérir qu'il soit procédé à l'interrogatoire des accusés et à l'audition des témoins.

Les débats ouverts, M° Persil, l'un des commissaires, prenant la parole, développerait les moyens de l'accusation, et puis les défenseurs des prévenus lui répondraient. M. de Martignac, chargé de la défense du prince de Polignac, traiterait particulièrement toutes les questions politiques et préjudicielles, se rattachant à la défense commune; M. Hennequin prendrait la défense de M. de Peyronnet; M. Sauzet celle de M. de Chantelauze, et M. Crémieux celle de M. Guernon de Ranville. Les avocats entendus, MM. Bérenger et Madier-Monjau se partageraient la réplique : le premier s'attachant aux preuves juridiques, le second aux questions préjudicielles et politiques : c'était enfin le 15 du mois que le procès commencerait dans sa partie publique.

Les défenseurs, concevant l'importance qu'il y avait pour leurs cliens que les journaux n'animassent pas contre eux la population parisienne, leur adressèrent une circulaire ainsi conçue :

« MESSIEURS,

» Le moment approche où de graves et de
» solennels débats vont s'ouvrir; ces débats,
» destinés à éclairer les juges des derniers mi-
» nistres de Charles X, doivent avoir la France

» entière pour témoin, et c'est à la presse pé-
» riodique qu'est réservée la mission de les lui
» transmettre. Nous ne doutons pas de l'esprit
» de justice dont vous êtes animés, et de votre
» respect pour le droit sacré de la défense :
» toutefois, cédant à une sollicitude pressante,
» que vous comprenez aisément, nous croyons
» devoir faire auprès de vous une démarche
» commune, afin de réclamer dans le compte
» que vous aurez à rendre toute votre justice
» et votre impartialité.

» Un autre motif nous dirige encore : la
» théorie des grandes questions que ce mémo-
» rable procès fait naître, appartient sans doute
» à la controverse; mais quand ces questions
» sont devenues judiciaires, quand leur pro-
» blème touche à la vie des hommes, quand
» leur solution prépare ou présage un arrêt, on
» a le droit d'attendre, dans leur discussion
» anticipée, une prudente réserve et de justes
» ménagemens.

» Nous demandons pour les accusés, dans la
» position où ils sont placés, que le procès ne
» soit pas jugé par ceux qui sont à la fois les
» guides et les organes de l'opinion publique,
» avant que la défense ait pu être entendue.

» En voyant les pièces de la procédure livrées
» à la publicité, et par conséquent à la critique,
» plusieurs jours avant l'ouverture des débats,
» nous avons cru nécessaire de faire à votre
» justice cet appel, qui ne sera pas méconnu,
» et de prévenir la conscience des hommes
» de bien contre le danger des jugemens pré-
» cipités.

» Recevez, Monsieur, l'assurance, etc.

» Les défenseurs des anciens ministres,

» *Signés*, DE MARTIGNAC, MANDAROUX-VER-
» TAMY, HENNEQUIN, SAUZET, CRÉMIEUX. »

M. Mandaroux-Vertamy était tout dévoué à M. de Polignac, et le chef du conseil de défense dont il fut l'âme, quoiqu'il ne dût point porter la parole. Les journaux répondirent par une conduite noble et généreuse envers des hommes qui avaient été leurs ennemis extrêmes; à la prière des avocats, ils se turent, n'aggravèrent point la position des accusés, comme il leur aurait été si facile de le faire, et on ne put leur adresser aucun reproche. Il y a dans le cœur des Français un sentiment de noble convenance qui ne lui permet jamais d'accabler un ennemi vaincu.

Le mercredi 15 décembre, les précautions extérieures prises, une légion entière de la garde nationale sous les armes, toutes les autres prêtes à les prendre, et déjà en uniforme, en vertu de l'invitation du général en chef, chacun à son poste, les débats furent ouverts; les pairs, en habit de ville pour la plupart et point dans la majesté de leur grand costume, prirent leurs places; celles du public étaient occupées depuis l'ouverture des portes.

Les gardes municipaux conduisirent les accusés. La pâleur de M. de Chantelauze annonçait ses souffrances physiques; ses compagnons, calmes et rians, montraient plus d'assurance; ils connaissaient à l'avance leur sort, qu'on pouvait prévoir facilement, d'après la sollicitude que le gouvernement et les chambres n'avaient cessé de leur témoigner. On les fit retirer un instant, leur venue étant prématurée. Les commissaires parurent bientôt; ils étaient en la compagnie de MM. Laffitte et Casimir Périer. Les avocats entrèrent ensuite avec leurs cliens; M. de Martignac, en habit noir, portait le grand cordon de la Légion-d'Honneur.

Le président de la chambre des pairs fit les questions d'usage. M. de Peyronnet, avant d'y répondre, renouvela les protestations que déjà il avait consignées dans ses requêtes, et demanda qu'elles fussent insérées au procès-verbal. MM. de Chantelauze et Guernon de Ranville firent comme lui.

On passa à l'appel nominal des pairs : cent soixante-deux étaient présens. Le greffier de la chambre donna lecture de la résolution des députés, et de l'arrêt de la cour des pairs, en date du 29 novembre dernier. Cela fait, le président ayant rappelé aux avocats les dispositions de l'article 211 du Code d'instruction criminelle, ajouta :

« Accusés, vous venez d'entendre que vous êtes accusés, comme signataires des ordonnances du 25 juillet, du crime de trahison ; vous allez entendre les charges qui seront portées contre vous. La parole est à MM. les commissaires de la chambre des députés. »

M. Bérenger prit alors la parole, exposa rapidement les motifs de l'accusation, et conclut ensuite à ce qu'il fût passé à l'interrogation des ministres accusés et à l'audition des témoins.

Le président s'adressa ensuite au prince de

Polignac, qui s'attacha dans ses réponses à repousser toute idée de préméditation au fait des ordonnances anti-constitutionnelles; mais en même temps il se renferma dans un silence complet sur tout ce qui pouvait éclairer la justice des pairs, concernant les actes du cabinet de Charles X; plus il se taisait pourtant, plus ses collègues l'imitèrent sur ce point, et plus cette réticence affectée prouva aux spectateurs que Charles X était le premier coupable dans cette affaire si majeure, et où de si grands intérêts avaient été compromis.

Je ne puis entrer dans les détails de l'interrogatoire des accusés, qui ne fournit aucune lumière à la justice, qui n'apprit rien au-delà de ce qu'on savait déjà; jamais procès ne fut plus pauvre en actes probans, en renseignemens positifs; jamais on ne fit un plus sobre usage du droit d'interrogation; on aurait dit que tout était tracé à l'avance, et que c'était chose convenue que la manière dont de part et d'autre on agirait; il semblait que chacun était là pour la forme, accusés, accusateurs et magistrats: ce fut au moins l'impression produite par les apparences, et que le resultat ne démentit point.

L'audition de M. de Peyronnet présenta quelque chose de plus intéressant, à cause de l'énergie et de la noblesse qu'il mit dans ses réponses. Cet homme était assurément bien coupable envers la nation, et néanmoins on lui sut gré de son courage et de son dévouement; il parla à propos, avec élégance et dignité; on aurait voulu qu'un talent réel eût manifesté plus de civisme; il fallut même conclure de tout ce que l'on entendait, qu'il était, sur le fait des ordonnances, moins coupable que M. de Polignac, par exemple, et que M. de Chantelauze; on vit clairement que des quatre accusés, lui et M. Guernon de Ranville s'étaient opposés avec véhémence à cet acte inconstitutionnel, et n'avaient enfin cédé que par un sentiment exalté d'honneur, envisagé sous un faux point de vue; opinion que plus tard renforcèrent les dépositions de MM. de Sémonville et d'Argout.

M. de Chantelauze ne se tira pas aussi heureusement de son interrogatoire : il avait rédigé le fameux rapport, il avait voulu les ordonnances; et bien qu'on l'aidât dans sa défense, ses réponses, pour si ambiguës qu'elles fussent, laissèrent percer une partie de la vérité.

On ne conclut des réponses de M. Guernon

de Ranville qu'un seul point, que, charmé d'être ministre, il n'avait pas eu la force de renoncer à son portefeuille, en se refusant à signer les ordonnances, qui, malgré sa phrase fameuse, ne rentraient point dans ses opinions.

En résultat de toutes les paroles dites en cette portion du procès, il n'y eut rien d'avantageux à l'accusation, ni de favorable à la défense; on parla beaucoup pour ne rien dire; ce fut peut-être de l'habileté, et pas au moins de la franchise. Au demeurant, les égards, les attentions, les prévenances délicates, manifestèrent aux quatre ministres leur importance aux yeux de leurs juges, et combien on établissait de différence entre eux et les misérables qui, par leur ordre, avaient laissé leur vie sur les pavés de Paris. Toute l'assemblée paraissait composée d'amis tendres, d'ennemis affectueux; on faisait de la sensibilité et de la générosité, c'était à qui mieux mieux; on applaudissait à chaque phrase harmonieuse ou fière, des yeux, de la bouche et d'un geste muet; on soufflait des réponses favorables; on étouffait des distractions maladroites : certes, on ne poussa jamais plus loin les égards, et l'urbanité française ne se montra sous un jour plus extraordinaire. Peut-être des formes plus solennelles, plus graves, qui, sans rien enlever à la pitié, n'auraient pas offensé le désespoir de tant de familles, eussent-elles mieux convenu dans cette circonstance; mais on ne pouvait, selon toute apparence, commander aux élans du cœur, et il fallait dédommager *ces malheureux de la rigueur* de cette sentence que l'on porterait contre eux.

Après l'interrogatoire, on commença l'audition des témoins. Le premier entendu fut le comte Chabrol, pair de France, ex-ministre, et qui avait renoncé à son portefeuille au mois de mai dernier, vraisemblablement pour ne pas avoir à déchirer la charte constitutionnelle : il n'apprit rien au public que ce qu'on savait déjà, qu'une discussion relative à la présidence, entre M. de Polignac et de La Bourdonnaye, avait été cause de la retraite de celui-ci.

M. de Courvoisier, second témoin et ex-garde-des-sceaux, ne chargea aucunement les accusés, quoi qu'il laissât entendre que lui aussi, comme M. de Chabrol, avait reculé devant une interprétation funeste du pacte fondamental.

La séance fut levée et remise au lendemain. Cent soixante pairs répondirent ce jour à l'appel nominal. On poursuivit l'audition des témoins. Le troisième, M. de Laporte, marchand de nouveautés, rue Saint-Honoré, déposa sur le fait du commencement de la guerre civile : il vit la troupe faire feu et *revenir deux ou trois personnes tuées*, le peuple jeter des pierres, former des barricades, et son malheureux fils tomber lui-même frappé de mort : il observa que les soldats tiraient plutôt aux croisées que sur la foule rassemblée dans les rues.

Les témoins suivans déposèrent sur le même point; leurs rapports contradictoires purent laisser croire à volonté que la troupe avait tiré sans ou avec provocation. On aurait pu entendre des témoignages plus décisifs, qui eussent fourni la preuve que toute l'agression venait du pouvoir; mais, par ignorance sans doute, on ne les appela pas; tout Paris pourtant les connaissait. La chambre des pairs avait obtenu, dans le procès du maréchal Ney, des révélations plus positives au désavantage de cet illustre accusé; mais tous ceux que l'on entendit dans l'affaire des ministres certifièrent que nulle part les sommations légales n'avaient été faites.

Des commissaires de police, témoins, constatèrent ceci, entre autres, M. Boniface, qui refusa formellement de remplir ce devoir rigoureux ; ce qui ralentit pendant une heure le feu sur la place du Palais-Royal.

La déposition de M. Alexandre Petit, ancien maire du deuxième arrondissement, présenta de l'intérêt : il dit que des citoyens lui ayant manifesté le désir de reconstituer la garde nationale, il s'était rendu auprès de M. de Polignac, qui lui avait dit pour toute réponse : allez trouver le maréchal duc de Raguse ; qu'il y fut, et qu'il n'obtint rien ; que le jeudi matin, revenant aux Tuileries, M. de Polignac, le prévenant qu'il allait prendre les ordres du roi, le pria de l'attendre au château, où sa présence pouvait être utile. Le duc de Raguse peu après lui dit qu'il avait demandé au roi le retrait des ordonnances, etc.

Le maréchal Gérard, ministre de la guerre, appelé à son tour, rendit justice aux dispositions pacificatrices du maréchal duc de Raguse, et constata le refus de M. de Polignac de le recevoir, ainsi que MM. Laffitte, de Lobau, Casimir Périer, Mauguin, etc., lorsqu'ils vinrent en députation, le mercredi, au nom des députés, demander la cessation du carnage.

Un incident s'éleva sur une forme judiciaire

entre M. Billot, ex-procureur du roi, et M. Persil, commissaire de la chambre des députés, relative aux règles à suivre dans ce qui précède et détermine la délivrance des mandats d'amener ou de comparution; il sembla aux spectateurs que ces messieurs ne s'entendaient pas bien sur le fond de la chose, qui au reste n'intéressa que leur amour-propre. M. Billot cependant avoua l'existence des quarante-cinq mandats d'amener lancés contre des journalistes qui avaient protesté, un imprimeur, etc.

Le comte de Chabrol de Volvic, préfet de la Seine, vingt-deuxième témoin entendu, prétendit n'avoir eu connaissance du coup-d'état que par le *Bulletin des lois*. Le 26 juillet, à cinq heures du matin, il alla chez le ministre de l'intérieur, qu'il trouva calme, mais profondément affligé; chez le préfet de police, qui lui parut rempli d'un effroi singulier : nul ne lui donna des instructions sur ce qu'il aurait à faire, et il se décida à évacuer son hôtel, après avoir mis en sûreté les caisses de l'Hôtel-de-Ville, lorsqu'il ne put plus y demeurer en sûreté. Il ajouta tenir de M. de Peyronnet que le gouvernement convenait être sorti de la charte en raison de la gravité des circonstances, mais qu'il y rentrerait le plus tôt possible.

M. de Champagny, ex sous-secrétaire d'état au ministère de la guerre, donna des explications sur les conseils de guerre dont M. de Polignac voulait ordonner la formation. Il embrouilla le plus clairement possible ce point capital, de manière à le laisser complétement dans le vague, et aucune question de la part des juges ou des commissaires ne tendit à établir franchement cette demande et les conséquences qu'elle devait avoir.

On entendit encore MM. Antoine, baron de Saint-Joseph et autres témoins; leurs dépositions ne fournirent aucune lumière, et l'on renvoya la séance au lendemain.

CHAPITRE XIX.

Le 17 décembre, après quelques actes insignifians, on continua d'épuiser la liste des témoins. Le premier entendu ce jour-là, et le vingt-huitième par ordre de numéro, fut M. Jacques Laffitte, président du conseil actuel des ministres. Il dit que le 28 juillet, s'étant rendu à une réunion de députés, il fut convenu qu'on enverrait cinq membres vers le duc de Raguse pour arrêter l'effusion du sang. Nommé l'un des cinq avec MM. Gérard, Lobau, Casimir Périer et Mauguin, ils parvinrent à l'état-major-général : on les reçut avec empressement; le maréchal ne put obtempérer à aucune de leurs demandes, mais proposa à la députation de voir M. de Polignac. Il alla prévenir celui-ci, et revint apportant un refus. Sur ce, on se quitta. On descendait l'escalier, lorsque M. de Larochejaquelein, survenant et commettant une erreur, pria ces messieurs de revenir vers M. de Polignac qui souhaitait leur parler. On avait attendu encore un instant, et le même officier ne tarda pas à paraître, en leur disant qu'en effet le président du conseil ne pouvait pas traiter avec eux.

M. Casimir Périer n'ajouta rien aux particularités de cette déposition.

M. de Guise, trentième témoin, aide-de-camp du duc de Raguse, parla noblement en faveur de son chef, sans éclaircir ce qui touchait aux volontés de M. de Polignac. Les questions qui lui furent faites n'eurent aucun résultat, et cela devait être : il n'était pas dans le secret du maréchal, et ne connaissait rien des rapports intimes de celui-ci avec le président du conseil.

Le trente-unième témoin, M. Komierowski, polonais de naissance, aide-de-camp du maréchal de Raguse, fit une déposition plus intéressante dans sa dernière partie. « Le mercredi, dit-il, vers quatre heures du soir, je fus envoyé par M. le maréchal à Saint-Cloud, avec une dépêche pour le roi. J'avais ordre de faire la plus grande diligence, ce que je fis en effet. M. le maréchal m'avait de plus recommandé de dire moi-même au roi ce que j'avais vu de l'état de Paris. Introduit dans le cabinet du roi, je lui remis la dépêche du maréchal, et lui rendis compte verbalement de l'état des choses, en lui disant qu'il exigeait une prompte détermination. Je lui exposai que ce n'était pas seulement la populace de Paris, mais la population tout entière qui s'était soulevée, et que j'avais pu en juger par moi-même, en passant du côté de Chaillot et de Passy, où des coups de fusil avaient été tirés contre moi, non par la populace, mais par des gens d'une classe plus élevée. Le roi me dit qu'il lirait la dépêche. Je sortis pour attendre ses ordres. Voyant qu'ils n'arrivaient pas, je priai M. le duc de Duras d'aller chez le roi pour les lui demander; mais il me répondit *que, d'après l'étiquette, il lui était impossible d'y entrer qu'au bout de vingt minutes.* Alors je fus rappelé dans le cabinet du roi, qui ne me remit aucune dépêche écrite, mais me chargea seulement de dire au maréchal de *tenir bien, de réunir ses forces sur le Carrousel et à la place Louis XV, et d'agir avec des masses.* Madame la duchesse de Berri et M. le dauphin étaient alors dans le cabinet du roi, mais ne dirent rien.

Après cette résolution importante qui peignait si bien la sottise des courtisans et l'âme dure de Charles X, ordonnant de sang froid d'*agir avec des masses*, afin de faire périr un plus grand nombre de Français, et qui montrait non moins clairement avec quelle indifférence la duchesse de Berri prenait ces grandes calamités, il s'éleva un débat au sujet d'une somme de 419,000 fr. distribuée ou non à la troupe, somme *sortie* du trésor, et disparue de manière à n'en retrouver en compte que des parcelles de sept à huit mille francs.

Le vicomte de Foucauld, trente-deuxième témoin, entra dans des détails personnels à sa conduite; ils excitèrent les rires de l'assemblée : il déclara que le mercredi le duc de Raguse lui avait remis un ordre signé de lui pour l'arrestation de plusieurs personnes, ordre qui ne tarda pas à lui être retiré, à cause de l'impossibilité de le mettre à exécution. Ce fait amena des débats étrangers en quelque sorte à l'accusation des ministres, et qui pouvaient seulement compromettre plus ou moins le duc de Raguse.

La déposition de M. Arrago, membre de l'Académie des sciences, et *trente-troisième* témoin, tout en jetant un grand jour sur les sentimens du maréchal et sur les événemens, ne se rapporta aux ministres que d'une façon indirecte dans sa première partie. Il n'en fut pas de même dans sa seconde, où, après avoir répété qu'il dit à M. Delarue, aide-de-camp du maréchal, la position de Paris, que la ligne se disposait à s'unir au mouvement national, poursuivit en ces termes :

« M. Delarue, avec mon assentiment, alla transmettre cette nouvelle au maréchal. Celui-ci s'empressa d'en faire part à M. de Polignac ; mais elle fut loin de produire l'effet qu'on attendait ; car M. Delarue, en revenant, s'écria avec l'accent de la plus profonde douleur : « Nous sommes perdus, notre premier ministre n'entend pas même le français. Quand je lui ai dit, en vous citant, que la troupe passait du côté du peuple, il a répondu : *Eh bien ! il faut aussi tirer sur la troupe !!!* »

Certes, si dans ce procès il était un témoin nécessaire, c'était M. Delarue, qui pourtant ne parut pas. Officier et Français, sujet de l'État et salarié comme militaire, on devait le faire revenir de son voyage à l'étranger. *On n'y pensa pas*, et l'instruction et le ministère ne réclamèrent aucunement sa présence ; elle aurait paralysé les efforts de l'intérêt porté aux accusés. Je laisse les réflexions à ceux qui savent en faire.

M. de Glandevèze, témoin appelé en vertu du pouvoir discrétionnaire, donna la preuve de son patriotisme, en avouant qu'il aurait arrêté le conseil des ministres si le duc de Raguse lui en avait donné l'ordre ; mais sa déposition n'apprit rien.

Il y eut ici encore un incident bizarre. M. Arrago avait parlé d'une lettre de M. Delarue, rappelant le propos de M. de Polignac. Cette lettre, adressée à M. de Guise, apportée à la séance, se trouva sans signature, et sans ce qu'on prétendait y avoir lu ; une partie même avait été arrachée à l'avance ; c'était une pièce informe. Il eût mieux valu la présence de M. Delarue ; mais comme la nation seule la réclamait, on n'y donna aucune suite, tant tout était bizarre dans ce procès.

M. de Polignac avait dit à M. de Tromelin, lieutenant-général et *trente-septième* témoin, que les troubles du moment n'étaient rien, qu'ils ne prenaient pas un caractère plus sinistre que ceux de la rue Saint-Denis, et que le déploiement des forces ordonné ferait tout rentrer dans l'ordre.

La déposition de M. Bayeux, avocat-général à la cour royale de Paris, prouva que le ministère, pour se donner de plus grands moyens, avait projeté de rassembler la cour royale dans le château des Tuileries. L'ordre fut donné à ce magistrat de convoquer les conseillers par M. de Chantelauze. La cour à laquelle il le communiqua ne jugea pas à propos d'y obtempérer.

On sut par le *trente-huitième* témoin que le comte de Peyronnet avait transmis au préfet d'Orléans l'injonction de faire partir sur-le-champ pour Paris, et à marches forcées, le régiment suisse en garnison dans cette ville. Le fait parut étrange, et, selon l'usage pendant la durée du procès, ne fut pas éclairci.

Le comte de Sémonville, *quarante-septième* témoin, déclara que le jeudi matin il se rendit au Carrousel en la compagnie du comte d'Argout, dans le dessein d'obtenir des ministres tout ce qui rétablirait la paix; qu'ils trouvèrent le duc de Raguse dans un état de désespoir visible, et qui les reçut comme des libérateurs.

Il les mit en présence du prince de Polignac, à qui M. de Sémonville fit l'état le plus exact de la position des choses, le conjurant d'y mettre ordre, et secondé dans son insistance par plusieurs officiers généraux, entre autres par le comte Alexandre Girardin. M. de Polignac soutenait presque seul cette lutte inégale, toujours avec le même calme, se retranchant derrière l'autorité du roi. Les autres ministres, au contraire, montraient des sentimens pareils à ceux de M. de Sémonville, et manifestaient par leurs propos qu'ils étaient soumis à une volonté supérieure à la leur. M. de Sémonville ajouta :

« Pendant que les ministres délibéraient avec une lenteur trop considérable pour notre impatience, le maréchal, M. d'Argout, et de Glandevèze qui nous avait introduits, et moi, nous nous retirâmes dans l'embrasure d'une croisée ; nous suppliâmes le maréchal de mettre fin à cette horrible tragédie ; nous osâmes aller jusqu'à lui demander de retenir les ministres sous la garde du gouverneur, qui, par un mouvement généreux, consentait à consacrer son épée à cet usage.... Le maréchal, ému jusqu'à répandre des larmes de rage et d'indignation, balançait entre les devoirs militaires et ses sentimens.

Nous l'avons vu deux fois se refuser aux ordres que des officiers venaient lui demander de tirer le canon à mitraille pour repousser les attaques vers la rue Saint-Nicaise. Il cédait peut-être à nos instances, lorsque M. de Peyronnet, sortant du cabinet du conseil, me dit : Quoi ! vous n'êtes point parti; nous nous mettons en devoir de nous rendre à Saint-Cloud malgré M. de Polignac qui ne le voulait pas : nous prenons même la voiture qu'on lui destinait, et nous sommes en route. M. de Peyronnet, descendu à l'avance dans le jardin des Tuileries, nous crie : *Allez vite! allez vite!* nous montrant de la main une voiture qui nous suit et qui renferme M. de Polignac. Nous entrâmes presque en même temps dans la cour du château de Saint-Cloud.... Un huissier de la chambre vint m'appeler. M. de Polignac m'attendait à la porte du cabinet du roi.... Il me dit : Vous savez, monsieur, quel devoir vous venez remplir en venant ici dans les circonstances présentes. J'ai informé le roi que vous étiez là. Vous m'accusez, c'est à vous d'entrer le premier.

» J'ai déjà dit dans ma déclaration écrite, et la cour sentira qu'il n'est ni dans mes devoirs de témoin, ni dans les convenances de rendre compte d'un long et douloureux entretien dans lequel, je le déclare, en exposant le tableau fidèle de tant de malheurs et de tant de résultats immédiats, le nom d'un ministre n'a jamais été prononcé une seule fois, ni son intervention indiquée. Mes instances, mes supplications, mes déplorables prédictions ont donné à cette scène un caractère de vivacité qui a jeté une sorte d'alarme parmi les personnages les plus considérables, gardiens de l'appartement du roi.... J'ai toujours cru que l'opinion du roi était ancienne et personnelle, et le résultat d'un système politique et religieux. Plusieurs fois mes instances ont été repoussées avec opiniâtreté.... Toutes les fois que j'ai attaqué le système du roi, j'ai été repoussé par son inébranlable fermeté. (*Mouvement dans l'assemblée.*) Il détournait les yeux de dessus les désordres de Paris et des orages qui menaçaient sa tête et sa dynastie, et je n'ai pu vaincre sa résolution qu'après avoir tout épuisé; et en passant par son cœur, j'ai osé le rendre responsable envers lui-même du sort réservé à madame la dauphine, éloignée peut-être à dessein. Dans ce moment, je le forçai d'entendre qu'une hésitation d'une heure, d'une minute, pouvait tout perdre, parce que les désordres de Paris pouvaient se propager dans les provinces, et condamner madame la dauphine à des malheurs, à d'horribles outrages, les seuls qu'elle ignorât encore. (*Émotion dans l'assemblée.*) Des pleurs ont aussitôt roulé dans ses yeux, sa sévérité a commencé à se dissiper, ses résolutions ont paru changer, sa tête s'est baissée sur sa poitrine, et il m'a dit d'une voix basse, mais vivement émue : Je vais dire à mon fils de venir, et j'assemblerai le conseil. »

La suite de cette déposition majeure apprit que dès le mois de février dernier M. de Polignac préparait ses ordonnances, et qu'il comptait sur la chambre des pairs pour obtenir un budget que celle des députés lui refuserait positivement.

Le prince de Polignac, frappé de l'impulsion défavorable sur son compte que la déposition de M. de Sémonville produisait, demanda alors la parole, et tâcha d'en atténuer l'effet par un discours qu'on avait préparé à l'avance. On était convenu qu'il attendrirait beaucoup; et ceux qui écrivaient les détails des séances à son avantage avaient soin de faire connaître l'émotion et les pleurs de l'assemblée au spectacle si touchant d'une illustre victime se défendant contre ses calomniateurs. J'avoue que mes sentimens de citoyen français me rendent sévère envers des hommes qui ont fait tant de mal à la patrie, et que ma pitié pour un malheur mérité si justement ne va pas jusqu'à les vanter et à s'en enthousiasmer de leur contenance pendant des débats dont l'issue leur était bien connue[1]. On croirait, à entendre les exagérés, que, par cela seul que l'attentat le plus inepte et le plus criminel n'a pas réussi, ceux qui le tentèrent sont les seuls dignes de la compassion, de la générosité publique. Je réserve la mienne pour ceux qui ont péri dans les rues de Paris, pour les familles orphelines ou privées de leur unique soutien. C'est peut-être moins bonne compagnie, mais c'est sans doute plus patriotique et plus naturel.

Le 18 décembre, après l'appel nominal, M. Persil porta la parole au nom de la commission de la chambre des députés, faisant fonction de ministère public dans le procès des ex-ministres; il ramena l'ensemble de l'accusation,

---

[1] M. de Polignac a dit à M. Ladvocat, sur la route de Ham, que l'arrêt des pairs était dressé à l'avance. Ce fait, rapporté par tous les journaux, n'a été ni dénié ni démenti.

fit l'historique des dernières journées de juillet, essaya de saisir dans tous les actes du ministère Polignac la preuve d'une préméditation à gouverner par des coups-d'état et par des actes attentatoires à l'autorité de la charte; il insista sur les faits principaux, prévint les répliques des avocats, essaya à l'avance d'atténuer leurs dires, montrant des sentimens patriotiques qui lui firent honneur, et un désir ardent de venger la nation, dont on lui sut gré; il donna beaucoup aux preuves et peu à l'éloquence : ce fut sans doute pour laisser une ressource à la défense, qu'il en priva volontairement l'accusation.

M. Persil ayant lu plusieurs circulaires qui chargeaient le comte de Peyronnet, celui-ci prouva par les dates n'en avoir écrit qu'une, et que les autres qu'on lui imputait appartenaient à un autre ministre. Il s'éleva à ce sujet un débat entre ces deux personnages, qui se prolongea assez de temps.

Le président ensuite donna la parole à M. de Martignac, défenseur du prince de Polignac.

Il y eut ici des fleurs de rhétorique prodiguées à pleines mains, des périodes harmonieuses, des phrases brillantes, des sophismes en profusion. L'orateur jouait un beau rôle; il défendait la cause de celui qui l'avait renversé; il le faisait avec élégance et chaleur, il y avait là quelque chose de chevaleresque, de délicat et de généreux, qui plaît toujours à des esprits français. Les moyens de justification qu'il avança eurent d'autant plus de succès, qu'ils étaient faibles; il était décidé que l'on éprouverait une pitié complète pour les agresseurs, et que tout ce qu'on avancerait à leur avantage serait accueilli avec faveur.

Le discours de M. de Martignac échappe à l'analyse; il faudrait le suivre dans tous ses raisonnemens, et en rapporter des portions principales. Le cadre dans lequel je me renferme ne me le permet pas. Je passerai également sous silence ceux des autres défenseurs, me contentant de rapporter ce qui peut piquer la curiosité du lecteur.

Dans la séance du 19, M. de Peyronnet parla à son tour; ce fut avec talent, avec verve, et, il faut le dire, avec une sorte de succès bien mérité. S'il ne se lava pas du fait des ordonnances, du moins se justifia-t-il de leurs antécédens. Il fallut lui accorder que sa conduite, dans le ministère de l'intérieur, avait été complètement conforme aux erremens constitutionnels. On lui avait reproché d'avoir refusé de défendre à Bordeaux les frères Faucher; il prouva que lors de leur mise en jugement il était à Paris, chargé d'une mission du collége électoral de la Gironde. Son débit fut chaleureux, et pourtant modeste. On voyait en lui l'homme supérieur affaissé sous le poids de la faiblesse du parti qu'il avait embrassé.

M. Hennequin, chargé de défendre cet ex-ministre, ne fut pas heureux dans son plaidoyer; il fit de grands efforts. M. de Peyronnet, sans en faire aucun, avait produit une sensation plus profonde. On ne l'arrêta point dans ses écarts, et on usa d'indulgence lorsqu'il alla jusqu'à dire que la chambre donnerait des couronnes à son client, pour la conduite qu'il avait tenue pendant les trois journées; il oublia d'ajouter qu'elles seraient sanglantes.

M. Sauzet, avocat du barreau de Lyon, et chargé de la défense de M. de Chantelauze, fut entendu après M. Hennequin. Inconnu à Paris, ce plaidoyer était son début : ce devint un vrai titre de gloire. On ne pouvait parler avec plus de talent, avec plus d'éloquence;

il y avait là parfois des étincelles de génie; le geste, le débit, l'art de la voix, tout était réuni dans M. Sauzet, et s'il ne put gagner la cause de son client, il gagna complétement la sienne. On compare l'effet qu'il produisit à celui qui fut la récompense du premier discours que M. de Sèze prononça devant le parlement de Paris.

M. Sauzet ne put achever ce jour-là tout son discours. La séance fut remise au lendemain 20 décembre, où il acheva avec non moins de talent et de succès que la veille.

C'était à M. Crémieux, défenseur de M. Guernon de Ranville, à prendre la parole. Son plan était tracé à l'avance, et sa plaidoirie écrite. Il paraît que l'ex-ministre avait des moyens de justification personnels qui le plaçaient dans une position différente et plus avantageuse que celle de ses collègues. Mais, après avoir entendu les débats, il s'éleva dans son cœur une délicatesse de conscience, une générosité vénérable qui lui firent craindre de se séparer d'eux. Aussi, s'adressant à son avocat, il lui dit qu'il renonçait à un système qui, s'il lui était favorable, le séparerait des autres accusés; qu'il voulait suivre leur sort, et par conséquent être défendu de la même manière. M. Crémieux, confondu de cette détermination intempestive, trouva dans son propre fonds assez de ressources pour renverser tout ce qu'il avait préparé, et recommencer son œuvre sur un nouveau thème. Mais cet effort prodigieux agit à tel point sur sa santé, qu'il tomba évanoui au milieu de son discours, sans pouvoir le poursuivre. M. Hennequin, qui l'avait soutenu au moment de sa chute, affirma à la cour que M. Crémieux, avant de perdre entièrement l'usage de ses sens, lui avait dit qu'il avait fini.

M. Béranger, l'un des commissaires de la chambre des députés, prit alors la parole, et rétorqua sans peine, mais avec autant d'art que de science, les argumens des défenseurs.

Cependant une inquiétude sourde d'abord, et qui bientôt devint manifeste, se répandit dans la salle, et atteignit les pairs sur leurs siéges. Il y eut des messages fréquens qui arrivaient au président, et des réponses non moins multipliées de la part de celui-ci; il avait des conversations animées avec le comte de Sémonville. Des bruits sinistres répandaient la terreur dans les tribunes; le roulement éloigné du tambour se faisait entendre, et de plus loin encore, parvenaient des hurlemens de colère, annonce manifeste d'un grand danger. Il devenait moindre cependant; car M. de Lafayette, à la tête d'un nombreux état-major et d'une quantité imposante de détachemens de la garde nationale, arrivait pour protéger le palais du Luxembourg.

La parole était donnée à M. Madier de Monjau, troisième commissaire, sur la demande qu'en avait faite M. de Martignac, lorsque le président dit d'une voix presque éteinte :

« Monsieur le commandant de la garde na» tionale de service m'annonce qu'il désirerait » que l'audience fût levée avant la chute du » jour. »

A ces mots, une stupeur universelle domina l'assemblée, et la salle fut vidée en un instant.

Le 21 décembre, la cour des pairs reprit la séance. Tous ses membres répondirent à l'appel, hors le comte Mollien qui, accablé par une maladie dont, depuis plusieurs jours, il ressentait les symptômes, avait été contraint de se faire saigner ce même matin. M. Madier de Monjau restait seul des trois commissaires à remplir son devoir. Il le fit de son mieux, c'est-à-dire très-faiblement, sans aucune éloquence, quoique avec beaucoup de patriotisme : il fut court. On lui en eut de la reconnaissance.

Les quatre défenseurs répliquèrent pour la forme, et l'on se hâta de clore les débats. Les accusés, sur-le-champ, furent ramenés dans leur prison provisoire, où ils restèrent peu de temps; car à quatre heures, l'ordre, donné par le président de la cour des pairs, de les reconduire dans le château de Vincennes, fut lu par le colonel Feisthamel à la garde nationale de service au Petit-Luxembourg, assemblée et sous les armes. Les ex-ministres s'avancèrent au milieu de cette garde silencieuse, montèrent en voiture, et furent conduits par la rue de Vaugirard et les boulevards neufs à Vincennes, où on les écroua de nouveau.

La délibération de la chambre des pairs se prolongea jusqu'à dix heures du soir. On avait mis deux jours pleins à discuter la peine d'un mois de prison à appliquer au comte de Kergorlay; on dépêcha en quelques heures des votes qui, sur les diverses questions posées, devaient s'élever à plus de douze cents. Cela parut singulier. Enfin, la cour, rentrée en séance, le président prononça l'arrêt rendu et conçu en ces termes :

« La cour des pairs, vidant son délibéré de la résolution de la chambre des députés, ouï les commissaires de la chambre des députés en leurs dires et réquisitions, et les accusés en leur défense;

» Considérant que, par les ordonnances du 25 juillet, la charte constitutionnelle de 1814, les lois électorales, et celles qui assuraient la liberté de la presse, ont été manifestement violées, et que le pouvoir royal a usurpé la puissance législative;

» Considérant que, si la volonté personnelle du roi Charles X a pu entraîner la détermination des accusés, cette circonstance ne saurait les affranchir de la responsabilité légale;

» Considérant qu'il résulte des débats, que Auguste-Jules-Armand-Marie prince de Polignac, en sa qualité de ministre-secrétaire-d'état des affaires étrangères, de ministre de la guerre par *intérim*, et de président du conseil des ministres;

» Pierre-Denis, comte de Peyronnet, en sa qualité de secrétaire-d'état ministre de l'intérieur;

» Jean-Claude-Balthazar-Victor Chantelauze, en sa qualité de garde-des-sceaux ministre secrétaire-d'état de la justice;

» Et Martial-Côme-Annibal-Perpétue-Magloire comte de Guernon-Ranville, en sa qualité de ministre secrétaire-d'état des affaires ecclésiastiques et de l'instruction publique,

» Responsables, aux termes de l'article 13 de la charte de 1814, ont contresigné les ordonnances du 25 juillet, dont ils connaissaient eux-mêmes l'illégalité, ils se sont efforcés d'en procurer l'exécution, et qu'ils ont conseillé au roi de déclarer la ville de Paris en état de siége, pour triompher, par l'emploi des armes, de la résistance légitime des citoyens;

» Considérant que ces actes constituent le crime de trahison prévu par l'article 56 de la charte de 1814,

» Déclare Auguste-Jules-Armand-Marie prince de Polignac, Pierre-Denis comte de Peyronnet, Jean-Claude-Balthazar-Victor

Chantelauze, et Martial-Côme-Annibal-Perpétue-Magloire comte de Guernon-Ranville, coupables du crime de trahison :

» Considérant qu'aucune loi n'a déterminé la peine de trahison, et qu'ainsi la cour est dans la nécessité d'y suppléer;

» Vu l'article 7 du Code pénal, qui met la déportation au nombre des peines et infamantes;

» Vu l'article 17 du même Code, qui porte que la déportation est perpétuelle;

» Vu l'article 18, qui déclare qu'elle emporte la mort civile;

» Vu l'article 27 du Code civil, qui règle les effets de la mort civile;

» Considérant qu'il n'existe hors du territoire continental de la France aucun lieu où les condamnés à la peine de la déportation puissent être transportés et détenus,

» Condamne le prince de Polignac à la prison perpétuelle sur le territoire continental du royaume; le déclare *déchu* de ses titres, grades et ordres; le déclare mort civilement, tous les autres effets de la déportation existant tels qu'ils sont réglés par les articles précités.

» Ayant égard aux faits de la cause tels qu'ils sont résultés des débats,

» Condamne le comte de Peyronnet, Victor Chantelauze et le comte de Guernon-Ranville à la prison perpétuelle;

» Ordonne qu'ils demeureront en état d'interdiction légale, conformément aux articles 28 et 29 du Code pénal; les déclare pareillement *déchus* de leurs titres, grades et ordres;

» Condamne le prince de Polignac, le comte de Peyronnet, Victor Chantelauze et le comte de Guernon-Ranville personnellement et solidairement aux frais du procès.

» *N. B.* L'arrêt de la cour sera notifié aux ex-ministres, à Vincennes, par M. Cauchy, greffier-archiviste. »

Le public s'attendait à un autre jugement; il croyait que le Code pénal comprenait assez de peines touchant la haute-trahison; que le texte de l'article cité par les pairs portait la *dégradation*, et pas la *déchéance*. Il se rappela que le procureur-général avait requis, en décembre

1815, la dégradation du maréchal Ney de l'ordre de la Légion-d'Honneur; que la chambre des pairs y avait fait droit, et s'étonna que dans cette dernière circonstance on n'eût pas agi ainsi. Il vit par-là quelle différence énorme il y avait à se révolter contre un souverain, ou à aider à ce souverain à violer toutes les lois et à massacrer tout un peuple.

Mais l'arrêt rendu, il fallait le respecter, sous peine de tout remettre en question; et ce fut vers ce but que tendirent dorénavant tous ceux qui le blâmaient avec justice.

CHAPITRE XX.

Je n'ai pas voulu interrompre l'analyse du procès des ex-ministres pour peindre l'agitation de Paris pendant les dernières journées de cette cause mémorable. Il fallait achever la première partie de ce grand drame avant que d'exquisser la seconde. C'est maintenant la tâche qui me reste à remplir pour terminer le récit des événemens de l'histoire de la capitale pendant les cinq derniers mois de cette année, si funeste au despotisme, si favorable à la liberté.

L'opinion du peuple qui avait éprouvé les effets de *la trahison*, jugeait les accusés passibles de la peine capitale; il pensait qu'un grand exemple devait être donné aux gouvernemens et à leurs conseillers, et il attendait des pairs un arrêt pareil à celui qu'à l'avance il portait lui-même.

Mais le peuple savait aussi que, lui à part, nul dans les régions plus élevées ne se souciait de cette sévérité légitime; que mille considérations feraient fléchir le pouvoir, et que les précautions les plus positives seraient prises pour détourner l'élan de l'indignation des citoyens. Cette persuasion agitait la masse; la garde nationale elle-même devenait murmurante; les conspirateurs, républicains, carlistes et napoléonistes, s'emparèrent de ces dispositions et tâchèrent d'en profiter. Ils ne purent émouvoir cette fois que la dernière classe de la société, que ces hommes de nuit qui épouvantent le jour lorsqu'ils se présentent à lui dans toute la laideur de leurs œuvres; que d'honnêtes ouvriers faciles à recevoir des impressions, et marchant sans se rendre compte des motifs qui les font mouvoir.

Ceux-là, dès le commencement de l'ouverture des débats, commencèrent à apparaître d'abord vers la brune, puis au milieu de la journée; ils environnèrent le Luxembourg, proférant des cris de mort, et se flattant d'arracher par la peur un jugement qui ne devait être rendu que par la conviction des juges. Les partisans de Charles X poussaient à des attentats qui renverseraient le trône constitutionnel, car ils n'ont d'autre espérance que dans l'anarchie républicaine. Peu leur importait au fond la mort ou la vie des ministres accusés, pourvu qu'en résultat le triomphe fût à leur cause.

Les jacobins philantropes de l'époque voulaient de leur côté profiter des circonstances pour obtenir la double dissolution de la pairie et de la chambre des députés, se flattant que, ces deux grands corps renversés, la monarchie ne tarderait pas à tomber sur leurs ruines. Ce furent eux qui dirigèrent les mouvemens de ces journées; ils durent obtenir en résultat le sentiment de leur impuissance, et combien le peuple éclairé de Paris, de concert avec celui de tout le royaume, avait peu de disposition à se ranger désormais sous une bannière démagogique.

Le gouvernement, instruit des projets factieux de ces hommes égarés, prenait de sages et de fortes mesures. Un ordre enjoignait à tous les gardes nationaux de revêtir leur uniforme pendant la durée du procès, soit qu'ils fussent ou non de service. On tint les diverses légions sur le qui vive par des appels inattendus, par des alertes fréquentes. Un nombre considérable de ces citoyens dut toujours être sous les armes. On déploya un vaste appareil de forces, augmenté de toute la puissance morale, de l'unanimité des sentimens d'une grande population qui veut l'ordre et l'obéissance à la loi.

La ligne, pareillement, partagea avec une constance digne d'éloge les fatigues de ces heures d'alarmes; elle se multiplia pour bien mériter de la patrie, qui lui devait et qui lui a voté des remercîmens. Enfin, on se mettait en mesure, car le moment arrivait de la dernière lutte contre la paix publique.

Une proclamation du général Lafayette, en forme d'ordre du jour, et sous la date du 19 décembre, annonça aux agitateurs qu'on ne les craignait pas. Déconcertés parce qu'ils n'inspiraient ni sympathie ni épouvante, mais non découragés, ils ranimèrent leurs satellites. Le 20, dans l'après-dîner, principalement vers cinq heures, les groupes se réunirent aux alentours du théâtre de l'Odéon, devenu une sorte de citadelle occupée par la garde nationale et par la ligne. Ils remplirent également la rue de Tournon, la place Saint-Michel, et ne purent s'emparer de la place Saint-Sulpice, où un bivouac était établi. Des patrouilles circulaient, divisant les groupes et ne les renvoyant pas; ils augmentaient de nombre. Vainement le vénérable Lafayette, se portant au milieu d'eux, les invitait à se retirer. Ses paroles conciliantes, entendues seulement de ceux qui l'environnaient, ne touchèrent point les cœurs; la persuasion devenant insuffisante, il fallut faire avancer la garde nationale, qui dégagea son général et repoussa les mutins.

On criait dans les rassemblemens : *Mort à Peyronnet! mort à Polignac! mort aux ministres!* mais aucune clameur dirigée contre le pouvoir établi ne s'y joignait. Des détachemens de plusieurs légions, et principalement de la onzième, se formèrent en colonnes serrées, marchèrent en avant, et refoulèrent loin du Luxembourg et des rues adjacentes les agitateurs; cependant quelques-uns étaient parvenus à pénétrer dans la grande cour du palais : on la leur fit évacuer avec célérité.

La garde nationale se montra ferme et conciliatrice, répondant à des injures par des paroles de persuasion, à des voies de fait par une longanimité admirable; reculant d'en venir à la rigueur tant qu'elle pourrait triompher par la patience, et, inébranlable dans sa position, ne s'y maintenait que par une énergie tranquille.

Le comte de Sussy, chef de légion, fut blessé dans la poitrine d'un coup de maillet : il surmonta la douleur pour continuer de servir la patrie; mais la violence de la contusion vainquit ses efforts; il fallut le saigner à l'heure même. Des gendarmes déguisés, des congréganistes furent arrêtés, dit-on, en ce moment.

A sept heures et demie, les rues de Tournon, Vaugirard, Neuve-de-Seine et de l'Odéon, étaient entièrement déblayées. La foule, dès-lors presque inoffensive, se porta en masse dans les rues de la Vieille-Comédie-Française, Contrescarpe et du Paon, où elle stationna encore, de manière néanmoins à inspirer des inquiétudes. Ce fut avant onze heures du soir qu'un déploiement de neuf mille hommes de toutes les légions parvint à dissiper tous les attroupemens; enfin, une patrouille très-nombreuse, vivement conduite par le capitaine et le sergent Reverdi, de la onzième légion, finit par faire évacuer le Pont-Neuf au reste des factieux qui s'y étaient réfugiés.

Ceux-ci ne renoncèrent pas à leur projet, et le lendemain 21, tandis que le procès était achevé devant la Chambre des pairs par l'arrêt que M. de Polignac a dit lui-même être décidé à l'avance, à ce que prétend *la Quotidienne*, qui doit être informée d'un tel point; ce même jour donc les rassemblemens recommencèrent plus nombreux encore et plus animés; mais des mesures conservatrices leur interdirent les approches du Luxembourg. La garde nationale de la ville et celle de la banlieue occupaient tous les postes : la première, ceux de l'extérieur; la seconde, ceux des barrières. On arrêta un ancien officier de la maison de Charles X, revêtu des insignes de chef de bataillon de la garde d'honneur.

A deux heures, les débats clos et le résumé du président ayant eu lieu, les assistans sortirent du Luxembourg, tandis que la cour des pairs entrait en délibération. En même temps, une foule plus dense, plus animée, poussant des cris de vengeance et de mort, se pressait dans le faubourg Saint-Germain. Ce fut à cinq heures que les ex-ministres partirent pour Vincennes. On fit courir le bruit en même temps parmi les gardes nationaux de service à l'extérieur, que

MM. de Peyronnet et Polignac étaient condamnés à la peine de mort.

Une scène terrible eut lieu, lorsque plus tard on connut la vérité : soixante ou quatre-vingts gardes nationaux, indignés qu'on eût trompé ainsi la justice nationale, se précipitèrent hors des rangs, en criant qu'ils allaient avertir le peuple. Leurs chefs, leurs camarades coururent après eux, les retinrent, les conjurèrent de ne pas commettre un acte qui allumerait infailliblement la guerre civile; que sans doute le jugement rendu était une véritable mise hors de cour, la prison perpétuelle, en pareil cas, n'étant qu'un moyen de sauver les coupables; car on sait bien qu'ils seront relâchés au bout de quelques années; mais que l'arrêt rendu, il fallait le respecter, le soutenir même, sous peine de bouleverser Paris et la France. Enfin, à force de supplications, on parvint non à les apaiser, mais à les retenir. Leur sortie aurait causé des maux incalculables.

Vers sept heures, un gros de mutinés se porta vers le Louvre, dans l'espoir de s'emparer des canons de la garde nationale. Le complot, quoique appuyé par des hommes qui auraient dû le repousser avec indignation, ne réussit pas. Les citoyens armés, de garde au Louvre, déjouèrent une trame coupable, et l'artillerie ne fut pas enlevée. Certains de ces misérables s'étaient flattés qu'on la leur livrerait.

Des patrouilles de deux ou trois cents hommes parcouraient les divers quartiers. Celui du Palais-Royal, quoique encombré par la multitude, conservait une apparence de tranquillité. Les soldats de la ligne et de la garde nationale, réunis dans la grande cour sous les fenêtres du roi, dansaient et chantaient joyeusement au son de leur musique. Là était la paix en position de faire la guerre : image de l'état actuel de la France, qui se tient en repos, prête à repousser toute agression injuste.

Cependant la soirée s'écoulait froide et pluvieuse. Le mauvais temps diminuait l'effervescence de la foule inquiète, et peu à peu chacun se retirait dans sa demeure, sauf à se remontrer le jour suivant. Les troupes et la garde nationale demeurèrent sur pied constamment.

Le ministre de l'intérieur, le commandant en chef de la garde nationale et le préfet de la Seine et celui de police, firent des proclamations ou des ordres du jour, soit pour rassurer les esprits, soit pour les engager à la concorde et pour calmer les passions exaltées. Il était à propos d'agir ainsi, car la fureur de la populace augmenta le 22 au matin ; elle ignorait encore la translation des ex-ministres à Vincennes, ou ne voulait pas y croire : espérant les rencontrer au Luxembourg, elle s'y porta avec un nouvel acharnement. Ce fut alors que des membres de la garde municipale se joignirent à elle, et bravèrent les lois que leur institution est de faire respecter ; mais les efforts de tous ceux qui cherchaient le renversement de l'ordre furent inutiles. La garde nationale acheva sa tâche glorieuse, en s'opposant à toutes les tentatives faites pour la séduire ou pour l'intimider ; elle assura le repos de la ville au milieu de cette agitation tumultueuse, sacrifia ses justes ressentimens à l'intérêt général.

Elle maintint en dehors de tout acte séditieux les environs du Luxembourg que l'on prétendait envahir, espérant y trouver les pairs assemblés, comme aussi la chambre des députés qu'on avait la prétention de dissoudre par un acte de violence. Les projets des meneurs étaient vastes : anéantir les deux chambres, retenir le roi dans son palais, nommer une commission de gouvernement qui ferait un appel aux assemblées primaires, à l'effet d'élire deux conseils qui décideraient de la forme nouvelle à donner à l'action du pouvoir; proclamer la république en cas de résistance des provinces, et à tout prix séparer violemment les pairs et les députés dont on ne voulait plus. La dissolution de la chambre élective était surtout demandée ardemment par des personnes bien influentes : elles ne prenaient point part aux actes des factieux ; mais elles croyaient cette mesure convenable, et en entretenaient sans cesse le roi.

Les Bonapartistes, eux aussi, dans ce dernier moment, se mirent dans une sorte d'évidence ; ils ne pouvaient digérer avec quel mépris la France avait accueilli la protestation ridicule du comte de Survilliers, au nom de son neveu Napoléon et à son profit. Sans doute encore, dans leur dépit, ils poussaient à la révolte, à l'insurrection, espérant que la populace, adoreuse constamment du défunt empereur, rapporterait sur le duc de Reischtadt tout l'amour qu'elle éprouvait pour son père.

Mais au milieu de ces intrigues, de ces excitations réitérées, de cette chaleur commandée, on apercevait une langueur, une mollesse, une indécision qui n'avaient rien de semblable à l'énergie des derniers jours de juillet. Alors le peuple, animé d'un même sentiment, savait ce qu'il prétendait, marchait tout lié des mêmes nœuds vers un but commun ; son opinion était celle du royaume ; chaque famille la partageait, chaque maison lui était ouverte pendant l'attaque et seconda ses efforts. Maintenant, au contraire, le roi, les chambres, les autorités quelconques, toutes les classes des citoyens, le véritable peuple, la garde nationale, qui le représente dans sa majesté, désapprouvaient cette conduite, cette levée de boucliers insolente et criminelle. Il n'y avait dans les rues que des gens sans aveu, que la plus vile portion de la populace, que ces hommes qui n'apparaissent que pour mal faire. Leurs chefs honteux se cachaient ; on ne les rencontrait pas où ils auraient dû être ; leurs satellites agissaient d'instinct et sans régularité, sans ordre. Frappés de l'indignation publique, manquant de force morale, s'en apercevant eux-mêmes et en ayant peur ; partout vus avec dédain, repoussés avec mépris, pas une porte ne leur était ouverte, pas un rafraîchissement offert : ennemis de la ville, qui ne reconnaissait pas en eux les vainqueurs de Charles X, et qui se préparait à les traiter en ennemis, ils hésitaient, demeuraient embarrassés : leurs mouvemens étaient moins rapides, leurs vociférations languissantes; ils avaient de l'effroi de l'épouvante qu'ils inspiraient à leurs concitoyens, et, glacés au milieu de leurs actes de chaleur, ne formaient plus que des masses divisées, et la rebellion expirait, par cela seul qu'elle se mésestimait elle-même.

Elle avait compté sur le concours des écoles : cet appui majeur lui fut enlevé. Ces jeunes citoyens, si vaillans un jour de combat, ne voulurent pas inquiéter une cité qui ne cessait de leur témoigner sa reconnaissance ; ils souhaitaient cependant *une monarchie avec des constitutions républicaines* : ils croyaient à la nécessité de convoquer une nouvelle chambre. Des députés s'expliquèrent franchement sur ce point avec ceux qu'on leur envoya : ON LEUR FIT DES PROMESSES, et ils se résolurent à soutenir le gouvernement en qui ils avaient une entière confiance.

Vers une heure, les élèves des écoles polytechnique, de droit, de médecine, etc., se réunirent sur la place du Panthéon à un détachement de la 11e légion, puis, ayant à leur tête le colonel de la 12ᵉ, M. Legriel, le major Tardieu et un commissaire de police, traversèrent Paris, imposant silence aux gens égarés et aux agitateurs, prêchant l'union, le respect aux lois et aux autorités. Ils arrivèrent ainsi jusqu'au Palais-Royal, où l'ordre de les recevoir était donné. Une députation choisie parmi eux fut admise auprès du roi : ils protestèrent de leurs bons sentimens et de leur vénération pour sa personne. Sa Majesté les remercia avec effusion, se montra émue de tant de sagesse unie à tant de dévouement, et leur renouvela les assurances de ses dispositions à maintenir les institutions constitutionnelles.

Les élèves se retirèrent aux cris : *Vive le roi!* et furent en d'autres quartiers rassurer les citoyens par leur patriotisme. A peine sortaient-ils du Palais-Royal, que dans la rue Saint-Honoré et dans celle du Lycée, des groupes nombreux tentèrent un commencement d'insurrection. Il fallut les dissiper, sous peine de compromettre le fruit de tant de vigueur par un acte de faiblesse. Au moment où la garde nationale faisait ses dispositions, elle apprit qu'un officier de la garde nationale de la banlieue avait reçu deux coups de couteau dans la cuisse :

on a dit depuis que la blessure est devenue mortelle.

A la suite des sommations voulues par la loi, la garde nationale à cheval fit deux charges. L'effet fut décisif; la foule s'écoula, et la rebellion menaçante expira dans ce dernier mouvement. L'aspect de cette journée, d'abord plus effrayant que celui des précédentes, finit par donner la preuve évidente que l'on ne réussira plus dans des actes de violence en opposition avec la volonté du peuple français; que fermement déterminé à ne point subir le joug de quelques mutins, de quelques ambitieux sans vertu, il ne se laissera pas intimider par leur petit nombre. L'épreuve fut faite, et elle réussit. Là expirèrent, dans ces journées turbulentes, et les prétentions jacobines, et celles des partisans du duc de Reischtadt, et les espérances des carlistes. Ceux-ci fournirent des fonds pour ameuter la populace, et des écrits saisis chez un conspirateur prouvèrent que les royalistes de la famille déchue consentaient de bonne grâce à prêter la main aux amis de la république et de l'empire : tout leur était bon de ce qui mettrait la France en feu, pourvu que cela servît à la remettre en esclavage.

CHAPITRE XXI ET DERNIER.

Au milieu de ces secousses multipliées, le roi n'avait cessé de donner des actes de cette fermeté personnelle qui a tant de poids sur l'esprit du peuple; loin de se tenir renfermé dans les appartemens de son palais, il se montra à la révolte, la bravant face à face, lui prouvant qu'il ne craignait point. Sa noble contenance, en intimidant les séditieux, augmentait le courage et la confiance des gens bien intentionnés. Chacun savait qu'il pouvait agir dans l'intérêt de la chose publique, car le roi serait là pour le soutenir. Son fils, le duc de Nemours, fit plusieurs patrouilles, et, par ces démonstrations de civisme, conquérait les cœurs. Une indisposition grave, fruit du voyage du duc d'Orléans dans quelques provinces du royaume, retenait ce jeune prince contre son désir.

Mais si le roi nous apparaissait sans crainte, il n'en était pas de même de ceux qui l'environnaient : ceux-là, parce qu'ils voyaient la canaille en mouvement dans les rues, s'imaginaient que les hommes les plus vertueux du royaume complottaient le renversement de la royauté. Leur terreur chimérique trouva des échos; on se méfia, il faut le dire, puisque lui-même l'a proclamé devant toute la France, du respectable Lafayette; on redouta son grand pouvoir, et l'emploi qu'il pouvait faire du commandement suprême des gardes nationales. La chambre des députés, qui est convaincue qu'à son existence actuelle tient celle de l'ordre social, eut le tort de partager cette funeste pensée, ou de se laisser aveugler par des insinuations fâcheuses : en conséquence, on décida que le poste élevé que tenait M. de Lafayette de la confiance du roi et de la nation, lui serait enlevé.

La chambre des députés était de mauvaise humeur contre la jeunesse des écoles, qu'elle savait ardente à demander sa dissolution; elle lui reprochait la proclamation suivante approuvée par les personnes compétentes au jour du danger et désavouée le surlendemain.

Les Écoles polytechnique, de droit et de médecine.

« Amis et Concitoyens,

» Lorsque le peuple a demandé notre appui contre ses tyrans ou ses ennemis, les étudians ne lui ont jamais manqué.

» Les étudians étaient avec vous aux buttes Chaumont; ils étaient avec vous lorsque le sang coulait en juillet. Mais aujourd'hui ce n'est pas la ruine de la tyrannie que nous avons à poursuivre; ce sont les libertés qui nous sont dues, qui nous sont promises, que nous avons à demander.

» Laissons donc là le sang de quatre misérables indignes de notre ressentiment; les malédictions de la France les suivent dans leurs cachots éternels; la haine, le mépris de l'Europe seront pour eux une mort de tous les jours.

» Oublions, oublions ces noms infâmes, et rallions-nous à la brave garde nationale, aux cris de *Liberté, Ordre public.*

» Sans le prompt rétablissement de l'ordre,

la liberté est perdue; avec le rétablissement de l'ordre, la certitude nous est donnée de la renaissance de la prospérité publique, car le roi, notre élu, Lafayette, Dupont de l'Eure, Odilon-Barrot, nos amis et les vôtres, se sont engagés sur l'honneur à l'organisation complète de la liberté qu'on nous marchande et qu'en juillet nous avons payée comptant.

» Concitoyens, conservons notre patriotisme et notre sang pour combattre les ennemis de la France; restons unis, car l'étranger nous menace.

» Entre vous donc et les écoles, à la vie, à la mort!

» Le peuple n'a pas de meilleurs amis que les étudians.

» RESPECT À LA LOI. »

Ces paroles franches dévoilaient des conventions secrètes. La chambre craignit que son renvoi en fût une des clauses: aussi vota-t-elle avec assez de répugnance les remercîmens qu'on lui demanda pour le corps des étudians, comme pour la garde nationale et la ligne; un député dit même : je vote pour deux jours de congé. Il n'en fallut pas davantage pour exciter une nouvelle tempête dans les écoles; et cette fois chacune fit sa réponse à part: elle fut dure et désobligeante, celle surtout de l'école polytechnique; on ne pouvait manifester plus d'antipathie pour la chambre, qu'il y en avait dans la dernière phrase.

De part et d'autre enfin on se retira plus mécontent d'un contact qui aurait dû amener un rapprochement complet; mais la chambre, tout entière à son inquiétude, prétendait arrêter ce qu'elle appelait la marche de la conspiration. M. Boissy d'Anglas monta à la tribune pour demander qu'une enquête fût ordonnée. Le président du conseil des ministres et M. Mérilhou donnèrent des explications sur ce que les écoles appelaient des promesses; ils protestèrent que rien de semblable n'avait eu lieu. Les écoles persistèrent, et la nation eut à décider entre la franchise d'une jeunesse héroïque et les tâtonnemens d'un ministre qui a peur de tout, qui veut plaire à tout le monde, et qui ne peut s'exprimer avec autant de sincérité que ses loyaux adversaires.

Tandis que les intrigues s'agitaient autour du trône, le roi n'éprouvait en son cœur qu'un seul désir, celui de témoigner à la garde nationale et à la ligne combien il était satisfait de leur conduite et de leur dévouement ; il ne remit pas à une époque éloignée à le leur manifester, et il désira que le 23 décembre les gardes nationales de la ville et de la banlieue se trouvassent sous les armes, afin qu'il les passât en revue : chacune était dans son quartier respectif.

Le roi sortit du Palais-Royal à une heure, accompagné du duc de Nemours, du général Lafayette, des ministres de la guerre et de l'intérieur, du général Pajol et de nombre d'officiers-généraux. Il alla d'abord à la place de la Bourse, puis, suivant les boulevards, arriva au faubourg Saint-Antoine. Ici l'accueil qu'il reçut des habitans et des ouvriers fut encore peut-être plus affectueux que dans les autres parties de la ville : on lui souhaitait du bonheur ; on se félicitait de vivre sous son règne, et lui, répon-pondait dignement à ces expressions franches d'amour. Craignant, en revenant sur ses pas dans le faubourg Saint-Antoine, de refouler la multitude et de causer quelque accident, il traversa la petite et étroite rue de Lappe, qui le même jour fut tout illuminée, en joie de ce passage d'un souverain si cher.

Le roi trouva sur la place de l'Hôtel-de-Ville, avec la huitième légion, les bataillons ruraux qui avaient droit aux mêmes éloges. Le préfet de la Seine, suivi du corps municipal, s'avança vers lui et lui dit : « Sire, c'est toujours avec bonheur que la population de Paris accueille Votre Majesté ; mais ce bonheur est encore plus pur et plus vif aujourd'hui qu'à l'ordinaire, car nous avons tous, gardes nationaux, citoyens et magistrats, la conscience d'avoir fait notre devoir dans la plus difficile épreuve que notre glorieuse cité ait eu à subir. »

Aussitôt S. M., prenant la main de M. Odilon-Barrot, lui répondit qu'elle était satisfaite autant de l'accueil qu'elle recevait des citoyens de Paris et de la banlieue, que de leur conduite admirable : « Ce qui s'est passé, ajouta-t-elle, m'a d'autant plus vivement satisfait, que le résultat a prouvé qu'il ne peut exister aucune puissance dans Paris ni dans la France qui puisse entraver la force de la loi.

S. M. parcourut ensuite les files de la garde nationale de la banlieue, serrant partout avec bonté les mains de ces cultivateurs citoyens qui avaient quitté le hameau et la charrue pour prendre le fusil, dans le dessein de sauver Paris de la suite des désordres auxquels il était en proie. S. M. se transporta ensuite à la caserne de l'*Ave Maria*, où le 15ᵉ de ligne était sous les armes, et se rendit par la rue Saint-Jacques à la place du Panthéon, où s'etaient réunis la 12ᵉ légion, toutes les écoles, ainsi que les colléges de Louis-le-Grand et de Henri IV. Le roi descendit ensuite à la place Saint-Sulpice, où l'attendaient les 9ᵉ et 11ᵉ légions, les vétérans et de la troupe de ligne. La 10ᵉ, la 4ᵉ et la 5ᵉ étaient stationnées sur les quais, depuis la rue des Saints-Pères jusqu'à la chambre des députés; la 1ʳᵉ légion s'y trouvait réunie; la 2ᵉ était sur la place Vendôme, et la nuit couvrait la ville depuis long-temps, lorsque le roi rentra au Palais-Royal, satisfait des témoignages qu'on lui avait prodigués partout, et certain d'être apprécié par le peuple. Ce même jour, en signe de réjouissance, toutes les principales rues furent illuminées spontanément.

Ce fut à la suite de cette manifestation d'un accord complet entre la nation et le trône, que de nouvelles agitations surgirent, que des intrigues coupables inspirèrent au gouvernement et à la chambre élective des craintes que l'on aurait dû repousser. Celle-ci choisit la délibération de la loi sur la garde nationale, pour offenser grièvement le général Lafayette, en lui témoignant ou une défiance injurieuse, ou une ingratitude complète, où on oublia les services immenses qu'il avait rendus à la France, aux chambres, au roi lui-même, au moment de la dernière révolution. On méconnut son beau caractère, son désintéressement extrême en manifestant envers lui une inquiétude telle qu'aurait pu en inspirer un duc de Guise dans sa position.

Non que l'on n'enveloppât ce besoin de le repousser dans des formes mielleuses; mais le fond éclatait assez pour que ce vertueux citoyen achevât de se montrer sublime; on le redoutait parce qu'il était investi d'un grand pouvoir. Il renonça sur-le-champ à ce grand pouvoir en abdiquant à la fois et le commandement général des gardes nationales de France, et celui de la garde civique de Paris.

Le roi, étranger aux manœuvres des doctrinaires, car ce sont eux qui ont chassé M. de Lafayette, dans l'espérance de rentrer au ministère; le roi, dis-je, éprouva un vif étonnement et une profonde douleur en recevant cette double démission, à laquelle il était loin de s'attendre; il employa tous les moyens possibles propres à faire changer de résolution l'austère vieillard. La chose ne put avoir lieu : le maintien de M. de Lafayette était désormais incompatible avec l'existence de la chambre des députés actuelle; il ne pouvait non plus appuyer de sa présence et de son crédit le refus de la Belgique, l'abandon d'Alger en perspective, celui positif de la Pologne; il eût fallu, pour qu'il demeurât en place, une loi électorale plus populaire et des institutions tellement constitutionnelles, que *la royauté devînt en France la meilleure des républiques.*

Ces conditions, proposées par les amis de M. de Lafayette, ne pouvant être acceptées, parce que la masse de la nation ne le jugeait pas nécessaire, le vertueux citoyen persista dans son refus, qui consterna ses enfans, je veux dire la garde nationale. Cette démission fut suivie de celle des généraux Fabvier et Carbonel, et de plusieurs officiers de l'état-major et de légions: elle déplut à l'universalité des Français, qui trouvèrent tant de vertu mal récompensée. Une ordonnance royale, peu après, ordonna la dissolution de la compagnie des canonniers de la garde nationale : ce fut une sorte de coup-d'état.

La retraite du général Lafayette, forcée par la malveillance de ceux que son crédit importunait, fut suivie de celle de l'honnête Dupont (de l'Eure). Ce digne citoyen importunait dans le ministère; on le gardait cependant *parce qu'on en avait besoin jusqu'après le procès des ministres*. Il le savait, et, tout dévoué à sa patrie, sachant, en effet, qu'il serait utile dans un moment dangereux à passer, il consentait à demeurer à un poste que mille causes lui enjoignaient de quitter; mais le procès terminé, la paix maintenue, la ville sauvée, M. Dupont (de l'Eure) *n'était plus nécessaire*, et les intrigans et les doctrinaires ne le laisseraient pas en repos lui-même. D'ailleurs, blessé au fond de son âme de l'injure faite à son illustre ami, il se hâta de quitter le ministère de la justice.

M. Mérilhou, qu'il avait amené au ministère de l'instruction publique, loin d'imiter son exemple, le remplaça et devint garde-des-sceaux. Ce fut une espèce de dévouement dont les gens qui pensent bien n'ont pu apprécier le mérite. M. Barthe, habile avocat, et libéral décidé, fut appelé aux fonctions que M. Mérilhou abandonnait. Le conseil se trouva ainsi solidement établi jusqu'à nouvel ordre. Dans cinq mois nous avons eu dix-huit ministres.

Cependant la démission de M. de Lafayette et celle de M. Dupont (de l'Eure) ayant satisfait leurs ennemis, la chambre des députés craignit d'aller trop avant en ordonnant l'enquête que M. Boissy d'Anglas avait demandée; on engagea ce député à la retirer, annonçant qu'elle n'était pas nécessaire, et qu'on ne s'en était servi que comme d'une arme destinée à frapper des adversaires qu'on ne souciait plus de se nommer.

Il fallut pourvoir au remplacement du comte Treilhard, préfet de police. Ces fonctions exigeaient de la vigueur, de l'habileté, une tête forte, une âme non moins ferme, en un mot, une capacité supérieure: on y appela M. Baude, sous-secrétaire d'état au ministère de l'intérieur.

M. Mouton, comte de Lobau, fut nommé au commandement de la garde nationale de Paris : on ne pouvait choisir un militaire plus dévoué au roi. Il établit dans le Louvre le siége de l'état-major: le lieu convenait mieux, comme plus central, que l'hôtel de la rue du Montblanc;

d'ailleurs, on n'avait pas de loyer à payer, et les économies sont devenues nécessaires. On approuva cette mesure qui mettait l'artillerie des citoyens sous la surveillance de la garde nationale en général, et c'était convenable. La nomination du comte de Lobau fut annoncée par la proclamation suivante du roi :

« BRAVES GARDES NATIONAUX, MES CHERS COM-
» PATRIOTES,

» Vous partagerez mes regrets en apprenant
» que le général Lafayette a cru devoir donner
» sa démission ; je me flattais de le voir plus
» long-temps à votre tête, animant votre zèle
» par son exemple et par le souvenir des grands
» services qu'il a rendus à la cause de la liberté.
» Sa retraite m'est d'autant plus sensible qu'il y
» a peu de jours encore que ce digne général
» prenait une part glorieuse au maintien de
» l'ordre public que vous avez si noblement et
» si efficacement protégé pendant les dernières
» agitations : aussi ai-je la consolation de penser
» que je n'ai rien négligé pour épargner à la
» garde nationale ce qui sera pour elle un sujet
» de vifs regrets, et pour moi-même une peine
» véritable.

« Je trouve un autre motif de consolation,
» en nommant commandant général de la garde
» nationale de Paris le général comte de Lo-
» bau, qui, après s'être illustré dans nos armées,
» s'est associé à vos dangers et à votre gloire
» dans les mémorables journées de juillet. Ses bril-
» lantes qualités militaires, et son patriotisme,
» le rendent digne de commander à cette mi-
» lice citoyenne, dont je suis si fier d'être en-
» touré, et qui vient de me donner de nouveaux
» gages de confiance et d'affection qui sont bien
» réciproques de ma part. Je suis heureux de vous
» répéter combien j'en ai été touché, et de vous
» dire que je compte à jamais sur vous, comme
» vous pourrez toujours compter sur moi. »

Signé, LOUIS-PHILIPPE.

M. de Lafayette répondit aux expressions de la confiance royale, soit en expliquant à la tribune de la chambre élective les motifs qui le portaient à se retirer, soit en s'adressant à toutes les gardes nationales du royaume, par son dernier ordre du jour, dans lequel on remarque les phrases suivantes :

« Il y a peu de temps, mes chers frères d'armes, que j'étais investi d'un immense commandement. Aujourd'hui je ne suis plus que votre vieux ami, le vétéran de la garde nationale : ce double titre fera jusqu'au tombeau mon bonheur et ma gloire. Celui que je n'ai plus me trouva dans la grande semaine, fort de la confiance illimitée du peuple, au centre des illustres barricades, où fut relevé ce drapeau tricolore deux fois signal de la liberté ; où furent décidées en trois jours les destinées présentes des choses et des hommes en France, les destinées futures de l'Europe. Ces fonctions que j'avais refusées en 1790, je les acceptai en 1830, des mains du prince que nous avons nommé notre roi ; elles ont été, je crois, exercées utilement. Dix-sept cent mille gardes nationaux déjà levés, organisés à la voix de leur heureux chef, m'en sont témoins. Elles pouvaient être encore utiles, je l'avoue, pendant un temps dont on m'avait dit que je serais juge et dont j'eusse été l'arbitre sévère. La majorité de mes collègues députés a cru que ces fonctions devaient cesser dès à présent. Ce fait a été reconnu dans la même séance par le principal organe du gouvernement. D'ailleurs, des ombrages que les souvenirs ne justifiaient pas, j'ai droit de le dire, s'étaient de diverses parts élevés ; ils se manifestaient hautement, et ne pouvaient être satisfaits que par un abandon de pouvoir *total et sans réserve*; et lors même que l'intervention royale, dans sa sollicitude, eût ensuite pris le moyen de prolonger mes services, un instinct de liberté qui ne trompa jamais la vocation de ma vie entière, m'a révélé qu'il fallait sacrifier ce pouvoir, ces jouissances, ces affections de tous les instans, à l'austère devoir de servir toutes les conséquences de la glorieuse révolution de 1830.....

» Dans le moment pénible d'un adieu que j'aurais cru moins proche, j'offre à mes chers frères d'armes ma reconnaissance pour leur amitié, ma confiance dans leur souvenir, mes vœux pour leur bonheur, mon admiration pour ce qu'ils ont fait, ma prévoyance de ce qu'ils feront encore, mon espoir que les calculs de l'intrigue ou les interprétations de la malveillance ne prévaudront pas dans leur cours contre moi; je leur offre enfin tous les sentimens d'une tendre affection qui ne finira qu'avec mon dernier soupir....... »

Ces adieux et l'ordonnance de dissolution de la compagnie de canonniers de la garde nationale parurent le dernier jour de l'année; il y eut là tout à la fois juste récrimination contre une injustice patente et acte de prudence et de fermeté.

Ainsi se termina pour Paris l'année 1830, année dont le monde conservera le souvenir, qui vit les derniers efforts du despotisme et les nouveaux élans des peuples vers la liberté; époque de gloire pour la France, et de calamité tout ensemble, où elle apprit aux nations comment on brise des chaînes qui deviennent insupportables, et comment, sans crime, on établit le meilleur des gouvernemens. Son exemple a été suivi: les Pays-Bas, la Suisse, plusieurs contrées de l'Allemagne, une partie de la Pologne se sont levés comme elle, et tendent à se constituer aussi. Puissent leurs efforts généreux être couronnés de succès!

Quant à nous, Français, demeurons unis à l'ombre du trône que nous avons bâti naguère de nos fortes mains; nous sommes redevenus le grand peuple, grâce aux trois journées de juillet. Là s'est retrempée notre ancienne énergie; là, nous avons paru ce que nous avions cessé d'être depuis seize ans, nation rajeunie, remplie de chaleur et de sève; puissante par elle-même, par son courage, sa sagesse, sa modération. Nous possédons le meilleur des rois, la constitution la mieux ordonnée pour satisfaire les désirs de tous; il y a liberté à suffisance, garanties propres à rassurer les plus craintifs. La loi règne, ne demandons pas autre chose; songeons que l'universalité du royaume veut ce qui est, et repousse ce qu'on voudrait nous donner; qu'une propagande sans titre ne doit pas nous imposer ses caprices. Maintenons ce que nous adoptâmes avec enthousiasme en août dernier; que rien ne nous divise, et nous serons les maîtres de l'avenir.

Mais cependant ne nous endormons pas dans les espérances d'une paix fallacieuse; gardons-nous d'attendre que ces étrangers qui nous haïssent se soient préparés à fondre sur nos frontières; ils l'auraient déjà fait, s'ils avaient osé ou pu le faire; ils le tenteront aussitôt que leurs apprêts seront terminés. Voyez la Russie, altière et insultante d'abord, s'humilier devant nous dès que la Pologne se soulève; elle reprendra plus tard sa jactance, et les autres suivront son exemple. La république a vaincu les rois de l'Europe; l'empire les a tenus long-temps à ses genoux; faisons si bien, que la royauté constitutionnelle imprime aussi le cachet de sa grandeur sur ces fronts superbes, et qu'elle renouvelle les merveilles de Fleurus, de Jemmapes, de Valmy, de Marengo, d'Austerlitz et d'Iéna.

FIN.

www.ingramcontent.com/pod-product-compliance
Lightning Source LLC
Chambersburg PA
CBHW070606230426

43670CB00010B/1424